旅程无终点

陆棣 著

文汇出版社

图书在版编目（CIP）数据

旅程无终点 / 陆棣著.——上海：文汇出版社，2016.2
ISBN 978-7-5496-1212-3

Ⅰ．①旅… Ⅱ．①陆… Ⅲ．①纪实文学－中国－当代
Ⅳ．① I25

中国版本图书馆 CIP 数据核字（2015）第 269117 号

旅程无终点

著　　者　陆　棣
责任编辑　朱耀华
特约编辑　单　弘　甫跃辉
装帧设计　张志全

出版发行　文汇出版社
　　　　　上海市威海路755号
　　　　　（邮政编码200041）

照　　排　南京理工出版信息技术有限公司
印刷装订　江苏省启东市人民印刷有限公司
版　　次　2016年2月第1版
印　　次　2016年2月第1次印刷
开　　本　890×1240　1/32
字　　数　170千
印　　张　12.25（插页4）
印　　数　1-3000

ISBN 978-7-5496-1212-3
定　　价　35.00元

她，为一个承诺
走进了藏南群山
一条中国最难走的路

它想离开时不会犹豫

她想念时它不出现

她在等待它，神秘的阿咪

小米单车环洱海骑行，环纳帕海骑行，环青海湖骑行；到梅里雪山雨崩徒步，在冈仁波齐转山……一次次重启她对死亡的感知。当她爬上5700米的卓玛拉山口时，双手掩面痛哭……

她的微博写道："在空旷的星河下，想你，那个在风里游移的光影，就是你。"

魔鬼式的极限训练和恶劣的生存环境，使她的体能、意志和抗高反得到快速而全面的升级。

第81天，她进入墨脱之路。四天后，她终于完成六年前对圆圆的一个承诺。

小米（网名米貌似，真名陈××）在墨脱如意客栈的留言

苦难是修行

前言：众多奇妙的缘聚合起的中国传奇

一

"一只蝴蝶在巴西轻拍翅膀，可以导致一个月后美国得克萨斯州的一场龙卷风。"这便是著名的"蝴蝶效应"。它指从微乎其微开始，导致最后"诡异"结论性的巨大差别。它指我们无法用理性推导未来，在"蝴蝶"翅膀下，未来不可预测。

我今天讲的故事，就是由一本书引出的中国版"蝴蝶效应"。

上海女孩小米得了白血病，住进重症病房。她承诺浙江女孩圆圆，如果能活下来，就帮助好友完成一个心愿。

一个白血病文青把生前的心愿，去托给另一个白血病人，在我们听来很荒谬，故事肯定不会有后续。

然而，世间万物充满了变数和希望。命运一步步引领小米远离死神。

专家称白血病人不移植不化疗满五年叫"痊愈"。小米在等待"痊愈"。

几年后，当年众多的白血病女孩中唯她活了下来。

进入了第六年，小米迫不及待辞了职，去完成圆圆的生前心愿。

2013年6月,她独自远行数千里,途中两度面临死亡。9月9日,她不顾生命安危进入著名的"死亡之旅"西藏墨脱。墨脱之路因路途凶险成为中国排名首位的户外徒步路线,也是探险者的梦想圣地。她知道进入墨脱就没有回头路。所以,她采用魔鬼式的极限训练、恶劣的生存环境训练,使她在出门近三个月中,体能、意志和抗高反能力得到快速而全面的升级,这一切都为进入墨脱做好铺垫和热身。

小米历经高原反应、滑坡、塌方、泥石流、高雨量、蚂蟥等,终于到达终点。在墨脱莲花广场,她用最洁净的仪式,兑现了六年前对好友的承诺。

小米的付出,得到了意想不到的巨大回报:

多年来纠缠她心灵的星空魔咒得到了解脱;多年来的渐进准备过程,也完成了她从一个弱弱宅女到身心强大"女汉子"的全新蜕变。

小米因此终生感恩圆圆。

二

她,曾工作的环境是上海地价最高的豪华区域,竟出现在原始古老苦难的旅途中;她,曾经的白血病人,竟进入顶级大虾才能玩的中国排名第一的徒步路线墨脱;她,为完成白血病好友的生前心愿,竟用生命赌注去兑现六年前的一个承诺。

巨大反差的两端,一次次在小米身上演绎。

我产生强烈的写作冲动。

她，一个内心强大有情有义的80后女性；一种强大的精神性的追求；令人耳目一新的中国传奇；一个长达六年的生死承诺。

这是一个关于死亡，关于人和人之间友爱的故事。

想当年，一个个白血病女孩在走向死亡的悲喜情爱的故事，没有引起我的写作冲动。因十多年前，我已封笔，和文坛完全失联。

当小米得知我要写她，曾强烈抵触。2013年9月17日，她回到上海，进入一家500强外资企业。她满意她的工作。没人知道她得过白血病。如果我向社会曝光，她的白血病经历不但会严重影响她的职业和未知的爱情，也会打乱她目前的平静生活。

我设法消除她的顾虑。她终于默然。

本书上半部分写重症病房，下半部分写墨脱途中，两者都与死亡紧密相伴，核心是生死和承诺。生死是谈不尽的哲学命题。承诺是精神。

小米喜欢猫。墨脱多鼠患，所以多猫。书中的虎纹猫阿咪是全书的魂。它在发展，很神秘。小米完成承诺后，它突然消失，引起客栈的鼠患。

阿咪是见仁见智的象征或隐喻。

三

今天，当我再次回放整个进程，仍大吃一惊，它那么完美和真实。它超越时空，如此富有戏剧性。一个个偶然小片段，连接起持续不断的新创造和新奇特。太多偶然性的聚合，启动了长达数年的时代链条，导演了一个不可思议的现代中国传奇。

我们设想一下：

如果圆圆不是文青；

如果圆圆没有阅读《莲花》；

如果圆圆没向小米提出心愿；

如果小米没有承诺；

如果小米像大多数白血病人一样死了；

如果小米把承诺当成玩笑或戏言；

如果小米在多年准备过程中，不能坚持下来；

如果小米在旅程中，面临艰难困苦而退出；

如果小米进入墨脱旅途却没能活着走出来；

如果没人写她；

我们发现，太多的如果，随时会使小米的传奇画上句号，不为人所知……

在"蝴蝶"翅膀下，这传奇延续整整七年，也仅给出一个临时结论，至今仍不可预测地在延续发展中。

我很茫然：我们如何才能了解这荒谬的世界？是不是如歌德所说，它只能是"上帝的神秘作坊"？

由《莲花》引出众多奇妙的缘，《莲花》作者安妮宝贝至今蒙在鼓里，就像大洋彼岸那只花蝴蝶，她不会想到，她在2006年出版的一本书，竟会演变出一个感人的当代传奇。

安妮宝贝和小米，在当下，就像两条平行线，分处两个维度，互不相关地生活工作。

作为局外人，我们却都清楚地看到，《莲花》已把她们奇妙地联系在一起。

圆圆的那本《莲花》仍然珍藏在小米家中。它承载了圆圆生前的心愿。

小米回赠给圆圆的《莲花》，在2013年9月13日下午，一页页流入了雅鲁藏布江……

书的出版，或会使小米曝光，会对小米的人生产生什么影响，我不知道。

我突然变得惴惴不安，甚至夜不成眠——我怕无意中会伤害到小米……

2015年8月26日

目 录

第一章　死刑判决 / 001

第二章　生命的无望 / 016

第三章　走向死亡之旅 / 035

第四章　人生总有许多意外 / 055

第五章　走调的夜半歌声 / 072

第六章　旅程有终点吗？ / 091

第七章　难得的平静日子 / 109

第八章　从幸运跌入绝境 / 128

第九章　艰难的生死承诺 / 149

第十章　惊天大逆转 / 171

第十一章　死神的眼睛又凝视着她 / 191

第十二章　星空的魔咒 / 204

第十三章　重返死亡之旅 / 221

第十四章　不为修来世，只为途中与你相遇 / 238

第十五章　邂逅相逢总是缘 / 255

第十六章　在多雄拉山口逝去的生命 / 274

第十七章　她是个称职的导游 / 293

第十八章　大山深处的传奇 / 307

第十九章　她飞速滑出悬崖 / 323

第二十章　谢谢你，一路陪伴着我 / 338

第二十一章　生死之交的情怀 / 351

第二十二章　神秘的猫影 / 367

第一章

死刑判决

一

啊——

一阵从没有过的尖利剧痛四散开，痛得小米全身颤抖，差点昏过去。

叫什么，叫什么！手术医生不满地训斥她。刚才医生正在她身上选择位置要从骨髓腔取样，手执长长的钢针一针刺进去。她震撼的尖叫声一直传到手术室外的候诊大厅。

大厅里的病人和家属都被吓了一跳，怎么回事？

小米妈要冲进护士台边的手术室。

护士马上迎上来，挡住她，说，阿姨，没事的，你不能进去。这样吧，我进去看看。你女儿不会有事的。关照另一护士劝慰并挡住小米妈，不让她进入。

护士急匆匆进屋。

手术室内，医生不满地训斥她，叫什么，你乱叫什么！

大厅护士冲进手术室，急问，怎么回事？

医生说，我刚才钢针扎下去，方向偏了，没有刺到她的骨髓。他对护士进门感到奇怪，你怎么进来了？

护士指着小米，刚才她的喊叫太震撼了，大厅里的人都被吓一跳，以为出人命了。她妈妈要闯进来，硬被我们挡住了。我进来问问情况。

医生说，你对她家属解释一下。就说刚才扎错了地方，还要重扎一次。让家属有个思想准备。

小米闻言惊叫，还要重做一次？

小姑娘，没有规定要求医生一针下去找准位置吧？

她不敢多说话。医生嘀咕，小姑娘，我不重做，怎么取你的骨髓液？我取不到骨髓液，怎么做骨髓检查？

护士回过头劝说，小姑娘，你如果真得了白血病，以后骨髓穿刺就是家常便饭啦。

医生抱怨，你也要体谅一下我们医生。看看，都快吃中饭了，我们还在忙。

她不敢再吭声。"骨髓穿刺"，听名字就恐怖。她无可奈何。

医生第二针下去，她又痛得尖叫起来。

医生解释说，小姑娘，对不起。这次是我不好，麻药刚刚打下去，可能没到时间。我太性急了点。不过，你也不会配合忍一下，叫什么叫啊。你也太不吃疼了。现在年轻人也真是的，一点也受不了苦……

她很委屈，心想，没有麻药，用十几公分的长钢针对你扎一针试试，你吃疼不吃疼？但是她不能说。手术室里，只有她和医生。

医生做完后说，小姑娘，你可以自由了。我也要吃饭去了，饿死了。说完急急出门。

没人管她了。她心里苦闷，但没办法。她忍着痛，半弯着腰，虽然走路很困难，但也只能自己走出门。她大口喘着气，觉得自己随时会倒下。好在努力走到手术室门口时，守候着的爸妈急切地上来扶住了她。

二

她和爸妈在大厅的休息椅子上坐下。

邻座是来自东北的一对父女，正在吃家里带出来的面制品。得病的是女孩。

小米妈问女孩，你已做过骨穿了？

我是老病号了。骨穿太痛了，而且有时会出错，真痛得要死。如果医生扎偏了位置，那是技术问题，病人也不好说什么；如果麻药刚打，没到时间就一针下去，那是医生的责任。但总之都痛得要死。

小米妈问，你得的是什么病？

白血病。不过，我是 M3 型号。急性非淋白血病有八种型号，只有 M3 型号的白血病不会死，有药可医。其他 7 种型号，只有骨髓移植才能生存。但是，骨髓移植配不到型，想都不用想。你女儿的骨髓报告出来后，如果是 M3，那生存没有问题。你看，我在东北有工作，当文秘，我能养活自己。我爸每年陪我到上海来一次，配药检查。今年是第三年了。

听了女孩的话，她阵阵心悸。一星期前，在东方医院，她还以为是感冒，但当老教授说她血液中有"幼稚细胞"，要她马上去JR医院，不要耽搁时，她从周围众多医生护士看她的眼光突然变得怜悯，感觉到一定得了重病。她回家马上上网查什么叫"幼稚细胞"，结合老教授的话，基本确诊自己得了白血病。她已多次躲在卫生间、夜里藏在被子里痛哭过。

现在，她多么希望骨髓检验下来她是 M3 型号，那样的话，她还能活下去。

三

专家门诊在 214 室。"214"用上海话说是"你要死"。一个不吉的门号。

她和爸妈坐在门诊室外的椅子上排队，等叫号。专家会查看骨髓检验报告。她身子虚弱得连坐都坐不住。

叫到她名字了。她和爸妈一起进去。

专家拿着骨髓报告说，现在可以确诊你女儿是急性白血病……

爸爸不相信，跳起来，敌视地喊，你能那么肯定？

专家说，我不敢说是 100%……

爸爸绝望地喊，那百分比多少？

98% 以上吧。再说，98% 和 100% 有什么不同吗？

爸爸的身子突然向后倒去，自语说，我看不见了……橘红色的浓雾……向我汹涌而来……我看不见了，什么都看不见了……

专家和助手急忙扶住爸爸，让他躺到病床上。

妈妈不知所措地痛哭起来。

她抱着妈妈喊，妈妈，妈妈，你不要哭，不要哭好吗……

哭声唤醒了爸爸。助手跑到门边，喊，下一个！

爸爸喊叫着，你们不管我们了？我女儿得了病，你们不给住院吗？

专家说，医院没有床位，住不进。

我女儿得了白血病，不住院，叫我们怎么办？

专家说，医院没有床位，真住不进。

后面排队的病人进来了。

她突然想起，问，教授，我是 M3 型号吗？

专家说，肯定不是。

她知道，她快完了，她的生命到头了。刚才东北女孩说过，急性非淋白血病八种型号，只有 M3 型号的白血病不会死，其他型号只有骨髓移植才能生存。但是，骨髓移植比中大奖还难。

她在爸妈的搀扶中，摇晃着走出 214 门诊室。

四

医院走廊。淡蓝色的陈旧塑料休息长椅。

她有些昏昏沉沉，如果不是爸妈扶着，仿佛随时就会倒下。倒不是被专家诊断结果刺激的，而是她已连续高烧多天也没有进过食。

妈妈在掩面哭泣。

她没有精力劝慰妈妈。他们都清楚，白血病是死亡同义词。她来日不多，她要死了。现在，他们如何接受这个事实……

她半倚在爸爸怀里。

她喘口气，说，爸……我没力气……我困……爸，能不能抱抱我，我冷，冷得要命……

爸爸闻言后紧紧抱着她。她躺在爸爸的怀中，这样好受些。

无言和沉默。时间在流逝。妈妈在哭泣。

清洁工阿姨在扫地，扫到她和爸妈面前，不满地催促，你们可以走啦，门诊医生都下班了!

爸爸说，知道了。

四周空荡荡的，确实没有人了。

爸爸迟疑了一下，说，小米，你是接受过高等教育的人，你知道，人生其实就是一个旅程。

她说，我知道。

爸爸断断续续地说，是旅程，就会有终点……都要下车的……

她说，爸，我知道……我要提前下车了……你们不要因为我先下车而伤心过度……你们以后要多想想，人生就是个旅程……这样想，你们就不会太伤心……

又无言。沉默。

小米，你有男友吗?

她没有迟疑，有。

小米，你要有心理准备……他可能因为你的病，和你终止恋爱关系。

爸，我知道。

爸妈养育她二十多年，在她的生死一刻，她和爸爸谈到了死亡，谈到了爱情。短短几句话，该说的全部说了，该关照的全部关照了。她竟如此平静。她没有哭泣，没有诉说命运对她的不公。因为她理解爸爸所说的，人生就是一个旅程。

她也要让爸妈理解她此时的心情，爸，妈，我想告诉你们，我这辈子活得很精彩，我考过研，上过名校，我也孝敬过父母……遗憾的是，我孝敬时间太短了……我还想说，我生在这个家庭，我很满足……我真的很满足。她苦笑自嘲说，看，我好像临终前在回顾我的人生。

清洁工又来了，在他们前面大力夸张地扫地。

爸爸叹气说，小米，我们走吧……回家再说。

他扶起了她。妈妈急忙擦了擦眼泪，一起相助。他们搀扶着她，向门口走去。

在他们身后，淡蓝色的塑料长椅上，留下了几瓶矿泉水，几只早已冷却的包子，是他们的中饭。

五

在上海三甲医院，要得到一张床位，难于上青天。

她确诊白血病一个星期了，得不到任何治疗，一星期都在40度的高烧中。病情在急剧恶化，她被高烧折磨得虚弱不堪，常陷入半昏迷状态。她已不能说话。专家配的片剂大把吃都没用。专家说过她一定要住院化疗。

患难见真情,可检验亲情的分量。近70岁的大伯头发花白,话很少,每天默默伴他们一起到医院求床位。在她爸妈这一辈的大家庭中,只有小叔有朋友。住院的重任落到小叔的身上。小叔从早到晚不停打手机,托朋友搞床位。他是科学家,知识分子朋友多,当官朋友少。传来的信息总是失望。

小叔说剩下最后一个政协朋友,是个忙人,手机传来的总是忙音。小叔在傍晚时终于打通忙人朋友的手机,朋友说会想办法,今天太晚了,明天等回音。

六

小叔家离JR医院近。他们住到小叔家。

小叔将卧室让出来,自己一家三口挤在小客厅里打地铺。

她在高烧中陷入半昏迷,时而清醒时而昏沉。

雨天,绿草莹莹的小山坡上,塔松下,一阵风吹来,将一顶五彩的雨伞吹动了,像车轮一样向坡下滚去。一个小女孩发出欢快的尖叫,向雨伞追去。父亲唤不住她,跟了上去……

似曾相识的情景,她好像看到过。她终于想起,是她两岁时,爸爸带她到西郊公园。在土坡上,他们合用的小雨伞被一阵风吹下土坡,她欢快尖叫着追赶,衣服被雨淋湿了,雨伞拾回来了。那天雨下得真大啊。在公园里,爸爸有时抱她,有时搀着她,她的红白格子短裙和白色长袜湿透了,溅满了斑驳的泥水。雨中不停传来小女孩脆脆的笑声……

幼时的记忆怎么突然浮现了?是她在无意识中回顾一生,是不是暗示她今天会死?

持续一星期高烧40度,使她脖子两侧的淋巴结速度惊人地肿胀起来,脸部夸张地变了形,眼睛被挤迫得睁不开。脖子光滑血红,粗胀得几乎超过脸部,变形部位在不停跳动。

床边有镜子,她努力睁开一条缝,看见她的眼圈被厚重的黑色素包围,就像大熊猫。

妈妈急得一直在偷偷哭泣。

整整一夜,爸妈用折叠起的冰毛巾放在她额头降温。毛巾不冷了,放进冰箱再冰冻。

这是她有生以来最悲惨恐怖的一夜。她明白什么叫生不如死。她宁愿死,也不愿被无情摧残在半死不活中。她心里在淌血。她在无数次半昏迷中感觉要死了。她担心会突然死去,稍清醒时,断断续续说,妈妈……我孤单……你抱着我……你和我一起睡……

她想,如果死,妈妈在身边,她会死在妈妈的怀里。她的生命不会再等下去了,会在今天夜里死去。她要死了,就要死了……爸妈努力过,大伯小叔努力过,她如果死了,也是她命该绝了。

小叔家三口同样一夜未眠。

天亮了,她竟没有死。

小叔的手机终于响起。朋友说JR医院暂时没有空床位,说现在找的也是三甲医院,加个临时床位,救人要紧。等到JR医院有空床位了,就马上转院。

小叔这次真的托到了神通广大的朋友。

她被迅速抬出小叔家,抬进出租车。车在路上疾驰。

她被抬进医院电梯间。电梯升到14楼。

病房里加了一张窄小的折叠钢丝床。她一到达,医生马上抢救输液。自费药房虽过下班时间,因接到14楼紧急通知,正等候着。爸爸和小叔从14楼奔到底楼药房,付款取药,奔回14楼。

近5000元一小瓶的善唯达针剂,缓缓输入她的体内。

夜里,她的热度降了下来。她有感觉了,用手机通知男友。

男友来了,坐在她的床边,轻轻握着她的手。

她的心里莫名委屈酸痛。脸上湿湿的,她流泪了。她从没有当着第二个人哭过,包括她的爸妈。

七

14楼,"14"与"要死"是谐音。

化疗后,她的头发大把地脱落。床上到处是零乱的头发。护士清理不方便,抱怨说反正她用不了几天会脱成光头,医院有现成的剃头师傅。妈妈请来了师傅。

妈妈扶她坐起。她全身软绵绵的,东倒西歪坐不直,好像是个无骨人。

剃头师傅见状吓怕了,嘴里嘀咕着,两三剃刀下去,她的头发被粗糙地割剩下高低不平的发根。师傅怕中途出事,推脱几句匆忙逃离,遗落下一把铮亮的理发剪刀。

她体内的细胞渐渐在恢复。她稍有了精神,能说话了,也能在妈妈的搀扶下走路。

她暂时活过来了。

头发全掉了,连发根都掉了出来。她用手一摸,光溜溜的。她把镜子扔了。她不想看到镜子。

八

妈妈扶她上卫生间。推不开门,里面有人。

她说,我看到刚才小露露用完后出来,是肖金进去的。都半天了,还不出来。

妈妈担忧地说,肖金老半天没出来,会不会……

病房里的人闻言紧张起来。在14楼,卫生间倒地死人是常有的事。

妈妈说,我去叫护士。

护士来了,敲门,没动静。再敲门,仍没动静。护士用钥匙打开门。

肖金正躲在卫生间,用手机和众网友互通着信息。

肖金没有出事,大家松了口气。

肖金拿着手机,仍和网友通着信息,走出门时,抬起头,不屑一顾地说，姐没事，姐死不了。你们急什么？真是的……

肖金是个离婚女，30来岁，小孩被前夫领去。她个性强烈外向，和父母不合。出口必自称为姐。对病房中的人都不搭理。常有男网友带了水果等礼品来探望她，她很注重将外形的美丽展现给网友。除了网友，没有其他人来看她。她的病早已复发，随时会死。生活充实又可怕，她似乎从不关心自己的病。

同病房的人恐惧肖金会突然死去，感觉这一天正越来越近。

九

斜对面床位的沈姨见到她，好像刚发现，惊诧地叫起来，哇，小米，你长得真漂亮！

她开心不起来。沈姨很夸张在取悦她。她天生大眼睛长睫毛和挺拔的鼻梁常被人误认整过容，但现在的她早被病魔整形得扭曲丑陋了。

沈姨叹口气继续说，可惜啊，得了白血病马上会死，看也白看。当你们把钱全部扔到黄浦江后，人就死了。

妈妈闻言大惊，沈姨，你，你怎么能这样说话？

我说的是真话。我住院大半年了，看到一个挨一个死掉。我见得多了。

她忍不住问，阿姨，那你怎么也在这里看病？

沈姨骄傲地说，我是MDS。小米，MDS不是白血病。我和你们不同。如果不是因为床位紧张，我不会住在这里。再说，我如果是白血病，早自己解决了。这里是14楼，眼睛一闭，跳下去，省得害家里人。白血病，大多活不了几个月，最后人财两空。

妈妈生气了，骂，沈姨，你精神有病啊！

沈姨妹进门听到，怒斥，姐，你住嘴！

沈姨见到妹妹，突然萎缩起。

沈姨妹对小米妈说，你来一下，我有话对你说。

妈妈说刚才在休息室，沈姨妹道歉了。沈姨妹说她姐脑子残，精神不正常，喜欢直来直去。不要和她姐一般见识。说每来新病人，她姐都会乱说，觉得和白血病人住一起很委屈，一定要引出她的MDS病不会死。而这正说明她姐智商有问题。说她姐的MDS早复发，随时会死。说MDS叫骨髓增生异常综合征，和白血病相比，除知名度小一点外，其他都一样。说病友简华就是从MDS转成白血病的。

妈妈说，沈姨妹抹着眼泪说起她姐如何的苦命。

沈姨老公出车祸死后，没料到她很快爱上一个外地民工。她不顾亲属的反对，毅然决然把比她小十几岁的民工领进家过起了同居生活。生活艰苦，可她认为是真爱。年轻民工享受到当妻又当妈的沈姨无微不至的照顾。下班后回到蜗居，她用热饭菜迎接他。两人像真正的夫妻。她儿子在读初中，拒绝妈妈带陌生男子进门。母子大吵一场后，儿子跑出家门，流落街头学坏了。亲属们劝说不动，都和她断绝了关系。

她幸福的爱情生活在她生病后中止了。她生病后曾一度望穿秋水，但她最爱的民工没有出现。她和他同居的日子里，积蓄花光了，住院时身无分文。所以，她对医疗费用能省则省，还要靠家境并不好的妹妹接济。姐妹俩早就断绝关系。她病后，妹妹原谅了她。不计前嫌，常烧些菜来照料她。有时携了老公和女儿一起来看她。儿子恨妈妈，从没来探望过她。儿子也靠妹妹照顾。妹妹时时将外甥的信息传给她。

除了妹妹，其他亲属都不原谅她。她挺可怜。

趁沈姨上卫生间，沈姨妹站在病房中央，双手合掌，小声向大家招呼，说，你们看，我才出去一会儿，我姐就开口闯祸。我记不清多少次道歉了。你们大人大量，看在我姐很可怜的分上，多多原谅她。

沈姨有这么好的妹妹。大家都感动，都说没事没事的。

沈姨妹说，姐现在唯一的亲人就是我。你们千万瞒着我姐复发的消息，不要说我姐的病不能医治。

大家联想自己，面对随时会死的沈姨表现得特别宽容，都说，沈姨幸亏有个善良的妹妹，才不至于成为没人管的孤老。

十

肖金最新的验血单出来了。血小板被化疗打到几乎为零。

护士请肖金签字，说要马上为她输血小板，否则生命有危险。

不知为什么，肖金竟拒绝。她大声说，姐的命，姐负责。姐死了，不会要你们负责。姐不想输血小板，这是姐自己拒绝输的，和你们都不搭界。姐知道，你们是好心。但是，命是姐的，姐来签字拒输。

护士无奈，叫来医生劝她。她一反常态，态度坚决说，姐知道，姐有90％多的坏细胞了，还看什么。这是浪费！

她匆匆签下自己的姓名。

医生拿了她拒输血小板的亲笔签字，摇头，只得离开。

夜深了。她由妈妈陪夜。

妈妈睡在躺椅上。躺椅是从医院租来的。妈妈的身子像大虾一样被躺椅的弧度强制弯曲固定了，时间稍长，就会全身不舒服。妈妈悄悄从躺椅上下来，舒展身子。上卫生间，却推不开门。

她轻声招呼，妈妈，我看到肖金进去，好长时间了，会不会出事？

妈妈惊讶，小米，这么晚了，你还没睡？

她说她根本没睡着。她担心肖金出事。肖金在卫生间很长时间了。她睡不着。

妈妈一次次敲门，没有动静。只得去叫护士。

护士用钥匙将卫生间门打开了。肖金死了！这次，肖金真死了。她倒在马桶边，手里拿着手机，似乎临死前还在给网友发短信。

病房里的人都醒了，默默看着一切。没有大惊小怪。见多不怪。有人转过了身，不想影响自己的休息。

医生和护士忙碌着将肖金的尸体抬出去。

第二章

生命的无望

一

14楼有大病房、小病房、无菌病房和特需病房。

无菌病房也叫层流室或细胞室，属于半自费。房间里有电视机，有供陪护亲属睡的简便活动床，门口有椅子供家属休息。因为化疗后少感染又能休息好，价格也还能被大多数病人接受，所以最受欢迎，很难预订到。

小米爸每次早早预订却从没订到过。这次竟来个小惊喜，订到了。

小米从大病房升级到无菌病房。病房共3个床位。她和浙江少女露露，还有罗医生。

小露露16岁，读初中时生的病，她与小米、罗医生有代沟无法交流，和自己妈妈也难得交流。她整天坐在床上看动漫书。床头乱七八糟的零食不断。妈妈宠着露露。

罗医生是上海某三甲医院的年轻医师，长相气质谈吐都非常好，是知识女性。先生很帅，天天来看她。如果不是她得病，他们就是人人羡慕的帅哥俏妹组合的幸福夫妻版。她家境很好，结婚两年,有个小孩。弟弟在复旦大学读书,马上要毕业。弟弟身高1米8以上,来看过姐姐,活脱是电视中的师哥典型。

罗医生性格外向,喜欢交流,和小米谈得很投机。

罗医生说她得病后对白血病研究得很透彻。小米,这个病早晚死,没有活的。我们都在活一天算一天。

她说,罗医生,这就是你的研究结果吗?怎么会这么悲观?

悲观?我告诉你,我工作的医院是三甲医院,有血液科,也做化疗。我从来没有见到有人能活着出去。所以,我清楚自己的结局。小米,你要有心理准备。

罗医生,白血病至少可以配型移植吧?而且,你还有一个在复旦读书的弟弟可以配型啊。

你提到配型,我明白告诉你,那只是一个美丽的梦想。我从没见到有全配的。我和弟弟也半配。半配即便移植,希望不大。我确实悲观。你也知道,在白血病中,除M3外,其他的型号,不谈了……

她说,罗医生,听说由于M3型号的白血病能治愈,还伴生出两个院士?

是的,他们完全可以获得诺贝尔医学奖。在这个世界上,他们每年救活的M3的病人,细细一算就是个天文数。中国的白血病患者400多万,每年新增4至5万。你算一下,全世界有多少?被他们救活的M3病人,绝对不亚于两次大战死去的人。给他们再多的荣誉和奖金也不为过。这两个伟大的人都在我们上海,他们是陈竺夫妇。这是一个有关M3的美丽传说。

M3 曾是白血病各型号中最凶险的型号，必死无疑。

上天注定要让两个上海年轻人成为拯救 M3 病人的救世主。

中国改革开放后，他们作为公派生去法国读研究生。他们看到国外用 13 顺式维甲酸治疗 M3，原理是把病人的幼稚细胞变成熟。回国后，他们参照着国外的实验来合成。然而失败，失败，永远是失败，结果总是掉头反了个方向。

如果把试验无数次的产品丢弃，那就白白浪费了花出的时间和费用。病人在死去，他们心痛心焦，于是想，不如用这个失败的合成品给病人试用一下？

这是灵感，也是天意。

试用结果令所有人大吃一惊：竟然使大部分早幼粒细胞分化成熟，早幼变中幼，中幼变晚幼，晚幼变杆状，杆状变分叶，最后都成熟了。

M3 型号的治愈历史就这样展开了。

这个做反了的药品，效果很好。他们在沪江浙初试几百个必死无疑的病人，竟然都活下来了。不打针，不化疗，吃做反的维甲酸，价格特别便宜。因为合成做反了，他们叫它全反式维甲酸。

他们公布了结果，世界医学界被吓一大跳，中国人怎么会把维甲酸做反了还得出这么好的结果？是不是假消息？法国专家带着疑问，问曾经的研究生陈竺，能不能想办法搞一些全反式维甲酸，给我们试试看。

陈竺向卫生部、教育部打报告。回复同意给，因为有利于病人。从法国开始，接下来是日本、英国等用上了新药，效果都特别好。

这是一场改革开放后的"中国革命",造福于全世界 M3 型号的白血病,为我国赢得了极大荣誉。但仍有人不相信,比如世界最权威的血液领域杂志美国的 Blood。天赐机会又来了,没有人会想到,杂志主编的孩子得了 M3 白血病,已经复发,无药可治。主编只能死马当活马医,将信将疑采用了全反式维甲酸。结果必定这样:孩子活了下来。主编就此深信不疑。这不是假的,这是个奇迹!欣喜之中,决定尽快发表这一成果。

要在世界权威杂志上发表,总要提供为什么能治好病的科学理论根据,撰写严谨的学术论文。不能说我们稀里糊涂做反了,一不小心撞上给治好的。终于在主编的积极配合协作下,陈竺他们采用大量学术研究,撰写出了具备世界权威杂志发表水准的论文,在杂志头版发布。

现在 M3 型号白血病的首选药是全反式维甲酸。

白血病的化疗是把病人体内的好坏细胞一起杀死,杀到危及病人生命时才停止。接着,等待细胞活过来,细胞一变两,两变四,变得越来越多。坏细胞多到一定比率就叫复发,否则叫缓解。所以,化疗中,病人需要运气。

全反式维甲酸出现后,M3 型号很多病人可以不用化疗了。但是,这药容易耐药,所以用一阵得停一阵。病人耐药的话,采用三氧化二砷,就是砒霜。

用砒霜治疗白血病,也是我国创造的奇迹。一些老中医从上世纪 50 年代开始,用砒霜治疗慢性白血病,配成水剂叫病人喝,喝得脸色灰黑暗淡,那是严重的肾中毒,但有效果。后来被国家收购了秘方，再进一步试验后完善。

现在，对于复发难治的M3病人，用全反式维甲酸和亚砷酸（砒霜）协同治疗。因为两种药可交替治疗，使得M3病人能长期生存下来。

小米，我曾试想，如果当初成功合成了13顺式维甲酸，充其量是个法国芯中国山寨货。合成失败了，却促成另一种更大的成功。M3型号的病人从此成为区别其他型号唯一能生存下来的白血病中的宠儿。合成失败成就了他们的事业，获得了举世的荣誉。

……

罗医生讲述到这里，叹口气说，小米，回归正题，我们不幸得了白血病，我们都不是M3。

她说，罗医生，你有个弟弟能半配。我是独生女，连半配的机会都没有。

罗医生苦笑着说，科学上来说，最好的配型对象在二十来岁，机体生气勃勃，最好同性别，同乡，全配。但是，这种几率等于零。家属间大都半配，没什么用。

罗医生，我看到白血病生存有统计数据，说化疗有40%的治愈率；骨髓移植也有60%的治愈率。

小米，这都是为评职称做出来的论文。这种统计你也会相信？唉……不说了不说了……小米，你对配型不要抱多少希望……小米，你听说过郭台铭这个大名吗？

是台湾首富吧？

对，就是他。

罗医生讲述起郭台铭的弟弟得白血病死亡的实例，令小米触目惊心。

罗医生，照你这么说，得了白血病真没救了吗?

小米，我不下定论，你自己分析。我给你说件事，台湾有位志愿者，长期救助白血病患者，多年后发现，他捐助的对象最后都死了，他的投入永远没有好结果，他的努力带来的总是绝望。这伤透了他的心，使他失去信心。最后，他痛苦地决定，不再救助白血病。他说要用有限的资金救助有效的对象。

她想起在电视中好像看到过相关报道。对，想起来了，就是这个志愿者在地震灾区，面对记者提问时说到过此事。

小米，得了白血病，再多的钱或再大的权势，也无法改变白血病人的命运，要想活，难啊，真难啊。我说的都是事实。小米，我们从大学里出来，必须面对科学，要有心理准备。

她说，说实话，我早有心理准备。

罗医生伤感地说，我明白，我不久将告别人世。我死后，我爱人会伤心。我爱人很优秀，又长得帅，家境富裕，迟早会给我儿子找一个后妈。现在，最令我放不下心的是我两岁的儿子。我儿子将来如何面对社会。一个没有亲妈的儿子，性格会变，还有后妈……小米，想起儿子的将来，我都愁死，就想哭……

她和罗医生交流后，感觉她们的生命处在屈指可数的倒计时中。

她对生命前景已不抱希望，罗医生必死，她也必死。她们都在等待死亡时刻的来临。

二

莉莉是幸运的 M3 型号，一个容貌身材上乘的女孩，读高中时是学生干部，能说会道，谈吐幽默，常自嘲。自嘲的人都聪明自信。莉莉妈是热心肠的人，守护莉莉多年，知道轻重缓急。

莉莉母校在莉莉病后曾捐助过数万元。

莉莉虽说才 19 岁，却是多年老病号，见得多了。

小米咨询莉莉，白血病能活多久？莉莉含糊其辞云里雾里。小米听不明白。再问。

莉莉很聪明，直接岔开话题，答非所问。小米，你得了白血病，刚开始，周围人以为你很快没命了，在同情心的驱使下会捐款捐物；如果你顽强生存下来了，同情心就降低，直到消失，最后没人理睬你啦。以后你再想搞钱，对不起，谁见到你都会厌恶。亲戚朋友会躲开你。不是常说久病无孝子吗？亲生儿子都这样，何况外界。小米，在这个世界上，谁都活得不容易。所以，你得了病，首先要考虑开支从哪里来。现实就是这样。小米，这是我掏心掏肺的大实话。

小米频频点头，莉莉，你说的都是经典的话。

小米，我以过来人的身份劝你，趁大家还在同情你时，尽量向单位向社会向亲朋好友多搞钱，存起来，为你的病打持久战。

莉莉，听你谈吐，完全不像 19 岁。你的成熟和年龄不相符。

莉莉自嘲说，这是我生病生出来的经验之谈。我在 14 楼阅死人无数，对生死看得很透，遇到死人早已波澜不惊啦。

莉莉，你幸好是 M3，你不会死。

小米，你在嘲笑我吧？我是 M3 中的败类！我复发 N 次，年年不停地化疗吃药，内脏的一些器官都损坏了。

三

大林绅士般地在走廊里来回踱着步。

他爱吸烟。医生多次劝他不要吸，他不听。他知道在病房吸烟会影响他人，所以，常到走廊或休息室过烟瘾。他是个球迷。在世界杯期间，他用各种理由请假回家。他会半夜起来看世界杯直播，第二天再来医院。他想找球迷聊天，可惜整个 14 楼没有人喜欢足球。

他偶尔听到小米妈提起小米在中考的日子为半夜看欧洲杯决赛直播，而耽误了中考。

他发现了知音，急切地拉着小米妈找到了她。

在世界杯期间，她和大林常常热论世界杯。眉飞色舞地谈喜欢的球队、球星和球技。

世界杯后，大林又信心十足谈起他的治疗进程，展示他最得意的权威治疗方案。

他昂头挺胸踱着步，每遇病人男家属就发烟。总有几人同他一起谈治疗谈方案。

他说，我的治疗方案由上海最高权威 A 教授和 C 教授亲自拍板确定。小米，你知道，什么叫权威？不等回答，他"嘿嘿嘿"

爽快地笑起来。故意停顿，卖关子，极有耐心地向四周男性听众派发好烟。什么叫权威？他深深吸口烟，再慢慢吐出。你们知道吗？我的治疗方案是全上海最高权威亲自制定的！

他像主持人一样，随机问一个家属，你知道谁是上海血液科的最高权威吗？

不知道。

啊，你不知道？连这个都不知道？他惊讶地说，你还看什么病啊。你听说过 A 教授吗？

没有。

小米，你知道吗？

她说，我知道一点。在医院走廊的宣传栏里，在有关白血病的资讯中，就有 A 教授的照片和他的杰出成果。

大林的手向宣传栏的方向指去，说，小米说得很对。A 教授的杰出成果就在那边。他对病人家属说，我强烈建议你们去看看，马上去看。我还要告诉你们，我这个病同你们都不一样。他夸张地很有男人气势地一挥手，你们自己去调查一下，除 M3 外，能有几个白血病人活下来？

白血病家属在他的居高临下面前只能沉默不语。

大林和沈姨有同样的自负理由，因不是白血病，住 14 楼很冤屈。

大林患的是淋巴瘤，和白血病相比，活命几率确实大多了。14 楼都是重症，即便不是白血病也都很低调。只有他和沈姨喜欢和白血病患者横向比较，以显示他们病种的优越感。沈姨的优越感没有智商,上海话称很"十三"。大林绝对正常,他是真自负,真自信。可能因家境好,得病后仍保持强烈的自负。

四

走廊里,大林抽着烟,有尊严地微笑着,踱着步。透明的化疗输液袋被平放在头顶上。

他看到她,停下脚步问,小米,听说你状况不太好?

她默认。

可惜啊……他说了三个字就停住了。可能想起她和他在世界杯期间的友好交流。他这次给足她面子,没说白血病必死的话。

她知道,大林面对白血病病人如果不说必死的话,不能体现他的病的优越,可能会难受。她转移话题问,大林,好几天没见,你的脸怎么又黑又暗,好像换了个人?

小米,我告诉你,我的治疗最近又有大进展。我听从 A 教授的建议,在做放疗。放疗后,我腋下的淋巴结小了许多。A 教授说淋巴结可能跑到其他地方去了;我又听从 C 教授的建议,做化疗。我还到上海最好的曙光中医院找中医权威 F 教授,由他亲自给我开出中药药方!

有人招呼大林。大林明白,说,小米,你等一下。匆忙掏烟派烟。因靠近休息室,他顺便向室内拐进半个身子,热情地一一扔出香烟,才重返走廊。

大林用重语音总结他的选择,说,小米,我的治疗方案以 A 教授为主,化疗以 C 教授为主,中医也是大权威,是 F 教授。我的中药方由 F 教授开出专用药方，是定配。这叫什么？

有人接了他的烟后，跟出屋子听他吹，附和问，大林，这叫什么？

他笑起来，说，这叫三权威三教授三管齐下！

在他的极其自信下，大家再次悻悻地笑着。

五

护士走进病房，急匆匆喊话，请家属们配合一下，出去，快出去一下。我们要马上查房了，A 教授来了。家属们被护士请出了病房。

A 教授是上海看白血病的顶级专家。大林说得对，他确是大权威。他不常来医院，每次来，如同首长视察，由院长亲自陪同，主任领路，走进病房。内圈是主任级，外围是医生护士，前呼后拥，小护士在后面悄悄驱散围观的病人家属。

她早听说医学上有误判。她忽生疑惑，专家定她 M4 型会不会误判？如果有 A 这样的大权威推翻她不是 M4，而是 M3，那该多好啊。

A 教授一头白发，标准国字脸，面相慈祥。

主任向教授解说着一个个病人的情况。

机会说来就来了。轮到她了。A 教授接过病历卡，认真看起来。

她说，A 教授，你能不能亲自审核我的型号。因为我对定我为 M4 型号有疑问。

老教授说，好的，你放心，我会认真核验你的病历和相关资料，一定给你回音。

老教授离开后，家属们回到病房，看到老教授亲自受理小米的病情咨询，就埋怨起自家病人没抓住机会。说实话，谁都想得到权威的亲自诊断。但当权威来了，病人却心生胆怯不敢开口，放过了机会。

傍晚时，主任来到小米的床边。

小米，刚才 A 教授在医生办公室认真核查你所有的病情资料后，确定你就是 M4，没有任何变化。他临离开医院前，特别关照我们一定要把结果告诉你。

这个结论让她很失望。最高权威一言九鼎。她和 M3 已经无缘。她想从型号上找生存已经没戏了。她的生命无法逆转，她是板上钉钉的 M4 了。

主任的语气明显不快，说，小米，关于你的 M4 型号，原来就是我们集体研究后确定下来的，肯定不会错！

她明白，主任的不快是因为她向老教授请求时，无意传达了她对 14 楼专家团体的不信任。

六

露露妈悄声说，小米，大林死了。

球迷大林死了？

她赶紧下床。在妈妈的陪同下走到男病房门前。

大林的床边围满了他的亲人。

心电图仪器显示屏划出的线已经笔直：大林是死了！

床边另一台不知名的仪器仍在惨烈地声声鸣叫，击打着楼层中每个人脆弱的心房。此种情景会在14楼任意一位病人身上重现。

她有种感觉，大林好像比其他人死得更快了些？重重叹口气，她想，大林的过早离世，或是他对权威过度迷信的结果？

大林身患重症，仍顶着输液袋热情大谈足球。他冒着生命突然中止的危险，违规跑回家，为的就是半夜看足球现场直播。

中国少了一位特殊的球迷。

七

病人化疗结束就要回家，等细胞起来再回医院进行下一轮化疗。

小米受够没有床位的苦，所以，在住院前一星期或更早，爸爸就去挂专家号。专家号容易预订到床位。

堂姐将小米送到了医院。她拿了号到专家门诊处排队，等专家开住院单和全身体检单。

她在排队等候叫号时，遇到了江苏阿姨。她们是14楼病友，互相认识。

阿姨三十多岁，来自江苏农村，病友都叫她江苏阿姨。小米住院后，就听到院长和江苏阿姨的故事，很感人。阿姨虽然穷，很幸运是M3，能活下来。阿姨和女院长有特殊关系。

她无话找话，说，江苏阿姨，你今天仍然自己骑车来吗？

阿姨点点头，说，坐车要花钱，自己骑车来，可以省钱。老公要挣钱，不能送我来。她又补上一句，我什么都能省下，院长的专家门诊挂号费 20 元，我从来不会省。

她知道，在医院门前停着阿姨的那辆破自行车。在全上海的白血病患者中，大概只有阿姨自己骑车来医院再骑车离开。阿姨更像探望病人的家属。她说，阿姨，你是个病人，骑车来医院，这很冒险啊。

阿姨是知足的人，从不抱怨命运的不公。笑着说，没事的，没事的。我们乡下人不能和城里人相比。

阿姨，听说有一次，你的血小板为零，免疫系统降为零，换其他人动也不敢动，一定戴着大口罩，挂满各种抗生素输液，最好待在无菌病房内。而你也是自己回家的？

是啊是啊。我没钱，我不能住院。我只有回家扛着。就是那一次，院长再三叮嘱我一定要戴口罩，我才戴的。也就是那一次，我听从院长，没有骑车，花了几块钱，坐公共汽车回出租屋。那一次，我居然也安全渡过了，小米，你看我的命是不是够大？她大声笑起来。

阿姨，你的命是够大的。阿姨，M3 属于好命，你又遇上好院长。你比我们命都好啊。

是啊是啊。小米，有一次，我差点死掉。因为要还债，又要挣下一次的药费，我回家后日夜加班。我们都是没文化的乡下人，干的都是最辛苦挣钱又最少的粗活，加工编织袋。小米，你不知道，编织袋有强烈的毒味。没多久，我病情复发。就是那一次，算我命大，院长给我治好了。临分别时，院长再三关照我以后不要太吃力。

是啊，阿姨，你是病人，怎么能这样日夜加班呢？

阿姨心情很好，说，小米，你说得对。院长说过后，我不再卖命干活，我病情复发，花的钱更多，更不合算。我要听院长的话。

阿姨说她和丈夫在上海打工，为了看病近，最重要的是院长会照应她。夫妻辛苦打工，就为挣下一次看病钱。这样换来她的6年生命。她感激院长为她网开一面，将化疗中的程序省略了，比如，进院后的常规体检省了，保肝保脾等支持的药剂也全部省下来。没有支持药物，院长就要对她生命负责，特地从院外搞来适合她的小剂量化疗药，剂量减少了一半。钱却不能再省了。她说，前些年，她和老公努力打工，积起2000多元就可以来配药。现在药价贵了，要挣满4000多元才够。

阿姨是穷人，院长帮助她，除了可能会给院长带来违规操作的潜在风险外，什么都得不到。但是，院长把生命权放第一位，以现代社会少有的大爱，博得了14楼所有人的尊重。

八

上午，当小米看到江苏阿姨身影时，心里沉重起来。前几天，她听说院长出国的消息，就联想到江苏阿姨。恩人出国了，江苏阿姨该怎么办呢？

阿姨挂院长号，没挂着。她呆了，又急切地到处找院长。

小米说，阿姨，你不用找了，院长出国考察了。我前几天听主任提到过。

阿姨怯怯地问，院长什么时候能回来？

小米说，主任说半年左右吧。她明知道这种话对阿姨如雷击顶啊！

阿姨夫妻辛苦挣钱。因为缺钱，都要等到病情发作时才来找院长。她的病熬不过十天半月。如果等半年，她早死了。夫妻俩这次挣了4000多元，在医院，根据流程操作，连常规体检都不够。阿姨希望配4000元的药。她不要体检。她一直在打工，身体不会坏到什么程度，至少不会致命。她想不通，她没钱，那些检查有什么用？她要的是救命药啊。

阿姨平生第一次生病就是白血病。她没钱，但她遇到了恩人。阿姨用全世界最省钱的治疗白血病的费用，享受全上海一流血液专家的治疗。院长深知她家境困难，为她算计，省略了她全身检查，将她的钱全部换成M3药剂。她带回药剂，在家乡卫生院输液吊针，这样更便宜。

如此周转，她在女院长的违规照应中活了6年。

阿姨原以为自己会以这独特的方式一直活下去。她万万没想到，恩人会出国！夫妻俩打工挣钱换看病的6年轮回今天中止了？她脸色苍白，呆在一边。恩人出国消息的突然打击，打得她没有了任何思想。

小护士说，阿姨，你既然来了，还是先去挂诊吧。

小米说，阿姨，小护士说得对，你先去挂其他专家的号，听从专家安排。

小米在忐忑不安中看到，阿姨木偶一样跟着医生或护士以规定的流程进行血检、B超、CT、透视、骨髓穿刺等全套检查。阿姨带来的救命钱做着对阿姨完全无用的检查。4000元钱用光了，药怎么办？阿姨要的是药啊。

小米同阿姨一样心神不定，产生同样的幻想，医院会不会网开一面，最后给阿姨药？这对大医院来说是一笔小钱。只要阿姨写下欠条，有钱时回来还就行。

医院为阿姨体检途中发现已欠款，及时中止其他检查。通知她去付费。

阿姨早没钱了。4000元花完了，真没有钱了！

医院有规章制度，只有院长才敢破这制度，其他人没这个胆。

14楼的医生护士都有爱心，他们了解阿姨的情况，凑齐了钱为她交纳体检时的所有欠款。

阿姨的活命药没有配，检查中止，反而欠下医院债务的消息很快传开了。

江苏阿姨出事了！下一步如何办？

小米去看阿姨时，阿姨仍坐在休息室里的塑料椅上。

室内的光线本来就差，阿姨显得更虚弱了。她木然地拿出从家里带来的大白菜、包子和水，木然地吃着。脸色苍白，情绪低落。以前她中午休息时会在这里乐呵呵吃着,然后骑车回家。

她在阿姨身边默默坐下。不知如何安慰阿姨。院长出国,一件再正常不过的事情,竟把阿姨推到死亡线上。没有药,阿姨就会死。太恐怖了!现在,她成了围观者,她把阿姨生的希望寄托在医院。

医院里没有人担当此事。谁都不想犯规。

病友苏琴在休息室门口说,小米,你妈妈在找你,你却躲在这里。吃饭了。

小米望着阿姨,心中阵阵酸痛。她深知阿姨此时的心情。

小米默默退出休息室。

九

天黑下来了,阿姨仍然呆坐着。

阿姨知道14楼的人都活得艰难。她开不了口。她不知如何办。她被命运抛弃了。她和老公辛苦打工赚来的4000多元活命钱,给她换来数张化验报告的纸。这几张废纸粉碎了她刚才还存有的一丝侥幸。虽然医护人员为她还清了债务,但对她来说,没救命药,生命就无着落。

她明白自己一旦离开医院,就再也回不来了。

病房里,小米妈正在和同病房的人商量阿姨的事。

小米妈说,江苏阿姨是M3,有药就可以活下来。我们是不是凑些钱,资助她。不能因为江苏阿姨没有钱,而丧失一条生命。

有人提出异议说,她没有劳保,即便救,怎么能救一辈子呢?

院长过半年才回国，下一次她仍要走体检的流程，怎么办？她仍逃不过的。

小米妈，我们都自身难保，都在想办法搞钱维持，怎么去帮她？

如果要救人，这么大的医院不救，难道让我们病人去救她？

苏琴妈进来说，你们不要费神了，江苏阿姨走了，休息室里没有人了。

小米和妈妈急急来到休息室。

江苏阿姨不见了。

她和妈妈都明白，阿姨很快就会死。

真是世事难料啊。早晨，小米看到阿姨乐呵呵来，傍晚，当阿姨走出医院时，生命即将划上叹息的句号。以前，阿姨离开时，都会来到病房向她们告辞。今天第一次不辞而别。或许她看到了生活的另一面，那叫冷漠。

阿姨出身低微，是弱势群体中的一员，但是阿姨生来乐观知足。她除了院长，从没有求过别人。她凭自己打工赚钱一步步换取生命的延续。在阿姨得病6年中，院长慈母般罩着她，让她感受到了善和爱。两个完全不同阶层的人因此被联系到一起。人生来就有慈悲之心，只是大都被尘世污染了。院长没有被污染，凭一己之力在默默帮助阿姨。

阿姨知道她的生命将中止，才会悄然离开医院。她知道从此不会和院长再见。只是她有遗憾，她连当面感谢院长带给她6年生命的机会都失去了。

第三章

走向死亡之旅

一

晨光熹微,病区高楼间弥漫着淡淡的雾气。

天没亮,老太死了。

颤颤巍巍的老头先干号一声,接着像孩子一样哭起来。口齿不清,断断续续地哭诉,老太婆啊,苦啊,苦啊……我们积了十多万的钱……想不到啊,陪了8个月……说没就没了……老太婆啊……医保不算,十多万的自费药……把我们一辈子的钱全部贴了进去。

老头身体不好,哭成了泪人。谁都劝不住。周围的人都担心他会随时倒下。

老太婆啊……为抢救你……两万元一针啊……一针一针下去……就四针……八万啊……你还是没了。

亲属们不停劝慰老头。

老太婆啊,苦啊苦……你再三关照过我……要用最好的药……这进口药太坑人……好像知道我们一辈子积了十多万……等到剩下八万元……才四针……钱没了……老太婆没了……是我们一辈子的钱啊……想不到全花在药费上。

老头在哭泣中被子女强行搀扶架走了。

老夫妻一生积蓄花在最后时刻的无奈抢救。老头完成了对老伴最后的承诺。老太死了,老头从此两手空空。真的人财两空了。

14楼最快是换人脸,常换常新。有时白天死人,夜里也死人。死人属于第三人称。她住院久了就变麻木和习以为常。

老头如此伤感。小米闻之触动,泪光晶莹。

二

早晨血检出来了,她的白血球仅500多,和正常人相比,十分之一都不到。血细胞几乎被化疗全部消灭。现在的她向所有细菌病毒敞开了大门,没有丝毫抵抗力。血小板被打光了,随时可能会大出血死去。

一只大公鸡扑扇着翅膀在追赶她,她尖叫起来。

小米,怎么啦,怎么啦!妈妈喊。

她醒了,极其虚弱。她说,没什么,刚才做了个噩梦,梦见了大公鸡。

她在梦中还是个不会走路的幼儿。大公鸡是她人生最早的记忆。半夜,她惊醒了,扑向爸爸。爸爸急抱住她,拉灯线。灯亮了。爸爸急问,什么事什么事?她惊恐说一只大公鸡进来了,追着要啄她。爸爸说来了正好,抓住它,明天小米有鸡肉吃有鸡汤喝了。她破涕为笑，说，爸爸你说的是真的？爸爸说，是真的。说大公鸡来了，爸爸抓住大公鸡，明天吃鸡肉。鸡腿给小米吃。她听后安心了，很快沉沉睡去。

她从不会回忆她的幼儿时期。但是，她得病后，不知为什么，每次高烧，在昏昏沉沉中，就会出现幼儿时期的情境。

有一次夜里妈妈哄她入睡。妈妈以为她睡着了刚想自己睡下时，她突然睁开眼睛凝望着妈妈。妈妈看她假睡，觉得受到了欺骗，想想都半夜了，第二天还要上班，哄她入睡的努力前功尽弃，便生气了。她看到妈妈生气吓哭了。爸爸说她是孩子，白天睡够了夜里精神就好。那时，妈妈在纱厂三班倒，无法顾及她。从此，她由爸爸相陪。爸妈在对她的责任上也有了分工。妈妈负责她日常吃穿，爸爸陪她玩耍讲故事聊天互动，夜里哄她入睡。

每天夜里，她睡在爸爸身边。小小双手被爸爸握在一只手的手心中，不让她多动。爸爸哼起催眠曲，另一只手轻轻拍打着她。周围静极了。她在爸爸单调重复的催眠曲和有节奏的轻拍下，很快入睡。

她醒后，静静回忆这段时光。

她突然说，爸爸，小时候，都是你哄我入睡……

爸爸说，当年，看到你一丁点儿的小身子，像只小猫，细弱平缓的呼吸，还会时不时睁眼看爸爸的神态，想想这是我的女儿才会如此可爱，特别享受和满足。

她轻轻说，谢谢爸爸……

化疗每到这阶段，她都会发高烧。这次来势更凶猛。高烧退不下来。

爸妈达成某种默契，一步不离她，竭尽全力和她一起经历这场逃不过的劫难。妈妈常在忍不住要哭出来时，被爸爸拉着离开，不让妈妈在她面前流泪。爸妈从不在她面前提生死等敏感的话题。

三

被频繁输液扎针后，静脉布满了密集的针眼。她的静脉本来就细。小护士扎针难找位置，在接连扎错后，越慌乱，就越扎不准。

每天的扎针扎得她足够能忍耐疼痛。这种忍耐使她会联想拳击运动员所受的耐击打训练。

小护士不敢再扎，歉意地说，小米，对不起，你没有埋管子。我技术不行。让你一次次吃疼。我去叫护士长来。

护士长技术高超，一针就准。护士长态度和善，在为她扎针过程中再次提到埋管子，小米，进口管子才一千多。你的单位都给你买单，你就不想插个管子？大多数病人都安装了管子。

护士长说的没错。病友中没几人不埋管子。

她第一次看到苏琴光滑的胳膊上凸出一小段人工制品时，曾吓一跳。管子头通到外面。输液或打针时，护士将针筒插进管子口，直接抽血或输液。苏琴说埋了管子，洗澡不方便，不敢冲洗，怕脏水进入管子。还有，为防感染，每天要消毒清洁露在体外的管子口。

看到这段露在体外的管子口，她联想到活熊取胆汁的镜头。

黑熊囚禁在铁笼里,被人用一根胶管插入熊的胆囊,随用随取。伤口流脓,不能痊愈。经常感染。感染就是死。

她看到过相关视频,黑熊被抽取胆汁时疼得惨嚎。有的黑熊无法忍受痛苦,做出自杀行为,把腹部抓得血肉模糊。她有心理障碍。她不想把那恐怖的一幕揽在身上。

她说,装管子的事以后再说吧。婉言回绝了护士长。

四

鲁芹芹带来了江苏阿姨死亡的消息。

她们是同乡。鲁芹芹是 M3,定期来医院化疗。她有个女儿,老公是小老板,可以供养一个白血病人。夫家在她生病后,拿出十来万的钱。不缺钱,老公不错,夫家配合,使她心情快活,每次来医院,喜欢找人聊天。

小米是她的聊天对象之一。

鲁芹芹说,江苏阿姨回家后就发高烧。阿姨想活下去。听人说,附近山上有个教堂,如果信教的话,上帝能救她。阿姨在生命垂危时刻,想到了上帝。她努力爬起,挣扎着想上山。老公坚决不让她出门。在大雨如注的夜晚,老公发现她不在,马上叫人帮忙,冒着大雨上山找她。山并不高。他们在半山腰找到了昏迷中的她。她全身湿透,脸被高烧烧得通红。大家抬她下山,送进附近卫生院抢救。第二天早晨死了。

鲁芹芹说,乡下看病费用很便宜,这次花了 800 元。

小米不能释怀。江苏阿姨也是 M3，只要有药就能活下去，但是，阿姨却死了，顷刻之间化为尘埃，速度快得超乎想象。她叹惜不已。

五

她感觉到死神正快速地扑向她。她和死刑犯一样，生活在死亡确定的阴影里。对于即将到来的死亡，只能自己走过去。她无奈地等待着。从刑场上抢回一命的死刑犯几乎没有。她的生命如同进入倒计时的死刑犯一样，在经历情绪崩溃后，对死刑的抵触恐惧在慢慢消退，会想通最后的执行反成了解脱。她不知道什么时候被执行，这成了她的煎熬。

她相信会有个别人活着出去，或许是别人，或许是她，这是她的希望所在。

她不明白她为什么会得白血病。她即便死，也想死得明明白白。

她向罗医生说起她的疑惑不解。说她从普陀山回来一个月就得病了。妈妈认为爸爸在旅途中对菩萨的不敬得罪了菩萨，她得病是菩萨的报复。

罗医生笑了，说，小米，白血病有 5 个月潜伏期。你 5 月下旬确诊得病，倒数 5 个月，是 1 月份。当你们去普陀山时，白血病已在你体内潜伏了四个月。你生病不是你爸爸在船上或寺院中的违规行为造成的。完全在瞎扯。小米，我不信佛。你的病和菩萨八竿子挨不上。你要相信科学。现在环境污染太厉害了。白血病患者大都住过新装修的房子，油漆味重，苯大量吸入，造成人的基因突变。这是科学共识的。

她说，这些我也知道。苏琴就是因为新装修房子得病的。我家没有新装修啊。

那可能有其他我们所不知的原因吧。

她想起一件事，说，罗医生，有件事一直纠缠我。在我生病前，因家到单位太远，我在浦东崮山路租过房。是个旧小区。一个小套，和人合住。我刚住进去时，东北女孩小刘已经住在里面，她来上海打拼，刚拿到法国签证，正准备出国，遇身体不适，检查下来是红斑狼疮。她得病后，我去医院看她，还见到从东北赶来的小刘父母。想不到两个月后，我也得了病。

小米，我有直觉，浦东崮山路出租房内有诡异。

但是，那是老公房啊。

小米，老公房可以排除新装修房中苯的吸入。我算一下，你去看望小刘时，你只是在白血病的潜伏期中，如果这时候你马上搬家，就可能会避开病。我严重怀疑这出租房内有人眼看不见的射线，引起你和小刘的基因突变。我只是怀疑。有没有射线要用仪器测试才能确定。

六

从其他医院转来一个女孩，叫冯婕。大学毕业后在国有大公司工作不久，病了。住院后，昼夜不停哭泣，她妈妈怎么劝也劝不住。

她和苏琴都是 80 后女孩。在她们的劝说下，冯婕终于开口。令小米惊诧的是，冯婕的伤心不是因为得了白血病，而是因为男友。

冯婕吞吞吐吐诉说伤心的缘由。她得病后，因为深爱男友，不想拖累他，当男友来看她时被她赶走，宣布一刀两断。男友真不来，冯婕更加伤心，整天整夜哭泣，对治疗很消极。

她说，冯婕，你这情节像从影视剧里学来的。你是看连续剧被洗脑了？

苏琴说，这里都是男友听到女孩子得病后不肯来，而你，却不要男友来，你脑子有病啊？

她说，你应该要男友来看你，而不是不要男友。

苏琴说，你啊，真个傻姑娘！

她催促，冯婕，快发短信给你男朋友吧。

苏琴说，要他来，我们也可以看看，你的男友是多好的人。

她说，即便拒绝男友，也是他来拒绝你。你得了病，没有理由拒绝他啦。如果他在你得病后，想拒绝你，你这么一来，他正好借此机会。所以，你如果想，就让男友来吧。

冯婕羞涩地问，这样行吗？他是被我赶走的啊？

她说，管他呢，你赶他走，他可能不敢来。你发个短信给他，让他马上来。

在她们七嘴八舌地一再鼓动下，冯婕迟疑着给男友发了短信。

冯婕和男友是有真感情的。傍晚时，男友来了。在众多光头女孩的目光下，他手足无措，腼腆又文雅。

冯婕的情绪马上好起来，和男友有说有笑。

在鼓动冯婕的过程中,女孩们很有快感。

冯婕男友真的来了,给女孩们带来了很大的成就感。

夜里,护士为冯婕量体温,连续几天的高烧竟退了。

护士惊讶地说,男友一来,高烧就退了,会这么灵?真奇怪。这会是巧合吗?

小米说,这是爱情的力量!

冯婕在笑。

女孩们七嘴八舌。这是开心的事。

冯婕反问,小米,你不要光说别人,你男友,怎么样?

她说,我在被冷落过程中,至少还能回个短信,推托工作忙什么。我明知是假话,也只能当补药吃了。

七

新进病人叫章伊伊。在一针针昂贵的进口自费救命针抢救后,活了过来。

领导第一时间来看她,送来了慰问金和职工捐款,并宣布工资、医疗费用由单位包揽。这个待遇令其他病人家属非常羡慕。

伊伊醒来后,目光在寻觅。只有妈妈明白,女儿在寻觅什么。

伊伊的"他"迟迟没出现。伊伊心里着急,忐忑不安。

女孩们都为之着急。她们都以冯婕发短信后男友来了为例,向伊伊鼓动。

伊伊在将信将疑中发出一个个短信。

冯婕说，伊伊，再发，别怕，发到他烦为止。

小米说，如果他真要断绝关系，也要讲讲清楚。不能这样不明不白的。这算什么呢？

苏琴说，伊伊，你要向冯婕学习。你看冯婕多幸福，发了短信，他就来了。

章伊伊的男友还是没来。

冯婕的男友每天来，真是中国的模范男友啊。

因男友天天来，冯婕好像没有了疲劳，永远在兴奋的情绪中，她说她想做个网站；想写博客，想写自己生病的日志；她说她发现吃山芋能治很多的病，说她现在天天吃山芋。她想做的事太多了。

冯婕和伊伊互相有比较，伊伊年纪轻，把爱情看得重，所以更加心事重重。

伊伊被女孩们一再鼓动不要泄气不要泄气，又有冯婕男友的榜样力量，抱着希望，一连几天，给男友打手机。男友总不接。女孩们分析说，可能男友有事或出差，正常的话，都会回电回短信的。

苏琴有些沉不住气，说，女孩子发出去的短信和电话，多少给个回音。要就要，不要拉倒。真不像个男人。章伊伊，坚持发！

他终于出现了。年轻的帅哥出现在病房门口。

伊伊妈开心地推女儿，伊伊，你看，谁来了？

伊伊的眼睛突然放出光彩。努力支起身子，迎接男友的到来。

周围女孩们互相会意一笑，为伊伊，也为她们的成就感到高兴。

帅哥直挺挺像石雕一样站在伊伊床前。

伊伊妈激动得手足无措，忽想起，马上拉过椅子，请帅哥坐下。

帅哥神情严肃，不露笑容说，伊伊，我今天特地来，向你讲清楚。我们的关系结束了。我请你以后不要再纠缠我。请你不要打电话发短信骚扰我。你听到了吗？我们的关系结束了！关系结束了！他加重语气，声音越来越响亮。

话毕，转身，他大步向门外走去。

女孩们见此情景，惊呆了。一时反应不过来，静寂片刻后纷纷斥责：

世上怎么会有这种男人？

你可以不要伊伊，你什么都可以做，但你为什么要来医院，为什么当面打击伊伊呢？

伊伊呆了，接着哭起来。妈妈抱着女儿一起哭。不知哪来的力气，伊伊忽然支起身，一把拉掉输液管。妈妈吓得惊叫起来。有人忙叫来医生。

医生来了。伊伊哭着，双手拼命抵抗，不让医生近身为她恢复输液。

伊伊心死了，竟拒绝治疗。

女孩们想不到伊伊会如此痴情，把爱情看得高于生命，再怎么劝说也没用。她们的好心得不到好报。她们认为这个男人这样做，是在亲手杀伊伊啊！

章伊伊死了。

通常病人在病危中，恋人想翻脸转身而去，玩失踪是最普遍的现象。像伊伊的男友带了死神来，像法官一样宣布一刀两断。宣判完，军人式转身就走，抢在白血病面前，给曾经的恋人心脏射出绝命子弹！这就是个杀人犯啊！

小米从此相信，世界上有这样的另类帅哥。

八

冯婕一如既往地话多想法多。突然停下话，奇怪地问，你们怎么会没有想法？不可能吧？小米，苏琴，你们就甘心这样等死？

小米说，有啊，我有想法，想活下去啊，但我想不出如何才能活下去。

苏琴说，我同小米一样，真想活下来。我们只有活下来才会有其他想法啊。

小米说，得了白血病等于判了死刑。现在的化疗过程就像上诉阶段，改判几率虽小，但仍有一丝希望。我在等这个小希望。

小米的话击中冯婕心中的痛。她突然沉默。她虽有许多美丽的想法，却无法掩盖她们共同面临的绝望境地。

九

主任骑在方阿婆身上，双手用力挤压着做人工呼吸。

仪器上,方阿婆心跳已呈一根直线。

谁都清楚方阿婆已死了!这些日子不太好,14楼死了三个人,其中两个是女孩。

主任满头大汗,实在吃不消了,喊一声:"换人!"

年轻的实习生马上上床,替换下主任,为死人继续做人工呼吸,很快气喘如牛。突然停止手中动作,抬头惊呼:"断了!"

"断了"的声音清脆,包括死者家属,大家都听得明明白白。"断了"指因人工呼吸时间太久,肋骨被压断。据说活人不会断肋骨的。

"继续!"见多识广的主任打断实习生的话,下达命令。实习生闻言,明白过来,继续为死人做人工呼吸。

方阿婆的家属围在床边。他们不是傻瓜,他们即便相信阿婆已死,或为证明是孝子,仍会要求医生积极抢救。抢救成了证明医院尽心尽力的表演,否则,死者家属脆弱的神经会找突破口爆发,而且常常没有理性。打砸医院的公共资源是发泄的最佳途径。

她悄悄说,妈妈,看到这场景,我真的非常同情医生的境遇。14楼的医生太可爱了,为活人做尽心尽力的表演,这也太过分人性化了吧!

✝

不知谁传话说,人在中午12点前死的话,第二天要带走一个人。家属们急切将病人往外撤,忙成一团,都不想被莫名

"带走"。

简华虚弱地说，小米，要轮到我了……

她苦笑说，简华，我说实话，除了死神，没有人能猜出下一个谁会死。

小米妈不能免俗，将她扶下床，端了椅子，放在走廊里，让她暂时坐下休息。

简华爸妈没有撤离女儿的动作，他们早放弃简华了。

走廊里，都是搀扶出来的病人，或坐或吊着输液，都心照不宣，明天如果死人的话，可能是简华。

露露妈悄悄说，小米妈，简华可能熬不过今夜了！

露露妈发现，竟然也有人用怯怯的眼睛飘向露露，那眼神分明指露露也是候选人之一。她面露不快。她女儿也复发了。简华复发在前，她女儿复发在后。复发就是疾奔死亡。不过，她没有发作，露露有个弟弟会为姐姐配型移植，准备好了，并且是全配。

今天小米不能住病房了。

处在死亡边缘，随时会被召唤"带走"。在关键时刻，谁都宁可信其有。

上海本地的病人向医生请假签字，保证后果自负，拿了配好的药回家休息；外地病人大都在医院附近租屋，或请假回租屋。妈妈签了请假条，承诺明天上午7点前，带她来医院报到并验血。

堂姐来电说傍晚时会开车来接她们。

大病房内一下子走了许多人，有些不正常的安静。

简华苦着脸，低着头。她整天躺在床上，苍白的脸透出恐怖的淡蓝色，因为她的血色素几乎全被坏细胞吞没了。简华的爸妈都在，又在说伤害女儿的话，类似对话已无数次重复过。

简华，你这个病，肯定看不好了。

妈妈，给我看吧。我要活。

爸爸及时补上一句，简华，不要看了吧？

她拉过妈妈的手，再次乞求，妈，我要看的啊。

看也白看。家里钱全部花光了。什么化疗的药都用了，全部白扔了。简华，你自己说说，有谁能活下来的？爸爸一口气说完。

妈妈唉声叹气，简华，不要怪我们狠心，这种病，再怎么折腾，最后都人财两空。妈妈可能想到此话太冲不妥，补上一句，简华，如果病能看得好，我们会为你看的。

一家三口沉默。对话可以重复，结果都一样。

简华的坏细胞80%多，谁都瞒着她。她每次问妈妈，妈妈骗她30%多。她不是傻瓜。爸妈藏着骨髓报告，不给她看，她就知道结果。她不会再提。

三年前，简华得了病，在医院高烧烧了三个月竟没死。全身腐烂得找不出像样的肌肤，换其他人早死了。腐烂使得少女美丽的肌肤结成一块块重叠丑陋得如同深度烧伤的疤。

她能活下来，是因为年轻和原来体质好。听说在学校时是运动员。她活着好像是为了磨难，三年中，她在一次次化疗、复发、抢救、高烧、病危的苦难中轮回。她创造了奇迹。她的生命力太强大了。她最大的打击，是爸妈对她的生存信心全无，使她的性格越来越内向，变得沉默寡言。

十一

吃晚饭了。医院附近有家韩国餐馆，有种面条，小米吃过一次，又想吃了。

她悄悄说，妈妈，上次你去买面条时，露露、苏琴等其他小姑娘都叫你带。我看到简华悄悄推她妈妈要求带一份，她妈妈听说25元一碗说没钱，简华懂事，就不再吭声。妈妈，你给她带一份，我们送她吃。

小米妈带来了面条。小米将一份递给简华。

简华惊慌说，不要，不要。

简华，我妈多买了一份，我吃不下两份。你吃吧。

简华流露出感动的目光。征求她妈的同意。简华妈迟疑了一下，你吃吧。我给小米妈钱。

小米妈推辞说，我不喜欢吃外国的面。小米吃不了两份，不吃也白扔。就给简华吃吧。

简华开心地打开盒盖，勉强吃了几口，就出现呕吐状。

简华妈忙端过塑料脸盆，放在她面前。她大口大口呕吐起来。最近一段时间来，她吃什么吐什么。但她很坚韧，吐完再吃。

家属们纷纷离开，不能看呕吐，免得自己也吐。病人没法子避开，转过头不看。

病房里散发着浓烈呕吐的酸味。

小米知道，简华离死真的不远了。

爸妈又劝简华放弃治疗。

简华爸说，简华，你看，我们花了二十多万，最后什么结果？病危、抢救、抢救又病危。钱花得越来越多，坏细胞一路涨上去。身体里全部变成坏细胞，还看什么病啊？简华，不是我们狠心。我们结婚20年，省吃俭用，积了十多万。你得病后，我们花掉了所有积蓄，还借了十来万。你妈要陪你，我打工又没有技术，每天几十元收入，还要养活一家三口。妈的，我家倒了十八辈的霉。你得这种病，就是死路一条！

简华乞求地转向妈妈，妈妈，我求你，给我看吧。

妈妈不吭声。流泪。

简华爸继续说，我们就你一个独生女。你死了。我们老夫妻是不是还要活下去？我们老夫妻俩要为你背上巨债？你死了，我们要为你还一辈子债吗？我们是不是要为将来生活留条活路？炒股票还有止损呢。

小米听不下去，她为简华伤心。世上怎么会有这样的爸妈？对孤独无助的女儿说这种话。这不是在动员女儿自杀了结吗？她特别生气。妈妈知道她又要得罪人，拉住她，不让她开口。

她还是要说，她为简华不平。阿姨，叔叔，简华是你们的亲生女儿啊！

简华爸并不在乎，说，小米，在这里生病的都是亲人。我们也没有办法啊。这种病不是钱花得多就能活下来。上个月，姓方的家属花了一百五十多万，怎么样，人仍然走掉了。小米，我看得多了，钱再多也没用。钱多钱少一样死。这种病就是扔钱。谁家里摊上这么个病人，就是前世作的孽。我认命了。

小米还想争辩，妈妈拉住她，小米，你少说一句好吗，每家都有一本难念的经。

简华爸说，小米，我知道你的工作单位给你的医疗费全部报销。简华呢，什么也没有，全靠我们自己。闲人不要说闲话。我们的钱扔了，谁来补贴我们？

家属们在摇头叹息，也有表示理解在点头。没有劝说。沉默。

妈妈紧紧拉着小米，不让她说下去。

简华望着小米，小米看着心酸。她才帮着说了一句话，简华的眼光就充满感激，可见简华的心多么冰冷啊。

十二

新进一位病人，来自浙江叫赵圆圆的美丽女孩。

沈姨在14楼是另类，除妹妹外没有人理睬她，显得很冷落。看到新病人就兴奋。这一次，她如法炮制。关心地提起白血病，接下来又是白血病必死的狠话。

在圆圆母女的惊恐中，她甩出了不变的旧套路，引出她MDS的优越。但当她看到圆圆妈气愤地跑去医生办公室投诉时，脸色大变，明白闯祸了。她大都选择医生和妹妹不在场。可能她心里清楚，医生会恼恨她多嘴；妹妹会斥责她。

主任接到投诉，来到病房，斥责说，沈姨，你还有人性吗？多少病人家属投诉过你，你为什么永远改不了？

沈姨见到主任，萎缩下来，不敢吭声。

主任这次是真生气，说，你不要专说别人了。我现在告诉你，你的坏细胞90%多了，我们医生都没有回天之力。你过一天算一天啦。所以，请你以后不要说其他人好吗？

主任为大家出了口气。然而，医生向病人说这样残酷的话，是不是太过了？

沈姨妹来了，一看就明白。急急将圆圆妈妈拉到外面。一定是道歉加请求。

她和圆圆成了无话不谈的病友，有相见恨晚的感觉。

圆圆无论容貌外形穿着都很有气质，很养眼。圆圆在一家国际幼儿园教外国小孩学中文，待遇不错。生病后，教育局长帮大忙，发动各学校捐助，而且，圆圆的医疗费大都能报销，基本工资一分不扣。

十三

天黑了，医生在抢救简华。简华嘴里都溃烂了，这些天已吃不下食物。

大多数病人在抢救时，家属常常不计费用，钱大把大把花出去，能多活几天算几天。每逢抢救时，总认为最后时刻到了，大都用的自费药。简华爸妈对女儿早失去信心，所以，抢救时关照用医保不用自费药。

小米和苏琴私下里认为，今夜，简华会走。

小米妈陪她在走廊里散步，经过休息室。休息室的灯坏了，黑暗中，小米依稀看到许多人坐在里面休息。简华爸也在，正大口大口抽着烟，在等待女儿的最后时刻。

小米妈停下脚步说，简华爸，你女儿正在抢救，你怎么坐在这里？

简华爸苦笑说，小米妈，说实话，我女儿在这三年中抢救的次数我都记不清了。我麻木了。听天由命吧。他猛吐一口浓烟，默默掏出支烟递给边上的中年男人。

第四章
人生总有许多意外

一

简华死了。遗体被抬了出去。

简华血液中坏细胞达 99%。生命力如此顽强。医生说她能挺住整整三年是奇迹。

活着的病人用恐惧的目光围观时,有同病相怜的感觉:下一个抬出去的会不会就是我的尸体?

小米有时会联想到奥斯维辛集中营。不过,她知道集中营没有人性,这里却有人性,有丰富的人情。但是结果是相同的:进来一个个人,出去一具具尸体。

从这里抬出尸体时,常常伴随着送别的亲情和富有人性的嚎哭,没人制止你。

二

简华死了,她心里难受,很伤感,总觉得简华爸妈没有尽到亲人的责任。

她说，圆圆，你想想，她爸妈当着女儿面，要放弃治疗。

圆圆说，小米，我听到她爸妈请女儿不要太自私时，我就特别揪心。

圆圆，我告诉你，我和简华相处时间长，我一次次听到她爸妈要放弃她，她越来越自闭。每轮化疗结束分手道别时，她都伤感地对我说，小米，下次来医院，你肯定见不到我了。我总安慰她说不会的不会的。我给她微弱的信心和友情，还有空洞的小希望。我们抱团取暖，才有温馨的感觉。她说她回到家后从不出门，整天坐在窗前，呆呆望外面世界。她说她在这个世界上孤立无援，说世界很冰冷。

小米，你不要急，不要太生气。简华死了，对她是个解脱。

圆圆，你可能不知道，她家在浦东农村，动迁分了两套房，还有一套农民别墅。家里抛掉一套房给她看病。后来她听说爸爸通知医院，说治疗只用公费不用自费，她很难受。她可怜，孤单，自卑。谁都知道她是被爸妈公开放弃的女孩。所以，每次应该回医院做化疗，她都不想来。她有自尊，常拖到快死时才送医院。她说，是爸妈不想让她死在家里。他们还说简华自私。

简华不马上死掉居然成自私了？

圆圆，简华对我说，她爸放弃对她治疗，是想为今后新建家庭留份财产。她妈妈不掌财权。她说她死后，她爸一定会和软弱的妈妈离婚，另娶女人。说她爸有房产，可以娶外地小姑娘再生儿育女。她爸不怎么爱女儿，偶尔来医院看她十来分钟就走。简华还偷偷告诉我，说她发现，一段时间来，她爸特别注意仪表打扮。说或许她爸在外面已有女人了。她一直由她妈相陪。说她没有对可怜的妈妈说起这个。她说,她死了,她爸可以松口气,终于甩了她这个包袱。

现在,简华死了,遂他心愿了。

简华死了,圆圆,我难受……真难受死了。

三

冯婕要转院了。

冯婕说,小米,14楼大化疗太危险了。我住院以来,看到一个个人死去,好像没有活的。我最怕什么时候我的病情发作,醒不过来。

她说,冯婕,想不到你也会有这种想法,这些日子,我看你说话时都特开心的。苏琴还说那是爱情滋润的结果。

冯婕说,你们在笑我啊。

怎么敢啊。

我不骗你们,我真要转院了。我已托好关系,搞好了床位。我宁要小化疗。小化疗三年,风险很小。

当她听说冯婕要转到罗医生所在的医院时,心中一惊。罗医生提到过该医院小化疗从没看到有能活着出院。她没说出口,多少给冯婕一个梦想。看来什么大化疗小化疗,最后都殊途同归,奔向死亡。

小米,我作过调查,只有骨髓移植才能救我的命。我已向中华骨髓库申请配型,不知能不能找到合适对象。

她说,冯婕,配型概率微乎其微。你想想,当一个人配到型,电视台和媒体会大张旗鼓跟踪报道。电视屏幕上，捧着骨髓的白色小箱子匆匆跑出机场，等候在一边的120急救车，鸣叫着向医院驶去，主持人不停地跟踪解说。这一幕见得多了，轮不到我们。

小米，概率再小也是概率。小米，我发现你总是那么悲观啊。

四

圆圆摘下小米床头的社保卡，欣赏卡上的彩照，说，小米，原来你病前长得这么美啊。

她莞尔而笑，说我长得美，你不是第一个啦。她提起她生病之初，骨穿要挂号。轮到她，医生接过社保卡，被卡上的照片吸引住，赞叹说，你长得真漂亮，有气质。医生顿生恻隐之心，说骨髓检查排队要一星期，说自己也是80后，决定为她违一次规，开个后门。

圆圆问，是男医生吗？

是女医生。

圆圆很奇怪，女医生也为你开后门？

她说，对啊。当时医生看着我，苦笑摇头叹气，说真无语啊，太可惜了。

圆圆说，美人生病是很可惜的。

医生说，你明天来做骨穿，说她明天不当班，她会关照接班医生。第二天，做手术的男医生一再问我是不是那个80后医生的亲戚。我说真不是。可能因为80后医生为我开了后门，他心生不满，第一次麻药药性没来就扎下去，而且扎错地方，第二次还是麻药药性没来就扎下去,使我吃了两次苦。不过,我宁愿受两次苦。80后医生如果不开后门,骨穿排队拖上一星期,我早死了。我感谢那位80后医生,这是一种缘分。

圆圆说,住院确实难。说她也是通过男友的大学同学开后门才住进14楼。

常有家属看到小米的社保卡,说些赞美又惋惜的话。

小米妈不喜欢听,将挂在床头的社保卡翻了个身,卡反面朝外。

五

无菌病房有多道进口。在最外围的门口,有护士值班看守,但并不严格。在病人规定的休息时间外,圆圆说来看她,软话一说,护士也就不吭声。圆圆在外面穿好薄膜防护罩,悄悄进来。圆圆顺便想看无菌病房是怎么样的。

罗医生正在休息。圆圆和罗医生不熟。圆圆找到了小米的房间。想到又可以聊天了,她们开心地相视而笑。

圆圆,你什么型号?

M2,你呢?

我M4。说句灰心的话,我们配不到型就要死。

圆圆说,我们为什么都不是M3,上天不公平啊。

她想起罗医生讲的故事。向圆圆复述金钱和权势都无法挽救白血病患者生命的例子。圆圆,你知道吗,缅甸前总理梭温来中国访问回国不久,便被诊断患有白血病,半年后去世。美国前总统老布什的女儿死于白血病。前苏联总统戈尔巴乔夫的夫人赖莎,也死于白血病。

赖莎死于白血病?

她说,是啊。她向圆圆讲述赖莎的死。

……

灯光明亮,第一夫人的生命在暗淡下去。

戈尔巴乔夫握着夫人的手,流着眼泪,神情失态,低声下气乞求医生,我求求你们,我求求你们,再想点儿办法吧……让我去死吧,把她留下来吧。我求求你们……

医生贴近奄奄一息的总统夫人耳边,把总统的话转告给她。她虽然已说不出话,但她听到丈夫的心声,感动得泪流满面……她和他曾经很穷,穷得连她在婚礼上穿的白皮鞋都是靠借钱买来的,但是他们相亲相爱了一生。医生的话让她感受到,当她走到终点和他不得不永别时,她这一生得到了最深沉真切的爱情。她很满足。她的意识在模糊……死了……

总统发出绝望的声音,赖莎,你带走了全部,离开我了。为什么,为什么,赖莎,你撇下我不管了吗……他声嘶力竭地悲鸣,赖莎,当你的生命逐渐消逝在我眼前,还要以这恐怖的方式……如此可怕又无助的结果啊……赖莎,我的赖莎……

她死后,总统长时间淹没在悲痛中,苍老得极快。很久之后,他仍像鲁迅笔下的祥林嫂一样,逢人一遍遍重复说,即便我知道,死亡是无法理解的,我做了所有的努力。我眼看着她一点点离我而去。我太无助了,多么令人心碎啊……他哽咽说,我想尽了一切办法,她还是走了……我的赖莎……"

他哪像超级大国的总统,更像一个对爱情有情有义的虚弱老头。

……

她说,圆圆,白血病对任何人都一样,它不分贫富高低贵贱,一视同仁,花再多的钱,权威再高,也没用。圆圆,你听说过郭台铭吗?

好像是台湾首富?

就是他,他有个亲弟弟叫郭台成,是白血病。首富的弟弟要配型,也难啊。配到了型,仍是死。圆圆,你知道配型成功的比率多少?

十万分之一。

你也知道?对,就是十万分之一。白血病得病几率多少,十万分之三。骨髓移植配型有希望,但希望渺茫。比正常人得白血病几率更困难几倍,比中千万大奖更难!

这我知道。

……

我言归正传,台湾首富郭台铭的二弟叫郭台成,不幸得了白血病。你可能不知道,郭氏兄弟情深。他们拥有全球最大电子代工厂富士康集团。因为富可敌国,注定他不甘心循着其他白血病人的死亡路径。世界上,钱能办到的,他都要做到极致。他要竭尽全力挽救弟弟的生命。他特别有信心。弟弟与他相差十一岁,深受他的疼爱。他说:"二弟是我背着长大的。我常背着他去打弹珠。弹珠输光了,他会帮我摸几颗回来,让我翻本。"

他深知只有骨髓移植才能救弟弟。他在家族中寻找配型，竟然找不到。他想起在大陆的百万员工，如果全部配型检查，时间上等不及。他选择在同乡人中找配型，这样更接近和优化。集团副总经理亲自披挂上阵成立专项组。结果还是落空。

他想到了台湾骨髓库和中华骨髓库。他斥巨资在两岸大规模骨髓比对。台湾慈济骨髓库的回复使他失望。他给中华骨髓库捐了一亿多人民币。中华骨髓库向各分支机构发出紧急通知。

在中华骨髓库36万份资料中，找到两个志愿者。经高分辨检测和体检，专家决定采用黑龙江的一位电工。这位电工成为大陆首位为台湾民众提供造血干细胞的志愿者。金钱产生了最快的效果，一般骨髓配对通常需要两三年时间。他的弟弟不到半年成功配对。

为弟弟的生命，他毫不吝啬到处扔钱。他组成世界上最强大的白血病国际医疗团队。花十亿元购买专用飞机，为弟弟治病时随时运送医疗资源或设备。一年中，这架飞机往返于台湾和北京四十多次。他挤出三分之一的时间为弟弟的生命奔波。

北京道培医院在八楼特别设置了 VIP 隔离病房。病房经过改装，管制严格。为使医院和专家们尽力，他斥资五百万美金在全世界添购各种医疗器材给医院。他令掌上明珠女儿郭晓玲提前订下婚期，为弟弟冲喜。他亲上五台山拜佛，祈求菩萨使弟弟早日康复。

飞机将32岁的超市电工送到道培医院。中国血液病顶级专家陆道培教授亲自主持他弟弟的骨髓移植手术。

没有什么遗漏和疏忽，该做的全部努力做了。但是，金钱不是万能的，再浓烈的亲情也无济于事：弟弟骨髓移植后复发了。

他愣住了。但他不服，目光远眺世界，他有广泛的人脉，他要运用全世界所有资源为弟弟寻找新的骨髓配对者。他向世界各地有关机构大笔捐款。全世界的骨髓库向他热情开放，提供一流的服务。

他通过美国庞大的骨髓基因数据库找到了新的骨髓配对者。专家说，这位配对者更适合他弟弟。他对移植成功重新燃起极大希望。

他弟弟的第二次骨髓移植不幸发生了排异现象。

过完除夕，他带了家族成员搭乘专机到北京探视弟弟，一待将近10天。46岁的弟弟还是死了。他紧抱着弟弟，流着泪哽咽着说："弟弟……你放心走吧……你的孩子，你的家人……我都会好好照顾……我的弟弟，我的亲弟弟……你放心走吧。"他已心力交瘁。他低声赞叹："弟弟，你是战斗到最后一刻的勇士啊。"

他花了上百亿的钱，使弟弟在病患痛苦中延续了一年多生命。

……

圆圆说，小米，你太悲观了。你说的都是负面的，毕竟也有正面的啊。

她说，唉，圆圆，看看吧，郭台铭的弟弟两次移植，终究是死。

小米，你说的太绝对，我严重不同意你的看法。

小米妈推门进来，打断了她们的对话，低声说，沈姨死了，刚刚死。

沈姨死了。

这个在 14 楼最不受欢迎的女人死了，真的挺可怜。

沈姨曾出口伤害过小米，伤害过圆圆，伤害过许多病人。

小米想，沈姨在伤害他人时，心里或许会快活？或是沈姨为自己编织起不死的美梦，以逃避随时会死的事实吗？

六

她病情稳定了，小叔问她要不要转医院？她去咨询罗医生。

罗医生说，小米，除 M3 外，其他都差不多。否则，我早就住进 JR 医院了。为什么呢？JR 医院是全国著名医院，病床最紧张，病人刚化疗完就会叫你出院，让出床位。这时候的病人没有免疫力，随时会因感染丢命；病人回家养好细胞，要想进入第二轮化疗，也会因没有床位耽误病情。这都存在巨大风险。我看到过许多这样丧命的例子，我不想多说。小米，你要我给建议，我看 14 楼更好。

罗医生是大医院医生又是白血病人，讲得有道理。

说心里话，她喜欢 14 楼医生的开放式人性化的治病理念。主任曾说过，在国外，一位教授得了白血病，在化疗中还在做课研，说自由而不封闭的环境，会带给病人更大的疗效。在 14 楼，病人和家属只要愿意，24 小时可以在一起。而 JR 医院将病人全封闭，家属探望病人要在规定的时间内戴口罩、穿上薄膜衣和鞋套才能进入。家属有限的接触，虽减少病人感染，也使病人增加了压抑孤独感。

圆圆听说她要转院，来问她。

她说她在 JR 医院时不顺，被拒的经历刻骨铭心。而 14 楼有善解人意的医护人员。她需要温暖。她嬉笑补充说，在 14 楼，还有一个叫圆圆的浙江女孩可以开心地聊天。

圆圆说，小米，我也不舍得你离开。小米，上次你很悲观，说白血病就要死，我插不上嘴。你留下来，我很高兴。我今天送你一个好消息。

她问，什么好消息？

你上次不是说白血病必死吗？还举了许多必死的名人例子。我也有活下来的名人例子。小米，知道几米吗？几米也是白血病，现在活得好好的！

哪个几米？

你听说过《向左走，向右走》吗？

我知道，我知道，是台湾漫画家。几米难道得过白血病？

对啊。他活下来了，活了好多年了。而且，他是病后才成为著名漫画家的！

几米为什么会活得好好的？他不会是 M3 吧？

几米肯定不是 M3。如果是 M3，早被媒体报道出来了。好像 M2。

她叫起来，圆圆，这是你的型号！你是 M2 啊。你有活下来的可能啦！

小米，真心希望我们都能活下来。

我当然希望我们都能活下来。她急问，几米能活下来，是不是做过骨髓移植?

肯定没有移植,仅化疗而已。我已查过。几米如果做过移植,对我们来说,就没有横向参考价值了。

白血病不是M3,也没有移植,却能活下来的名人例子,令她和圆圆的谈话轻松起来。天大的好消息啊!她们有可能活下来。空气不再那么压抑。她兴奋了,话多起来。她们谈的都是几米。关于几米得白血病的信息太少了。只能谈几米的漫画。她说她有位大学同学特别喜欢几米的绘本。《向左走,向右走》就是这位同学介绍她看的,说是畅销书。

圆圆又向她爆出惊人好消息,说她手里还有名人不做移植也活下来的例子,说世界三大男高音之一的卡雷拉斯也是白血病,后来重上舞台,事业更加辉煌。

她很激动。卡雷拉斯也得过白血病?圆圆,你知道的真多啊!

圆圆说,我不像你,专找得病死了的名人例子,世界变得负面一片漆黑。我专找正面活下来的名人例子,这样,世界就光明了。

她承认,这样的世界或许更真实,更五彩缤纷。

她心中重新腾起生的希望。

七

小米爸听说后激动地跑出医院,傍晚时抱回一大包书,都是几米的绘本。

小米爸说跑遍上海各大书店书城，什么东方书城，上海书城，上海新华书店，上海美术书店，上海外文书店等，专门搜索几米的书，并统统买下了。

小米爸说，专业书上说在髓系白血病中，有20%能活下来。说几米和小米有类比性。几米病后一举成名。小米一定大难不死，也会有后福！

她知道，爸妈希望几米唤起她对生命的信心，给她最大的心理支持。

八

她第一次住进特需病房。

特需病房是全自费，宾馆的价格。14楼仅一个特需小房间。房间内只有一个床位。家属可以陪一人，有一张两用沙发，收起是硬面沙发椅，放下拉出来是简易床。妈妈说，睡在上面，比医院借的折叠躺椅舒服多了。特需病房一旦空闲时，会通知排队预订的病人。

爸爸在她住院前提前半个月挂专家门诊。特需病房虽紧张，偶尔也能预订到。

住院前先全身体检，其中骨髓穿刺的结果最令病人胆战心惊。

在等待骨穿结果出来前，她很烦躁，坐立不安。她拉了妈妈到楼下的医院小超市购日用品。她们出门，走向电梯口。在走廊里，年轻的主任失态一样，小跑步过来。

难道有危急病人要抢救？她们让道，躲到一边。

主任在她们面前站住。小米，你缓解了！他眼睛里放着光芒，喜悦地喊。小米，你缓解了！

啊……突来的喜悦使她们惊呆了。

主任像孩子一样兴奋地说，小米，骨髓报告出来了，你缓解了，坏细胞是零，坏细胞没有了！

真的？

没有了，真没有了！主任的语气比她们更加兴奋激动。

她和爸妈特别感谢主任。

主任听到她缓解的消息如此激动，把病人真当成了亲人。全家从内心感谢主任，商量下来，决定给主任送个红包。钱事先放信封里，藏在被子里。等待主任一人在病房里时塞给他。如果被他人发现，反而害主任。

有人敲门，正是主任。主任没有带护士，就一人。

主任走到她的床头，例行检查输液瓶等。

妈妈从被子里掏出信封，塞给他，主任，小米缓解了，太谢谢你了。这是我们的一点小心意，请你收下。

主任一惊，马上明白，好像受到侮辱。干什么？请不要这样，收起来，马上收起来！

妈妈见主任生气，不知真假，还在迟疑。

主任发火了，小米妈，快，快收起来收起来！你要赶我走啊？

妈妈只得将钱收起来。

主任觉得刚才态度太生硬，口气变婉转，说，小米妈，小米得了白血病，以后需要花钱的地方太多了。家里有个病人，已经活得不容易。说到这里，主任动情了，说，我是医生，不会收礼的。我不收礼，照样会认真看病，这是我的职业道德。你们尽管放心。还有，我想告诉你们，在血液科，红包没有人会收。

主任的真情实感，使她们太感动了。

她向罗医生说起送红包给主任被回绝的事。

罗医生说在病人眼中众口一词的好院长，受到病人和家属的尊敬。说院长天生有不求回报的大爱之心，像慈爱的妈妈、外婆，或贴心的女儿。血液科在她领导下，医护人员都一身正气，给人通达人性的善爱感觉。

罗医生，听说你是主任介绍来的？

小米，你误会了。我们是同行，算不上后门。主任是我家邻居。他请我到14楼做大化疗。我就过来了。得这个病，活命几率小，但仍要搏一下。

九

几米得过白血病又是名人，很快成了她和圆圆的偶像。

她们兴奋地互猜几米绘本中的句子。

她说，圆圆，你听好，"梦见走在无人的旷野，视线朦胧，手上的光亮即将隐去。"

圆圆说，《又寂寞又美好》。

"人生总有许多的巧合,两条平行线也可能会有交会的一天。"

《向左走,向右走》。她补充说,还有"人生总有许多意外,握在手里的风筝也会突然断了线"。

"我飘浮在漆黑的汪洋,光,愈来愈远,愈来愈暗。"

《时光电影院》。圆圆说。又补充"那朵云,无声地飘进遥远的天际"。

"我疲累不堪。下一站是哪里?会不会有一列永不停驶的地下铁?"

圆圆,这是《地下铁》。你把句子里已有的也来拿来考我?这是小菜一碟啦。

十

圆圆爱看文艺书籍。

圆圆拿出一本书,递给她,小米,这本《莲花》是安妮宝贝写的,我看了好几遍。背景是西藏墨脱,是个世外桃源,有童话般的仙境。民俗风光在世界上独一无二。那里世代居住着门巴族珞巴族人,纯朴得像初生婴儿,没有一点世俗。

她笑了起来,圆圆,现在还有这种地方吗?

有啊。墨脱就是啊。因为不通公路,成就了一个世外桃源。直到今天仍处在农耕时代。我如果活下来,此生一定要去那里看看,在那里住上一阵子。你不要笑。你不信?我告诉你,因为墨脱周围有高耸连绵的雪山,像一道巨大的屏风。雅鲁藏布大峡谷是个暖气大通道,源源不断将印度洋的湿润气流输送进来,使墨脱四季如春、植物多样、雨量充沛，是仙境。墨脱在藏传佛教经典中的意思是"隐藏的莲花"。人只能徒步进去。但是，你不付出，怎么能见到如此美景呢？

圆圆，你知道得这么多？

我想去墨脱，所以我了解的多。小米，这本书我送给你吧。

她接过书说，印刷这么粗糙，好像是盗版书。

我生病后，家里经济拮据，只能看盗版书。就是这本书，也经过我和书摊小贩讨价还价8元成交。

十一

她的细胞刚上来，医生通知她出院。说床位紧张，排队预约的病人都急着要入院。病人走完疗程就要腾出床位，回家休息，等细胞恢复了再来化疗。

圆圆还在化疗中，晚几天回浙江。

她向圆圆告辞，说，圆圆，我要出院了，回家养细胞。我很快会回来的。

不知我们下一次能不能见面？

她说，但愿我们今天不是最后一次见面……圆圆，保重！

我们都保重！

第五章

走调的夜半歌声

一

小米回 14 楼进行新一轮化疗。她有些想圆圆了。

每个病人都要将所有化疗流程走完,生死听天由命。或半死不活拖上一年半载,或长至数年,就像简华。

小米爸这次只订到普通病房,但可以排队进特需病房。护士说,等宁波老头从特需病房出院,小米就可以换病房。小米妈因此更关注起宁波老头何时出院。

之前,宁波老头一家每次见到她和妈妈都客客气气一笑,算是招呼,然后低头迅速避开。

小米猜想,可能他们是有钱人,不喜欢和普通大众搭话。但是关于老头的病情进展,会在病友中传播。前几天,她听说他坏细胞已高达 90% 以上。

宁波老头有着标准的国字脸型。夫人陪着他。夫人也是望族富家的标准脸型。

有钱人住院要最好最贵的。他大多住特需病房。儿子在新加坡,女儿在美国,都有钱。证明这种脸型确属福贵相。

女儿是美国的血液科专家,看到 14 楼医生为老爸开出的化疗流程,说在美国也就这样。说化疗全世界都一样,没有更好办法。说白血病除骨髓移植外就是化疗。说骨髓移植,钱多同样找不到配型对象。

小护士通知小米可以从普通病房换特需病房了。
她问,宁波老头出院了?
小护士说,死了。昨夜死的。你们现在去看看,是不是可以搬了?
特需病房在楼道最西面。老头家属正抱着剩余的遗物离开。
护工和护士配合着在消毒和换新的床单被单。
护士转过头说,小米,你再等半小时,可以住进来了。

二

夜里,她睡在特需病房唯一的病床上。想起十几小时前,那个富贵的老头就在这床上经抢救而死去。

弹簧床垫软软的。床单被单等在老头死后都换过,但她感觉到死人气息仍在屋里弥漫。中国的习俗有为死人做七。有三七五七的说法,三七指人死后在 21 天内,灵魂不散,仍在原地徘徊。所以,有习俗在死者死亡之地烧冥币做七,送逝者超生。

现在,宁波老头灵魂不散,仍在屋里。也奇怪,在阴气重重的 14 楼,又在夜里,她想起这些,竟不害怕。她是"入乡随俗"了?或是她现在身上同样阴气重重,和死人已接近,不再排斥而变得渐渐融合了？如果在生病前，让她睡在刚死过人的病床上，简直不可思议。现在好了，只要能改善环境，或能得到一张床，或从普通病房升级转到三人房、无菌病房或特需病房，她就很高兴。退一步想想，14楼的每张床不都死过数不清的人吗？

连命都快没了，能讲究这些吗？

她说，妈妈，我困啦，我要睡了，我要熄灯了。

妈妈说好的。

特需病房有家属床，两用的。合起来是硬沙发，晚上拉开来是单人床。正准备熄灯，传来敲门声。

妈妈起床，上前开门。是露露。露露问，小米在吗？我来看看她。

妈妈苦笑。为难。知道露露不是来看小米，而是来看电视。婉言劝说，露露，夜里10点多了，你早些回病房休息吧，小米也要休息了。

露露说，我睡不着。我找小米。边说边将身子挤进门。在一边的露露妈不好意思地笑了下，跟女儿进门。

特需病房有电视。露露除了喜欢看儿童连环画，更喜欢看电视。露露这次住普通病房，没有电视。普通病房有作息时间。夜里9点半，医生会熄灯。特需病房休息时间由病人自己掌握。

妈妈知道，电视机打开后，露露不会主动离开。

小米和露露因年龄文化差异聊不到一起。她曾希望电视机坏掉。唯有这样，她和露露都可以休息好。妈妈说电视机根本不会坏，即便真坏了，医院服务很好，很快会派人来修好。

半夜了，露露还没有走。

她说，露露，你明天再来吧。我要休息了。

露露妈百般宠女儿，听到逐客令，怯生生地说，露露，时间不早了，小米也要休息了，我们回病房吧。

露露头也不抬，说，让我看完这一集。

她闭目休息。露露把电视开得这么响，她根本睡不着。她无奈。露露年少，管不住自己，也没有时间观念。

她和妈妈会再三催促，否则露露不会离开。

露露来自江苏农村，爸爸是小包工头，听说年挣几十万，能支撑起露露的医疗费用。露露妈在医院陪她。露露上初中得了急性淋巴细胞白血病，和小米的髓系白血病相比，理论上活命机会更大。露露有个14岁的弟弟，和露露配型竟然全配。意味着露露不会死。弟弟休学在家，每天好吃好喝，只等医生一声令下，随时将骨髓输给姐姐。

医生说要等露露病情缓解才能做移植。

姐弟俩全配有个独到优势，移植后如果复发，弟弟这个骨髓库就在身边，随时可取。

三

灯熄了。四周笼罩着黑暗。黑暗中隐约闪烁着斑斑灰白，如同死神俏皮的眼睛在向她窥视。

突然，走了调的歌声断断续续响起：

两只老虎，两只老虎，跑得快，跑得快，一只没有耳朵 一只没有尾巴，真奇怪，真奇怪……

歌声在寂静的深夜特别可怕，折磨着楼层的所有人。

昏暗中，她支起了身。妈妈听到她有动静，马上开灯。

妈妈，脑白又开始了，叫我怎么睡得着？

小米，脑白的折腾很快会结束。值夜班的护士医生也要休息。另外，许多神经更加脆弱的病人会反映到护士台前。

她不吭声了。她和妈妈都睡不好，在等待脑白的歌声停下来。

她不停翻身。睡不着。

她住院后不久知道有个病人叫脑白。脑白，双音节，很好记，可以忽略他的姓名。在一般情况下，白血病复发后，坏细胞进入中枢神经入侵大脑就无可救药，只能等死，这叫脑白。而他这个脑白有所不同。他在公交公司上班，得病后，单位一次性给家属十几万，及时了断，免得被拖累。脑白刚进院时病情尚可。听说医生在给他做腰穿后，他竟半身瘫痪。说可能穿刺时伤了中枢神经。脑白从此小便用导尿管，大便用尿不湿，成了傻瓜。脑白会冲护士小便，会莫名其妙骂人，动作怪异，一切不正常。脑白家人说是医疗事故，大吵大闹。医院好像默认了过失，脑白可以免费长住医院，医院还请护工全天护理。家属觉得白血病早晚是死，不再追究医疗事故。

脑白精神特好，意志坚韧，越唱越来劲。跑调的歌。两只老虎似乎永远跑不到终点。

妈妈起身，走出门，准备向值班医生反映。

特需病房的对门是男病房。

她反正睡不着，起床，跟妈妈到楼道中去看看。

楼层走道中，聚集着被吵得睡不着觉的家属。有人说医生已去处理。大家四散回房去。知道医生只要给脑白打一针，脑白就会安静下来。

她向男病房探头看究竟。

四十多岁的脑白，由年迈的老妈妈陪夜。脑白握着老妈妈的手像个孩子，在断断续续唱"两只老虎"的歌。

她看下表，脑白已唱了一个多小时。

医生为脑白注射非那根。效果很好，一针下去，脑白的歌声很快低下去，又很快昏昏睡去。

妈妈打着哈欠。她们回病房。

四

她想离开14楼，脑白的歌声太吵了。医院附近有家商务宾馆，很卫生，她想租个标准间。想白天在医院治疗，晚上到宾馆住。她曾住过几夜。爸妈说她血小板太低，基本失去自身免疫力，住住外面，遇到大出血时再送14楼，抢救都来不及。爸妈反对，她无奈何。

夜里，露露又来了。露露妈挡不住女儿来看电视。

露露妈过意不去，热心向小米妈介绍一位神医，说神医三十多岁。说有人白血病复发了两次，大医院都看不好，推了出来。

吃了神医的中药半个月好了。骨穿做下来，没有坏细胞。价格便宜，才 900 多元。露露妈热心抄下神医的联系地址，说，小米妈，你把 900 元款，汇到这个地址。神医会把一包中药寄给你，里面有服用的方法。

她不信，问，露露妈，你从哪里知道有这个神医？

是圆圆妈介绍的。听说已看好很多白血病人，都是被大医院推出门的复发病人。

她接过妈妈递来的联系地址。半张从学生作业本上撕下来的纸，用圆珠笔歪歪斜斜写着安徽省某市某乡某村。

她笑着说，难道神医是农民？露露妈，如果真像你说的这样，神医早就获诺贝尔奖了。我们的政府早把方子引进医保了。

露露妈听到她嘲讽的话后，很失落。

妈妈说，小米，露露妈也是好心，你怎么能这样说？

她自觉失言，补救说，露露妈，我知道你诚心诚意向我们推荐。我没有其他意思。我去网上查一下，也说不定有些本事吧，要不，名声会这么大？会有这么多人找他看病？

露露妈说，我听圆圆妈说，得了白血病，不管你复发多少次，只要用上他的中药，保证痊愈。我也不太相信。但想想，口气这么大，总应该有疗效吧。我一定会汇钱，为露露试一下。

她断定这是个江湖骗子。这样一个超低级的谎言，欺骗了多少急病乱投医的患者家属，也真有人会相信。她想，只要在网上输入神医的姓名地址，可能会跳出一大串受骗上当的投诉案例。

她打开互联网搜索，奇怪，根本查找不到。

她估猜可能是个新手，还没形成气候，受骗人数不多。也或者当病人家属发现无效后，考虑到和医治白血病总金额相比，900元真算不上什么，再说，他确实给你寄了中药。

五

昏昏沉沉中，她又隐约听到走了调的歌声：

两只老虎，两只老虎，跑得快，跑得快，一只没有耳朵，一只没有尾巴，真奇怪，真奇怪……

今夜脑白的歌声轻了许多，不会影响她睡眠。重复平缓、模糊不清的旋律反而成了催眠曲。

她困倦了，坠入了梦中。

早晨，有人敲门，是早餐车经过走廊，顺便提醒出门领早餐。

妈妈开门领回早餐带来消息说，脑白昨夜死了。

脑白没有结婚，有一个同居十多年的情人。情人的丈夫车祸死了。在他病后，情人曾不离不弃天天来照顾他。他对情人也一往情深。脑白的妹妹骂情人有目的，再三要求她不要来。情人不来了，脑白便用绝食和拒绝治疗来拒绝他人的照顾，只有情人来护理，他才听话。自从他变成傻瓜后，一切由不得他了。情人来了就被他妹妹赶走。

他们的父亲已死了。妹妹有充分的理由保护哥哥。她说父亲临死前，她答应过父亲，要好好照顾单身哥哥。她将脑白和单位了结的十几万元取出，又将他的公有住房抛出，拿到数十万售房款。还有数万元的股票全部抛出换成现金,都由妹妹保管。

脑白看病有劳保,在医院可免费长期住院,有免费的护工,钱足够多了。脑白有个哥哥,看到弟弟的遗产被妹妹取走后,便不再来医院。

情人每次来都遭妹妹的痛骂,当看到财产由妹妹保管后,不来医院了。

情人何苦呢?听说是真感情。同居了十几年,情人在物质上没有得到什么。

六

她因夜里没休息好,嗓子刺刺的,感到身子疲劳,很冷。

她在昏昏沉沉中,脑海中出现了一个似曾相识的画面:

雨天,土坡上,在高大的塔松下,一个小女孩紧张地用双手捂住耳朵,紧盯着爸爸将要打开的可乐罐头……

她努力回忆,原来是二十多年前,一段有关罐头的温暖回忆:

舅舅单位发了一罐可乐。那时月工资40多元,这罐可乐在商店6元多。舅舅舍不得喝,给了她,爸爸把它放在房间显眼的五斗橱上,说等个好日子给她喝,说打开时会发出"嘣"的声响。所以,她叫它"嘣"。她每天能看到"嘣"。爸妈不在时,她会偷偷用手摸一下"嘣"。她对"嘣"充满急切的期待。那次旅游,她最大心愿是可看到如何"嘣"。

他们在土坡上吃中饭。面包和茶叶蛋,一瓶香精色素配成的软塑料包装的廉价橘子水。

下起了中雨。

这一刻终于来临。爸爸把"嘣"递给她，说，小米，你可以打开"嘣"了。她说她不敢。她捧着"嘣"就满足，就像她对任何新鲜事物一样。

爸爸接过"嘣"说，我要打开了？

她郑重地点头，双手紧紧捂住耳朵。爸爸说这不是爆竹。

罐头打开了，没有"嘣"的声响，也没有喷出饮料。

她笑了。

爸爸说，小米，你喝吧。

她小心喝了一口说，爸爸，像药水。

所有的悬念都没有了。几个月来，她期待已久"嘣"的未知过程结束了。

……

她内心很不安。每次她脑海中出现幼时的画面，都会伴随持续高烧，医生会开出病危通知。是不是她这一次又遇上大凶，和死神面对面了？

护士给她量体温，说，小米，你发高烧了。

她问，多少？

39度。

每次化疗到这时是个坎，许多病人因感染或大出血跨不过生死坎而死亡。

她整天昏昏沉沉有梦游的感觉。

爸妈用冰块包在毛巾中，轮换着放在她额头上降温。

14楼有专用大冰箱，放置冰块和医用冰垫，给病人物理退热。她每隔四小时一次，吃怡美力退热片。半片就大汗淋漓，内衫湿透。湿衣随时要更换，但是太频繁，她会着冷。妈妈用两条干毛巾分别贴在她的前胸和后背，换上换下方便。常常干毛巾刚放进内衣里，不到半小时，就湿透要换下，又用准备好的干毛巾换上。看到爸妈这么忙碌，她心中很辛酸。

特需病床的栏杆上，病房窗台外，晾着各色大小刚换下来的湿毛巾。因为她不停地出汗，毛巾来不及晾干。

她怨恨怡美力。出汗出得她虚脱，怡美力根本解决不了高烧，体温仍飙升到40度。她强烈要求换药。医生只得换药，紧急为她输入可乐必妥等抗生素。

高烧仍不退。医生轮换试用其他抗生素，仍然无效。

七

化疗药水全部输入后，会持续产生强大的杀伤作用，连续好几天，病人称作跌细胞，医生说跌得越彻底越好，在人不死的前提下，最好把血液中的白细胞红细胞血小板跌到没有，换句话说，此时的坏细胞也会同步跌到几近没有。

小米在跌细胞过程中，喉咙内出现了血块，呼吸困难，话说不出来，无助地望着妈妈。

妈妈急了，冲出去叫医生。

医生匆匆赶来，为难了，说如果此时把她喉咙里的血块吸出，因她血小板几乎为零，说不定大出血会出大事；但如果血块不吸出来，小米呼吸困难同样危及生命。

那怎么办呢？小米妈哭似的叫起来。

最好先输血小板，再把血块吸出，这样才不会大出血。

那赶快输血小板吧！小米妈喊。

血液科没有血小板。医生说。病人需要血小板，要提前三至四天预订，而且，小米的Ａ型血小板在平时就特别紧张。

妈妈想起14楼常有病人因血小板太低，致内脏或脑部出血而死去。想到这里，妈妈的情绪要崩溃了。那怎么办呢？怎么办呢？妈妈哭了。

医生说，小米妈，别急，我去弄血小板。我现在去外科。外科因为要防出车祸什么的急诊，可能有备用。说着匆匆离开去找血小板。

小米呼吸越来越困难，脸憋成青紫色，说不出话。

妈妈冲出门，医生！医生！快救小米啊！

走廊中，医生正跑来，取来了血小板，冲进屋，紧急为小米输入。

她喉咙里的血块被吸了出来，血肉模糊，红黑白色彩杂乱，如同鸽蛋大小。

医生说，这两袋血小板，至少可以勉强维持她两至三天，直到自己的血小板上来。

妈妈惊恐未定，说，下一次跌细胞时，我们无论如何要预订两包血小板备用，没有血小板，太吓人了。

尽管她喉咙里毛刺得疼痛难忍，呼吸仍不畅，但她知道，吸进的这点空气已够她活下去了。她知道，今天因外科备有Ａ型血小板,她才能活下来,如果今天外科在她借用前,遇到有车祸用掉了备用的血小板,她可能性命不保。

妈妈说,小米,我想想那些无偿的献血者,真是伟大啊。

她说,妈妈,今天是不知名的他(她),救了我的命。他们是真的伟大!

八

大学同学要来看她。她们不知道她现在的身体正处在最危险的忌见人状况,细胞低下,没有免疫力,极易感染。

她们电话打进来时,小米妈刚想说明情况,请她们改日来。她在昏沉中隐约听到对话,惊醒了。她不同意。她内心孤独,盼望有人来看她。她一直想她们。听到她们自己要来看她,她开心极了。

同学们进病房后,围在她的床边。

妈妈扶她坐起来。她看到昔日同学,她很温暖。

她的血小板几乎被化疗药水打光了,眼圈边出现一层粗重的黑紫色。

她开着玩笑说,我照过镜子,我现在的一双眼睛,像不像可爱的国宝大熊猫?

她自以为调侃的话,有人闻言流泪,有的在泪水夺眶而出时转身出门避开她。她装作什么也没看到。她想,和那个最悲惨恐怖的夜晚相比,现在的状况什么都算不上啦。

她在自说自话。在谈笑风生。

她们用同情怜悯的目光看着她，默默看她说开心的事。她们开心不起来。

九

小米的化疗结束了，妈妈叫她少说话多养神，等细胞慢慢升上去。

细胞稍起来，她想散散心到医院附近看看。妈妈劝不住她，只得陪着她。

她戴上金色的假发。假发很闷热，她不喜欢。但女孩子光头出门，更引人注目。她最希望能融入人流中不被人注意，不把她当成另类。

医院门前有流动的书报摊，她常光顾。她不会走远。听书报摊老板说附近有个大超市。说你们可以坐车去，就一站路。她心动了。

她的细胞刚恢复，一般情况下不会有事。医院门口有车站。妈妈阻止不了她，只得跟她一起上了公共汽车。

售票员挤进人群，招呼上车购票。

一个响亮的声音响起，我没钱！

全车的人目光一下扫向发声处。

她回过头，脱口而出，是小罗！

小罗认出了她们，笑呵呵点头招呼。

小罗有铮亮的光头和1米9以上的高大身材，像港片中的社会混混。他的光头不是为酷,而是化疗结果。他是上海人,是M3。他病后,家里处处宠着他,所以,他做事从不计后果。细胞起来了,化疗时间到了,他还玩,不肯去医院。父母劝得紧,他便打骂。父母稍迟缓,他又会骂父母希望他早死之类的狠话。他是学生,没有医保。家里的钱早花光了。父母软弱,每天在他的打骂声中哭泣。母亲的眼圈始终红红的,是多年哭出来的,听说已患上眼疾。护士们都被他骂怕了。只有医生还能批评他,说你不能这样对待父母。

此时的他还正输着液。

售票员看到小罗的混混形象,有些胆怯,用商量的口气说,上车总要买票的啊。

小罗直眉瞪眼地说,我是白血病。我没钱。惹我急了,要命一条,顺便把你带走,你信不信?他故意将挂在横杠拉手上的输液瓶整理了下,看到吧,我还在化疗。你要看我的病历卡吗?

车厢里的空气顿时紧张起来。

小罗旁若无人转过头,望着她,自傲地说,小米,我这几年出门坐车从来不买票!

她无语。他虽人高马大,思维还是个孩子。他不到19岁,却是生病多年的老病号。

车内一片寂静。

售票员明白了,从小罗身边走过,转向了其他人。

乘客胆怯,从小罗周围悄悄移动身子在避开,好像他是瘟神,或真怕被"顺便带走"。

小罗笑嘻嘻地说,小米,前几天,我在家里发高烧,我知道我快没命了，我一声令下，我说，老娘，快准备好钱，我要马上去医院。他们就急急将我送到医院。

她说，你长得人高马大，还是孩子脾气啊。

我常从医院跑出来。今天正巧遇上你。我想等我病好后，去学开车。昨天，苏琴老公来医院看苏琴，回去时，我搭上他的宝马车回家。我说等我病好后跟他学驾驶，给他当司机，开他的宝马车，跟他学做生意。等我发财后，也搞一辆宝马车开开，当老板。

她问，苏琴老公怎么说？

他说等你病好后再说吧。他还说，小罗，以后你要待你爸妈好一些。我答应他了。

超市到了。她和妈妈下车。

上海电视台来采访白血病患者小罗。

据说是有人出于好心，想出一招，给电视台打了电话。

14楼顿时热闹起来了：电视台的摄影机器扛进男病房，对准了小罗。医生护士协同配合。

一些家属羡慕地围着电视台工作人员，诉说起家里如何穷。许多家庭确实比小罗家更贫困，都想得到捐助。工作人员解释说，电视台有难处。说小罗是上海本地人又是孩子，容易激起上海人的慈善心，愿意捐款，说这样更有效果，电视台也有收视率。

小米到了14楼后，才了解，生活中穷人太多了。有些人穷得令人难以置信。她又明白，当一个人连命都快没有的时候，是谈不上什么尊严的。如果说尊严是一种文化精神，那么总要有钱读书才能有文化啊。许多病人会自救。在穷困逼迫下，为后续医疗费，会导出一个个催情的故事。

媒体喜欢催情，病家急需捐款。

十

妈妈说男病房里，有位贵州的大学生不肯就医，他妈妈难受死了，听到你也是大学毕业，要你帮帮忙，劝劝她儿子。小米说，好的。

贵州阿姨来了，是个四十来岁的女性，穿着时尚，有风度和姿色。

你就叫小米？听说你是名校毕业，又是女孩子。你帮帮我吧。

她说，我妈向我提起过，我会劝说你儿子的。

我太谢谢你们了。你的劝说肯定会引起我儿子注意，会有效。

她说，阿姨，我试试吧。

阿姨说，我是贵州一家大医院的血液科主任医生。

她惊讶，你，血液科专家的儿子也得白血病？

是啊，谁都想不到。我们就一个儿子。我老公是当官的，每天忙不完的事。我儿子得病后，因上海医疗条件好，我托上海同学，将我儿子转来。儿子问究竟什么病，我含糊其辞只说是血液病。我不敢说白血病。否则我儿子的精神会崩溃。到现在，我仍瞒着儿子的病情。

阿姨，你不要把你儿子当弱智。他会想，如果病情不重，怎么会从贵阳转到上海？他只要住进14楼，很快就会了解到，这里住的是些什么样的病人。每天在抢救在死亡，家属之间没有避讳的交流，他会不知道？医生给他输液，输液瓶上的标签写得明明白白。你还想隐瞒？你把他当成3岁小孩吗？他有抵触，不是因为得了白血病，而是妈妈不信任他。在天塌的大事面前，你怎么仍把他当小孩包着。

小米，我现在该怎么办？

阿姨，将你儿子真实的病情告诉他，不能隐瞒。尽量让他的同学多来看看他，这样，他就不会和你有抵触情绪了。

你的话有些道理，让我好好想想。

阿姨，他得了这种病，你还要瞒着他，让他怎么受得了？他是大学生了，知道人生是怎么回事。所以，要全部告诉他。

小米，我刚才将真实的病情告诉我儿子了。

他有什么反应？

没有反应。

阿姨，你看，他早知道自己得什么病了。如果他心里没底，突然听到白血病，会没有反应吗？走，阿姨，我们去看看他。

小米和妈妈跟随贵州阿姨来到男病房。

大学生淡淡看她们一眼，不说话。

小米妈说，小伙子，我女儿也是得了这个病，我们只能接受命运，然后全家竭尽全力去改变。

大学生不理睬。

你好，我叫小米。我是白血病患者。你看看我，精神不错吧。我身体恢复得很好。小伙子，请相信我，一切都会过去！

大学生眼中放出了光芒，支起了身。

她激励说，你要振作起来，像个男人样！你要吃些东西吧？为了你妈，你也要吃啊。

大学生点头。

在一边的贵州阿姨感动得擦着眼泪自语，这真好，真好……

小米妈悄悄说，阿姨，我们退出吧，让年轻人交谈更好。

两个家长悄悄退出病房。

小米心里其实对未来很悲观，但当她面对大学生时，表现出对生活的热爱，对治病的信心。内外不一。她明白她在做善事。她在激励大学生时，也被自己充满激情的言语所打动。

大学生在频频点头。

贵州阿姨跑到她床边，兴奋地说，小米，我儿子想吃东西了，他要吃东西了。他刚才列出要吃的食品。她手中有张纸，扬了扬，你看，小米，是我儿子写的，他要我根据写的去采购。我儿子要吃东西了，想不到，真想不到。

她开心地说，阿姨，你尽快去采购吧。还有，你不要忘了，通知他的同学来看看他，多联系沟通，一切会好起来。

小米，我现在相信，年轻人之间更容易沟通啊。我去采购了。阿姨的脚步像个小女孩，轻快地跑出了门。

因为这件事，小米开心了一整天。

第六章

旅程有终点吗?

一

小米爸预约到三人病房。露露已经在里面。小米住进病房后向主任打听圆圆什么时候来。主任说圆圆化疗时间已到,已联系过;说三人病房里的阿姨正巧出院,可以安排圆圆住进来了。

圆圆放下行李,还没有做入院的例行全身检查。重点在骨髓穿刺。

她问,圆圆,你感觉怎么样?

我不抱什么希望了。我每次坏细胞都在10%以上。这次我妹妹也跟来了,做配型检查,准备骨髓移植。

她是独生女,提起配型就很落寞。外地父母大都二胎,虽说大多数人仅半配,凶多吉少,但仍是一条生路。

圆圆说,我复发了,没希望了。小米,你能活下来。

她说,算了吧,一个个都死了。你还有个妹妹可以移植。罗医生说,白血病人在一年中大都会死去。所以,我们都会很快死去,只是先后罢了。

圆圆说，不会的，不会的……小米，你会活下来的。

她们越谈心里越压抑，也谈不出什么。空气凝重。压抑得有些喘不过气来。

圆圆，以后我们不谈病情……圆圆，你妈说，你的病都是你男友害的，说你本来不会落到这个地步。

小米，我要纠正你的说法，现在他是"前男友"了。

不好意思，我忘了。

我们本来决定今年结婚。结婚前几个月，我发起高烧，他说我是感冒，是小毛病，吃些退烧药或冲剂就会没事。因为他是外科医生，我相信他，仍每天上班。

她问，后来怎么会发现的？

我在接待外国客人时，支撑不住，昏倒在地，送进了医院，诊断下来是白血病。我妈说因为受到他的误判，使病耽搁了一个多月，坏细胞升高发作。我在浙江，已做过两次化疗，都没有打下去。说到这里，圆圆的眼睛湿润起来。

她劝慰说，圆圆，得白血病的人都有个血泪故事。她说起她生日前几天，体温升到38度，全身疼痛，不停咳嗽和泻肚子，正遇到周末休息。她到地区医院看病输液。医生说是感冒。她星期一上班后，因热度不退，在同事催促下，去附近东方医院门诊。医生为她做了几次血样，并用异样的目光看着她，还聚在一起窃窃私语，说她这么年轻……可惜了……她这么漂亮……她在大公司上班……她都听到了。她从周围怜悯惋惜的话中，感觉到凶多吉少。医院请出老教授亲自检查她的血样。她心跳很快，感觉危险在靠近。老教授检查后，慈爱地说，小姑娘，你的血常规中显示有幼稚细胞，我建议你马上去 JR 医院，不要拖，现在就去。她不知道什么叫"幼稚细胞"，但是，知道一定和她的生命有关。这天正是她的生日，5 月 21 日。

圆圆说她在浙江化疗时，他常到医院陪护她。但自从他听了上海同学的劝说后，态度大变，感情一落千丈，不来看她了。她发短信，他不回复。她说，我们早断了男女关系。现在是一般朋友。不过，我已经从被离弃的痛苦中放下了。小米，你的男友好久不来了，现在怎么样？

圆圆，你比我幸运，做不成恋人还能做朋友。我得病后，他来看我才几分钟托辞就走。他很聪明，采用渐冷式到完全终止的策略。现在他不来了。她说她有心理准备。她说圆圆和男友是经人介绍，而他们是自由恋爱，是大学同学。结局却差不多。她说，得了白血病，被抛弃是个大概率。说她们都要想开些。说没有男友，她们仍一样在化疗，没有其他改变。

圆圆的骨穿检查结果出来了，出乎所有人的意外——圆圆竟然正常了。

这真是前所未有的喜事，圆圆的坏细胞为零！

真是绝地大反转啊！

圆圆全家松了口气，都笑了。

圆圆在第一时间，用手机通知她的前男友。在通话中，她笑容可掬地和前男友聊了好长时间。

母女三人脸上笑容多了，都特别开心。她和妹妹的骨髓移植暂时放在一边。

还能不开心吗？每次化疗前的骨髓检查都是一次死神的审判，圆圆这次竟然逃过了。

小米，我和你的检查结果都一样！

这真是天大好消息啊。圆圆，我们的坏细胞都是零了！

二

她看了《莲花》，觉得书中对墨脱的描写没有圆圆说的鸟语花香，没有那么美好。

圆圆急急解释说，安妮宝贝是作家，作家会虚构。美好的事也会被作家写得复杂艰难。她说，小米，你只要看墨脱的基本面就知道它是人间仙境。墨脱地处雅鲁藏布大峡谷深处，与世隔绝，一天看四季，那里山林翠竹，烟云缭绕。随时可眺望著名的南迦巴瓦峰和加拉白垒峰雪山。真的，小米，墨脱美得不行。小米，你再看看，在14楼，看出去，有什么？没有蓝天。天空永远灰蒙蒙的。

透过14楼玻璃窗，上海的天空阴沉沉灰蒙蒙一片。

她说，这方面，我有同感。这里水质也差。圆圆，你看，这条新毛巾，我妈天天用肥皂洗，才半个月，变得又硬又黄。

圆圆插一句说，我也试过，毛巾干了，居然可以竖起来，像黄纸板一样。

她们都笑起来。

三

病房外阳台上有个背影,一动不动的,是圆圆。

小米下了床,要到阳台上去。妈妈给她披上外衣,说小心外面冷。

阳台门虚掩着。她出了阳台门,来到圆圆身边,问,圆圆,你在看上海的灯光夜景啊?

圆圆回过头,在我的家乡,星空很美很灿烂。唉,上海的星空,除了一个混沌的灰白色月亮外,什么也没有,黑灰色一片。

她笑了,说,今天还是月半,换其他日子,连灰白色的月亮都找不见。

小米,在我家乡,我喜欢长久地仰望星空,我的心会一点点静寂下来,这时候,我感觉到人生只是个小片段,是个有限的旅程。星空才是我们永久的归属。

圆圆,你又文艺了。

小米,你不信可以试试。你长久仰望星空,让心一点点静寂下来。这是另一种体验,是心灵上的。

四

她和圆圆虽然对死亡忌讳,但她们是80后,接受过现代教育。她和圆圆的骨髓检查结果虽然缓解了,也明白只能将死亡延后数月。复发好像是必然的。所以,她们心中对生存不抱多大希望,会自然而然考虑死后会不会存在。

她谈起在 JR 医院,当确诊她得了白血病时,爸爸说人生如旅程,到终点都会下车。她说,圆圆,我和你要提前下车了。

小米,你爸爸说错了,当灵魂注入动物性的躯体才叫人类。人死后有灵魂,所以,旅程没有终点。灵魂不会依附肉体。灵魂在虚空中存在,确是存在的。

我爸没说错。圆圆,我们通常指的灵魂是心灵。灵魂只有附在肉体上才能生存,呼吸停止了,灵魂生存不了就死了。人死则断灭。我爸说是旅程就会有终点。人死了,什么都没有啦。当灵魂和物质聚合成一体,才能叫人,或叫"生";人死了,它们离散了,属性变了,就叫"死"。人和万物都相同。

小米,心灵和灵魂不是一回事。人活着的时候,灵魂中进行思维判断的叫心灵。心灵随肉体的死亡而消失。心灵是被动的。灵魂是能动自由的,不受肉体感官影响而永恒的存在。所以,人死了,灵魂还在。

圆圆,人死后没有灵魂。死就是和亲人完全断绝。死是虚空,是一场永不会醒的梦。

小米,你不能用机械唯物论解读死亡,解读人类高级的生命意识运动。死亡和永生不可分离,是一对孪生兄弟。

圆圆你完全错了。当我们死后,我们和父母的生物屏障就消失了,接下来轮到爸妈。我们得了白血病,不幸提前插队,死在爸妈的前面,这违反了自然次序和规则。

圆圆不快。不作回答。脸转向窗外,不知在想什么。

她也不开心。不说话。

她们都沉默着。不快的情绪在蔓延。

圆圆仍想努力说服她，小米，你知道苏格拉底吗？

我当然听说过，是个大哲学家。

苏格拉底被判死刑后，知道死亡由天命定不可避免。他明白死后灵魂仍会存在，有存在就有希望。他死前很清醒，不恐惧，为什么呢？因为他期待灵魂和肉体的最终分离。死后他可以摆脱俗累，灵魂会到一个更好的地方。

她忍不住反驳，圆圆，苏格拉底的死，我也读到过。为什么判他死刑他没有恐慌？因为他年老体弱，活着是折磨，对死不会有恐慌。在生不如死时，才幻想出死后的美好世界。

小米，你太主观了。你不是凭借客观的视角探索死后存在的可能性，却用极端的排斥否认灵魂的存在。小米，灵魂是人最本性的东西。

她不甘示弱地说，圆圆，虽然我面临死亡，但我年轻，头脑清醒。死亡是终结。灵魂是没有的！没有的！你说思维的那部分叫心灵，我同意。灵魂也好，心灵也罢，都必须依赖肉体感官，肉体灭，灵魂死。灵魂和肉体是统一的，是共生性，同生存或同消失。灵魂是人身体的生存形式。

圆圆也放大声音，我坚决不同意你的话！旅程没有终点。人死后，抛下肉体，灵魂飞向星空，新的旅程开始了！

她毫不妥协地说，你是在幻想！是你对死亡后还存在的美丽幻想。什么灵魂？根本没有的事。你在想象死亡过程中愉快的一面，你将死亡后的虚空，美化成世俗的理想梦幻。

小米，你用人的局限的感官认识断言人死断灭。你怎么可以把人具有的意志情感的灵魂，等同于低层次的生物性的肉体，去论证它和肉体同灭呢？

圆圆，我们得了白血病，必须直面死亡。白血病和死亡密切关联。我们死亡后没有希望。你用灵魂来构建的生命梦想，是不能兑现的承诺，只为你的梦想铺设了生命安息的温床。

圆圆真生气了，小米，我不和你争论了！你有思维定势，你在乱下结论！

她也生气了，你不是也一样！

她们的争辩没有结果。不欢而散。

她可能太过分了。圆圆有自己的想法，她为什么一定要同圆圆争明白呢？但是，圆圆为什么也要同她一争明白呢？为什么也不让让她？

为什么呢？

莫名其妙。

五

冷战开始了。

她们都故意避开对方，不和对方说话。两天下来，她后悔了，争什么灵魂不灵魂，伤了她们的关系。圆圆脾气倔，她就让一步，脸皮厚一些吧。

她胁肩谄笑，先招呼，圆圆，你在看什么书？

《达·芬奇密码》。圆圆口气冰冷，头都没有抬起。

她悚然一惊。圆圆真把她当成陌生人，分明仍在气她。哼，不睬就不睬。我也不睬你！

冷战继续。

六

圆圆一轮化疗结束，要出院回浙江了。以前，她们出院时都会向对方辞别。

她等待圆圆来告辞，以打破她们之间的僵局。但是，圆圆和妈妈竟然不辞而别。

她因此郁闷又失落。在得病的女孩中没人能替代圆圆，只有圆圆能和她长时间愉快交流，有共同语言。

她们第一次争辩。争辩带给她快感。她已不生气，已不当回事。但是圆圆却认真不理睬她。圆圆不辞而别，是真生气了。她想，她们的生命来日不多，这样何苦呢。

圆圆的冷淡使她冷静回顾她们在争辩中的分歧。

死亡断灭说对圆圆可能太过残酷。她坚信人死则断灭，但不能否定圆圆的美好幻想。灵魂存在是圆圆的美梦。在充满死亡气息的14楼，美梦可以慰藉圆圆对死亡的恐惧啊。她对圆圆的灵魂存在说坚决否定后，又没有提供给圆圆希望，反而增加圆圆的焦虑，无形中也时时提醒她自己的最终结局，令她们都更焦虑和孤独。

她反省自己，发现，生命有终点才是最可怕的，意味着生命没有任何意义，没有希望。生命不应有终点。她很快修正自己，妥协,准备重新和圆圆交流沟通修好。

她要寻找理由,寻找和圆圆重新交流的切入点。世界上大多数人相信或希望人死后存在灵魂。比如,人死后习惯做七,烧冥币冥品给逝者。年年上坟,汇报家中情况,和逝者说说这一年来的心理。浓郁的亲情跨越了生死两界,这才是充满人性人情的梦啊。有梦确实比没梦好啊。

她要从社会道德和人性关怀层面上,去科学定义人死亡后灵魂存在的合理性。

七

圆圆从浙江回医院做下一轮化疗。她主动对圆圆一笑,算是招呼。圆圆微笑着回应了。心情好像还可以。

她找到合适的机会,套近乎说,圆圆,你回浙江这些天,我一直在思考,你说的灵魂,很有道理。

圆圆好像也在迎合她,是吗?你倒说说看。

那我们重新交流一次?

圆圆不假思索地回答,我也这么想。我们不急,再交流一次。

她想,哼,回答这么急迫,还说不急?她估猜圆圆在冷战中同她一样,心里也不安,或许也在反省?她说,圆圆,我冷静下来后,努力寻找灵魂存在的积极一面。

灵魂本身就存在,你还要努力寻找?

她听出圆圆的失望。她不管这些。她只要说出她的想法,圆圆一定会满意。她说,灵魂确是一个理想的梦。人死了,灵魂回归到人的理想世界中。尽管生命被死亡关闭,但是,人会梦想,会有另外的希望之窗打开。圆圆,这些天,我从道德和人性关怀思索,你说的灵魂有存在的合理性。人必须有梦。无梦的人可能是个傻子。

小米,我们的生命是一枝弱不禁风的芦苇,大自然随时可置它于死地,但它是有尊严灵魂的芦苇。死亡仅是芦苇生命的一部分。我们是人,没有灵魂,死亡就失去意义。死亡中有对未来的渴望。

圆圆,我同意灵魂有存在的必要性。这是我们道德进步的必须选择。将希望之窗关闭,是反自然不人道的。因为灵魂的存在,人在世时就不敢作恶,会使人考虑行为后果的永恒奖惩。你想想,如果人死后什么也没有,那不是鼓励我们追求肉体欲望的满足,并作为至高追求吗?如果人死后什么也没有,谁都可以不考虑后果,随心所欲享受物质生活。所以,人必须接受道德的检验完善自己。灵魂说是人对在世时行为的意识监察者。

圆圆不满地说,小米,我听出你的话外音,你还是不相信灵魂的存在。

她急急辩解,不,不,我认为,灵魂有存在的价值,虽说是一个精神象征,或是纯粹的表象。虽然灵魂的永生只是人的内在感受,没有逻辑性。但是,灵魂的存在却有道德关怀的确定性。圆圆,我们如果不能为人在死亡后带来希望的话,那不是真正的社会善和爱的道德。断灭论缺少人性和道德关怀,把我们都面临的死亡后的一丝希望残忍灭掉。所以,圆圆,我宁愿相信你的话。

她无意解释。她低下头努力迎合取悦圆圆。

圆圆却不领情。小米,你从道德上确认灵魂的存在,心里却不承认肉体是灵魂的表现形式而已。你将灵魂放在生死变化的社会现实中考量。小米,我要为你普及一些科学。现代科学已有定论,世界不是三维的,而是多维的。在时空中形成平行不相同的物质维度。在物质世界和精神世界之间,存在着平行态的联系,会发生共振。灵魂是人高级意志的流溢。灵魂没有时空。时空之感属于我们物质世界。灵魂是超越死亡的精神实体。

她失望。圆圆不认可她的妥协。继续辩下去,将不可避免再次冷战。她不想再辩解,要适可而止。她做了个停止的手势说,停下,停下。圆圆,我们保留各自对灵魂的看法,不强加于对方,好吗?

我同意。

她说,圆圆,我说最后一句话,生命的意义在于:至少我活过了。

那我也说最后一句话,生命存在的意义是爱自然,爱人,爱受造物,是仁慈和博爱。

她笑着说,圆圆,你说了不止一句话了。今后我们不谈灵魂。

圆圆说,我双手赞成。

八

她越来越疲惫,身体近乎衰竭。

她心里早已准备迎接死亡,找到属于她的宁静。她冷漠对待爸妈,努力和他们隔离开。如果没有亲情的挂牵,她更容易独自面对死亡。

她记得苏格拉底曾说过,如果死亡仅是一场无梦之眠,那必定是绝妙的收获。老头还说,如果死亡是沉睡,更愿意将其称为恩赐。她认为此话不错。

如果死亡仅是长睡不醒的梦,死亡还有什么可怕的呢?

连续的高烧。

她觉得自己在慢慢飘浮起来。

当她飘浮出窗外时,回头看了一眼床上的"她"。她似乎熟悉"她",她忽然想起,那是"她"。她离开了"她"。她和"她"曾有过关系,当她离开"她"时,她不觉得痛苦,竟还有一种舒畅感,好像她在大热天脱了厚实的衣服一样。

爸妈和医生在抢救"她"。她成了旁观者。

她仍在飘浮中。天空布满翻腾的乌云,如同雷阵雨初停后一样。厚实的云层中,出现一个裂口,向飘浮中的她投下了无数的光芒。她被笼罩在充满温暖爱意的光晕中。她正向天空的光芒中心最亮处飘逸而去。

她有一种从来没有过的愉悦和满足。她在享受由零碎轻松片段组成的画面中,她多么的宁静、祥和、安逸、美妙。

她隐隐听到熟悉的声音,她听出了,是妈妈在哭喊。她稍一迟疑,身子停止了飘逸。

她低头看到,妈妈躺在病床上,在痛苦喊叫。妈妈满头是汗,全身湿透。众多医生围住妈妈在抢救……妈妈还挺着大肚子。

她突然想起,是妈妈在生孩子,孩子就是她,是妈妈在生她啊，是她在出生。

她想帮助妈妈。"妈妈，妈妈，"她刚一呼唤，身子从空中翻着跟斗快速坠落，旋转中的坠落使她头晕得一阵阵想呕吐。

妈妈在叫她。小米！小米！

她突然明白，她在生病。她是白血病，她在医院里，她还在发高烧。

主任和医生护士们正围着她，在抢救她。

小米醒了，小米醒了……妈妈哭着喊。

她想告诉妈妈，刚才她见到妈妈生她时的情景。她想帮助妈妈，她就回来了。

她的嘴唇动了下，她叫"妈妈，妈妈……妈妈"，妈妈没反应，好像听不见她的呼唤。她的眼眶中尽是泪水，脸上一片湿润。她爱妈妈。

"妈妈，我爱你……"她说，妈妈没有反应，好像没听到。

她感到极度疲惫衰竭，沉沉昏睡过去。

九

她高烧退了，神志清醒了。

她相信她本来死了，当她的灵魂飞向天空时，隐隐听到妈妈的哭喊声。她看到妈妈在难产，想帮助妈妈，她就回来了，她因此活了下来。

难道不舍的亲情使她回来了？

她惊奇万分，她怎么会在空中，居然以旁观者的身份看到二十几年前妈妈生她的真实情景。难道时空倒转了？

她真切感受到死亡时的情景。她已经相信，在人类物质世界的背后，一定隐藏着一个精神世界，它就是圆圆所说的神秘的灵魂世界。她已经相信，旅程没有终点，人死后，会展开新的旅程。生命对每一个人，始终保留着敞开的永存的希望门缝，那就是灵魂。它是神圣和永恒的。

她问起妈妈当年生她时的情景。

虽然过去二十多年了，妈妈仍心有余悸，说你不要烦我，你去问你爸爸。

妈妈生她的预产期在五月初，她不肯出生，拖了半个月。妈妈1米50多的娇小身材，要生下7.9斤的她，在那个不流行剖腹产的年代，艰难可想而知。她以前年纪小，听爸爸提起过，只是笑，从没放在心上。

她说，爸爸，我想了解妈妈生我时的细节。

爸爸很惊讶。说，那些天我守着你妈，等候你的出生。是男是女我并不知道。

……

21日那天，我到妇婴保健医院看你妈。到医院还隔条马路，我就好像听到了你妈的哭喊声，你妈生你，是难产。她的哭喊声太撕心裂肺了。

路上，有行人放慢脚步，追寻你妈痛苦的叫唤声：

什么声音这么凄惨？

北面是个妇保所，是生孩子吧。

想不到生孩子这么苦啊！

我担心你妈和从来没见过面的你的安危。我走近医院时，你妈妈的叫唤声消失了。我产生极大的恐惧，满头大汗冲进妇保所。

你爱人叫什么名字？

就是刚才一直在叫喊的。她是我老婆。

她叫不动啦。

她没事吧？

有事医生会找你的。

这天下午3点多，嫂子来叫我，说从景德镇装来一车瓷器，大都是五子罗汉，也就是弥勒佛。说车已停在门口，堵住了窄窄的老式街道，都在等你开门卸货。那时，因生活艰辛，我们准备开个小的瓷器店。嫂子催促说你回去开门找个卸货位置，马上回医院。说这半小时中，你老婆肯定不会生的，说她是过来人。

等我再赶到医院，医生说，你爱人生了，是个女孩。

……

爸爸说，小米，你的出生时间，如果准确计算，就是那一车佛菩萨搬进门店的过程中，前后约半个多小时，在下午4点至4点半左右。你生病后，我会不由自主联想到这事，觉得很不吉利，真的……

爸爸，真对不起啊。

爸爸轻轻拿起她的手，小米，谁叫你是我和你妈的小天使，小至爱，小宝贝啊……

爸爸怎么啦？她从来没有听到爸爸说过这类肉麻的话啊。

十

她向圆圆讲述起她病危时，一度飘逸到天空的情景。

圆圆，我想，可能那就是我的灵魂脱体后在飘逸。

圆圆很惊奇，说，我的病危通知一个接一个，但是我从来没有遇到过这事。

她说，我在我小叔家的那一夜，是我一生中最悲惨恐怖绝望的夜，也没遇到这种情景。这是我第一次遇到。我真切体验到了，灵魂会飘逸。

小米，我这样理解，我们虽然一次次病危，可能都算不上真正意义上的死亡时刻。

圆圆，会不会每个人死亡时所处的时空境遇不同？

圆圆，我还有个发现，人死亡的最后时刻并不可怕。记得当时我心态平静，不紧张不悲伤，感受不到任何绝望或痛苦。

很可能是这样。

圆圆，我现在相信人死后有灵魂。因为我这次证实了。人死后，人的欲望会随着身体而毁灭，灵魂中理性的纯净圣洁的部分可能回归大自然。死亡可能是灵魂的解脱，可能会进入永恒的光明中。我现在已相信，真正的死亡并不会痛苦。

我赞同你的看法。死亡是扬弃。死亡后灵魂直达星空。人去世，身体成为尸体。灵魂离开。灵魂独立于身体。灵魂不会和身体一同死亡。

圆圆，前些日子，我的看法是错的。人死不是断灭。人的生死合一，生犹如死，死犹如生。人死后有灵魂，它不是虚无，它是存在的。它可以超脱死亡阴影超时空而永恒。

小米，你说的对，人抛弃肉身后，一切痛苦欢愉等物质上的情感全部消失，变纯粹了，会和星空融为一体。灵魂永存。我觉得人类所以高贵，就是因为有神圣的精神属性，那就是灵魂。灵魂源自于星空的最高存在，即苏格拉底的"善"。所以，丢掉灵魂的人会走向邪恶。

圆圆，真实无处不在啊。能把我们从目前苦难病痛中解脱出来的只有灵魂。它是个可以实现的美梦。

小米，我们谈到一块儿啦！

第七章

难得的平静日子

一

大家分明感觉到,这段时间,14楼竟没有死人。

医生查过房离开了,大家有一搭没一搭地聊起天来。

苏琴感慨地说,我有个心愿,我如果有个孩子,为我老公延续下一代,我死也无憾了。

苏琴的话引起病友的共鸣和响应,不分年龄段地在展开:

我都18岁了,还没有恋爱过。如果让我谈一次恋爱,死就死吧。

我在恋爱中,男友也很好。如果让我结一次婚,有个家庭……当然,最好不要死……如果死,毕竟我有过家庭啊。

我没有看到我儿子长大,我死不甘心。

我上有老下有小,我不想死。我死了也不瞑目啊。

我刚退休,刚享福就生这种大病。我不想死。但是,我说不想死就能不死吗?

一个陌生的声音响起来,死就死吧。我赚啦!我八十多岁啦,什么也不想了。我想得最开。你们看我,每天除了吃就是睡,没有忧愁和烦恼。我就在等死。这一生我赚啦!

大家找说话的人,惊诧地发现,竟是80岁的胖老太。

胖老太是个被忽略的老人,从没人关注过她。老太入院后,给人感觉似乎一直在睡觉。有时白天病房里竟然响起呼噜,才发现她的存在。老太女儿来了,就给她吃。她吃后就睡。她吃得进睡得香。谁也没有听到她说过话。所以,她的声音很陌生。

小米笑着说,原来老太的耳朵从没闲着过?以前在不声不响偷听我们说话,今天终于开金口了!小米首先鼓起掌来。

其他人跟着鼓起掌来。

老太女儿瞧着妈妈宠辱不惊的反应,掩口而笑。

圆圆没有跟着鼓掌,默不作声,眼睛望着窗外,好像有什么事情触动了她。

苏琴问,小米,你难道没有心愿吗?

小米说,我从没想过,真的。一定要说心愿,就是能让我活下来。

苏琴说,小米,你的坏细胞变零了,你暂时用不着想这些了。圆圆,你有什么遗憾吗?

圆圆说,我曾有个心愿,想去西藏墨脱走一走……我本来想……她迟疑着,三缄其口。

小米说,圆圆想到西藏什么地方去旅游,这也能叫心愿?

大家忍俊不禁,目光集中到圆圆身上。

不说了……没啥说的……说了也白说。圆圆眼眶中突然饱含泪水。默默无言。

小米心想，圆圆也太小资了。

大胖说，谈什么遗憾啊心愿啊，只要住进14楼，最后都是遗憾和心愿。

苏琴说，是啊，就像圆圆说的，我们说也白说。得了白血病，我们都会很快死去，趁现在能吃，就多吃些。

大胖的话把所有人心中的隐痛拉回残酷的现实中。闭口无言，只有唉声叹气。

讨论就此中断。

每天常规检查，输液吊针吃药化疗，输血小板，输全血。每天虽有病危抢救，但没有惊心动魄的死亡。大家的心情渐渐放开。暂时不去想什么时候会死。有难得的平静生活，特别开心，享受起正常人的集体生活。

小米乐观地说，网络数据说，白血病化疗生存率30%以上。这30%会不会出现在我们身上？

苏琴说，估计70%中大都是年纪大或贫困地区医疗条件差的人。我们年轻人的生存率集中在30%中。

圆圆说，我们一定都是30%中的幸运儿！

她问，苏琴，你的亲戚是血液科专家。你亲戚有没有说过，白血病到底能活多久？会不会马上死？

苏琴开心地笑了，你们看我，是不是马上要死的样子？

苏琴面色红润，气色好，心情快活，哪像个病人？

大家都笑了。

二

她和圆圆先后出院，回家养细胞，等细胞起来后再回院，进入下一轮化疗。

小米爸吃过住不进病房的亏，有了心病。在她的细胞稍起来，医生约定她化疗日期的一星期前，抢先预约病房，说万一订不到，还有一星期周旋余地。

这一次，她住进了普通病房。圆圆还没有来。在她回家的日子里，14楼没有死人。难道死神遗忘了14楼？

平静生活来之不易。14楼笑声渐渐多了起来，像集市一样。家属离家近的，在病人情况稳定后大都回家过夜，病人如有事，其他陪夜的家属会照顾。

每天来得最早的是老王。7点不到，他就来陪患病的妻子。

老王身材好，五官棱角分明，看得出年轻时是帅哥。他一切以妻子为中心。不喝酒不抽烟。好东西让给病妻。听说在家时，家务全部揽下，收入全部上交，不留死角。

老王是公认的模范丈夫。对模范丈夫称号，他自有话说。他说，他此生最骄傲的事，是妻子曾是村里"一枝花"，家境好。他家处处不尽如人意。他做了上门女婿。他说"嫁"给妻子是他人生最大幸福。他很感恩，总将"一枝花"，妻子家境好之类的话挂嘴上。说多了，他的台词，大家也能背出来了。

老王感叹说，想不到眼睛一眨，"一枝花"成了老太婆，还生了这种病。

大胖说,"一枝花"如果走掉的话,老王会娶小的。

"一枝花"说,老王没这个贼胆。

大胖说,老王以为全世界只有"一枝花",等他走出去一看,哇,全世界处处是鲜花,就是个大花园。

"一枝花"说,大胖,你总不学好。你说这话,会把我们老王带坏的。

小米妈插话说,老王被"一枝花"成功洗脑了,几十年最成功的调教成果。

老王笑,是内心幸福的笑。

第二个来的家属是老钱。老钱妻子患骨髓瘤晚期,每天要输全血或血小板,老钱来了,扶妻子上卫生间,惊讶地叫起来,你的大小便今天怎么又是红颜色的?刚才输入的全血这么快全部出来了?

妻子自嘲说,我现在是不折不扣的"吸血鬼"了。

老钱来了就要走。要赶在股票9点半开盘前到证券公司,和众股民仰头看大屏幕,分享股票的涨跌。

老钱走后,老王的女儿聋子应该来了。

老王说聋子小时候发烧,他给女儿喂错了药,对聋子有歉疚,从此一直宠聋子。如今,聋子四十多岁,在待退休年龄中,没事做,也不想工作,每天来之前先到超市走一圈。聋子说超市好,有免费空调,免费吃各类食品,早饭可以省下来。聋子说,超市最近多出一个免费甩脂机样品。说这些年她在胖起来,她到超市多了一门功课,在甩脂机样品上甩四十五分钟。一段时间后,身子轻了十来斤。

老王说聋子怎么还没来?"一枝花"也奇怪,说,在往常,聋子这时候应该来了啊。

正说着聋子,聋子出现了。老王问,聋子,你为什么来晚了?

聋子说,她出超市门时,警铃响了,超市查出她身上有洗发精,说她是小偷。她声辩洗发精不是超市的。超市保安从她身上查出的洗发精果真只有半瓶,没办法确认是不是超市的,放了她。说到这里,聋子很开心。

听到聋子转危为安,老王表扬说,聋子真聪明。

因聋子听不清,父女沟通时嗓门超大。聋子能感觉到爸爸的表扬,很得意。

大胖怀疑说,聋子会不会故意把超市的洗发精旋开盖,倒出一些再带出超市?

老王笑了,说,很有可能。聋子小阴谋很多。超市只得放过她。

"一枝花"稍有头脑,说,聋子耳聋,家里从小宠聋子,所以聋子读书差,早就失学。聋子在百般宠爱中变得自负,真以为自己聪明,处处向外界展示她的聪明才智。展示过程中,会得到爸爸的频频赞赏。

老王做总结,我家聋子聪明的事多着呢。我家聋子上公共汽车会装哑巴,能逃车票,百试百灵。说聋子确实有着与众不同的小聪明。

聋子知道爸爸表扬她,笑着补充她的聪明,说,我每天来看妈妈一举多得,既可落个孝女形象,也不会被外人说闲话。我们一家三口在14楼吃喝拉撒,电费、自来水和燃气费都省下来了。家里不开销了。

聋子安心地坐在老妈病床边,说,看,我每天把活集中打个包,带到这里来做。聋子利索地把购来的新鲜蔬菜倒在地上,进行分拣。上卫生间洗刷,再到公共小厨房烧煮做馄饨馅。

聋子回到病房,拉过一张靠背椅,食物放在椅面上,包起馄饨。这是聋子一家全天的饭。

小米想喝水。妈妈倒好水,放下热水瓶。

她伸手拿杯子,聋子抢在前,连说,小米,小米,我来,我来!抢过杯子,因动作过大,水杯摇晃,水泼在被子上。一杯水泼了半杯,被子湿成一片。

小米妈不开心,因聋子是好心,又不好说。

家属们最怕聋子帮倒忙。她对人热情过度,粗心惊人。虽耳聋,眼睛特好,于是更添麻烦。比如病人输液没有了,聋子第一时间会抢着去帮忙。大多情况会不小心拉掉输液管或弄痛病人。

小米说,王伯伯,你女儿粗手粗脚,让她安静些。这些事,我们都会自己做的。

老王招呼说,小米,对不起啊。转头笑嘻嘻喊,聋子,你安静些,安静些,不要帮倒忙。

聋子转过脸,无辜地望着小米。

她知道说也白说。聋子依然保持我行我素。

她正在看书，聋子要和她说话，将嘴凑近她，如同闺蜜好友。

聋子说悄悄话，小米，我上午看到你的男朋友了，长得很帅。

她大声回答，阿姨，上午来的不是我男友，是苏琴的老公！聋子大嗓门的悄悄话，贴到她脸上的亲热，让她极不自在。

身高1米8有吗？聋子顺着自己思路说下去。

她哭笑不得。碰到诸如此类事，她只有投降，不说话。

小米妈再次请老王让女儿安静下来。但说说罢了，根本不起作用。

她在妈妈搀扶下，刚想上卫生间。聋子在卫生间前准备拉门。

小米妈抢先一步，挡在聋子前，说，聋子，你等会儿，让小米先用一下。

聋子态度好，说，没关系，没关系，让小米先用。

当她和妈妈从卫生间出来时，家属们排队招呼亲人提前用卫生间。

卫生间24小时提供热水。聋子一旦进入，会在里面洗澡洗衣。其他人要用，门敲得再响，她也听不见。医生护士多次批评她，她挺无辜地望着你。大多情况下，有人内急时，只能由家属扶着到隔壁病房借用卫生间。

三

食堂阿姨推着餐车进病房分餐。病号饭大都由家属享用。病人饭由家属从家中带来,或外卖送来。

近中午了,老钱应该来了。病妻眼巴巴盼老钱出现。她说,都中午了,你爸应该来了啊。

女儿是孝顺女,每天烧了好菜好饭给妈妈吃。老妈将最好的食物留给爸爸,自己不享受。在老妈眼里,老爸是照顾对象。女儿说,妈,你不要等他了。你先吃吧。

妈妈说,还是等等你爸爸吧。股市收盘11点半。你爸这时候在路上,12点肯定到。

老钱回来了。笑嘻嘻的脸。进门就叫,今天股票涨了!

小米问,钱伯伯,你今天赚了多少?

老钱妻说,他啊,炒股票就是输钱。

今天我赢钱了。

老钱妻说,你如果赢钱,那就是太阳从西边出了。

小米说,钱伯伯一直输钱,那你怎么还让他去炒股?

老公喜欢,就由他去吧。输了多少,他自己知道。

老钱女儿插话,我爸爸是嘴上股神,如果他能赢钱,股市肯定到达一万点。如果股市收盘了,我爸爸还没有来,那一定股票涨了,他在证券公司吹牛,好像是股神。其实,我爸爸在股市中输得一塌糊涂。

老钱气短,说,今天确实是涨了。

女儿老实不客气揭穿,说,今天可能涨一毛,明天会跌一元!只有老妈会宠着你一直输下去。

小米对老钱妻说,阿姨,你生了这种病,自己都快死了,却还深爱老公啊。

小米，我死就死，我放不下心的是老钱。他什么都不会做，都不懂。我一走，他怎么办？谁来照顾他？她伤感地说。

老钱女儿说，我老妈把老爸当成我弟弟。没办法。老妈也是极品。老爸有脚有手，身体很好，还把他当长不大的小儿子。

老钱傻笑，样子确实像孩子。

中饭过后，聋子必到小厨房。

公共小厨房在休息室和特需病房中间。厨房有燃气灶，可以烧煮。是14楼为病人三餐打饭菜的场地，也为家属自带食物加热提供方便。聋子在合适的时间会准时到达。那里每天有剩余的没有动过的病号饭，很卫生。聋子向管事阿姨讨要回家，说家里养着狗。

老王看到女儿拎了打好包的病号饭菜，笑嘻嘻地说，有聋子在，我们家里不用开伙啦。吃剩的都带回去。

四

大胖女儿带儿子来看妈妈。

大胖和女儿又吵了起来。妻子得病后，父女为财产势不两立，见面便吵架。在14楼，病人家属为财产发生明争暗斗是常见一幕。家属们努力劝架，把父女俩分隔开。

女儿争取围观家属的支持，说，我老爸天天盼我老妈早点死。老妈万一不在了，他肯定再讨老婆。我以后什么也得不到。我还带了个小孩，我没法生活的。你们说急不急啊？给老妈看病，家里抛掉过一套房,这些钱无论如何用不完的。老爸虽答应将来房子归我,但没有过户等于零。我不相信老爸。

大胖也在争取围观家属的支持,说,我女儿长得太漂亮,又不聪明,从小不学好,男孩子追的多。你们想想看,她19岁生下孩子后,男的不管了,小孩一直由我们夫妻带。还有,她对父母也很不孝。

女儿冲前两步,说,老爸,我哪里不孝,你倒要讲讲清楚!

你来医院干过什么?带了笔记本来,要么看电影,要么打手机。你干过什么?

大胖妻子见状制止,你们父女吵什么吵?我知道自己活不长。女儿确实不学好,但我喜欢外孙。我放不下的是小外孙。我一死,你肯定要找伴儿,会将房子分出去。

大胖不服,说,你听女儿瞎说。

大胖一家是农民,在浦东大开发动迁中,分得4套房。妻子生病后,抛掉一套给妻子看病,还有三套房。一套已过户给女儿和外孙,夫妻共同拥有一个大套和一个小套。大胖女儿在南京路步行街某大型商店当营业员,长得漂亮,穿着时髦,属低收入高消费,至今仍在啃老。25岁的她有个六七岁的儿子。父女见面就互相攻击,都在等大胖妻子表态过世后财产分割。

大胖攻击女儿从小不学好,容易被骗,再多的财产留给女儿,也很快会折腾光。女儿说爸爸在外面有小三,等老妈一死,找小三结婚,将房产分出去,她和儿子什么也得不到。大胖始终否认有小三。

老王悄悄说，小米，大胖有戏了……

小米问，什么戏？

就在走廊里，你自己去看。

她下床，走出病房。妈妈紧跟在后。

走廊里，一个三十来岁有几分姿色的外地女人和大胖在一边嘀咕。

女人走后，小米问，大胖，你女儿说的小三，是不是她？

大胖笑着说，什么小三。她想花我一些钱是可以的，她如果想我的房子财产什么的，没门。我有底线。

她说，幸亏你女儿不在，没看到。

我女儿看到也没关系，她心里明白我只是玩玩。我老太婆知道就有些烦，我讲不清了。其实，那是个玩玩的伴儿，我还没有那么傻，你想想看，我会和她结婚？小米，说实话，我很爱女儿和外孙。我就是担心女儿再次受骗。

走廊里，大胖不在。大胖女儿恳求家属在她老妈前多美言她。

家属们纷纷出招帮助她：

你妈的日子不多了，你要多来看妈妈。

你下班后，带你儿子来，为你爸分担些陪护的责任，还可以取得你妈的同情心。

如果你妈一发话，你爸爸看到病妻这样，毕竟多年感情，不可能会拒绝的。

你选个合适的时机提出来，把你的名字写进你爸妈的两张房产证上，再请你妈写份遗嘱。

大胖女儿很虚心，频频点头，我以后每天下班带儿子来医院陪外婆。我一定要把房产和财产的事搞定。否则老爸肯定找小三。

天真活泼的小男孩站在人群中，奇怪地看着这一幕。

五

每天晚上，大胖和老钱喝酒聊天。是 50 度以上的烈酒。他们将自家带来的菜合在一起，放在靠背椅椅面上。一人一个小凳，面对面。他们有几分醉意。热了，老钱脱剩下背心。大胖人高马大，光着上身。脖子上一根显眼的粗大黄金链子。圆实的膀子文着盘缠着的青龙，像影视剧中的土匪首领。

病房里弥漫着浓烈的酒气。碍于面子，谁都不好意思提出来。再说，患的都是死病，不想惹什么事。护士和医生提醒不能这样，会影响他人。他们态度好却从不遵行，劝说没用。

他们喝酒热了，将空调打到很低。病人怕冷。有家属忍不住将空调温度调高了，大胖发现后会重新调低，说如果觉得太凉，你们可以盖被子啊。可我热得没衣服可脱了。还热情招呼说，你要不要来一口？

老钱喝完酒后，站起来，很享受。心满意足。

老钱妻心疼老公，说，你早点回家休息吧。

大胖瞪着醉眼对老钱妻说，你看你，人都快死了，还要管他啊？

他什么事都不会，我们结婚二十多年，都是我在管他。我死后，他怎么办？

老钱招呼一声，好了，好了，烦死了，老太婆，我走啦。迈着醉意的步子，走出病房门，头也不回。

老钱妻目送着老公，目光温柔得使人都受不了。

靠背椅的椅面上，一堆残余物、一个空酒瓶。大胖在收拾。

夜里，大胖酒足饭饱后，在地上铺几张展开的硬纸板包装箱皮，睡在上面。

小米由妈妈陪夜。上次妈妈租借医院的躺椅，躺椅因为大弧形，身子硬被扭曲，一夜下来，腰酸背痛，不能安心睡。她说大胖办法不错，也找几张废旧纸板箱铺地上，睡上面，舒适多了。

大胖睡觉呼噜震天响，同病房的人根本不能睡。小米和妈妈耳朵里塞了棉花条也没用。因为休息不好，轮换发烧成了病人跨不过的坎。为防交叉传染，有人整天戴口罩。但大多数人因湿闷和呼吸不畅都不戴口罩。

六

午饭后，病人要休息。家属们知趣地退出病房，来到休息室。

老王、大胖和老钱常常商量大事。这样的商量已好几次了，主题是三人的老婆病情不见好，身体越来越差，继续下去人财两空。不能再拖了。他们是"人财两空"论调的拥护者。今天，他们达成了一致，认为中医治疗好。决定将病妻转曙光医院，请上海某著名中医教授看病拿药，说便宜效果又好。

正谈着，老王被聋子叫走了，说老王妻有事要关照。

大胖和老钱继续讨论，话题转到老伴死后如何办三七、五七等具体操作。

小米妈惊讶，插话，你们的老婆都活着，就开始安排后事了？

他们笑了，说，小米妈，这种病肯定死的。三七五七，我们都没做过，要事先了解，考虑周到，免得到时措手不及。

七

大胖女儿好多天没来医院了，家属们都奇怪，问怎么回事。

大胖说，她以后不会经常来了。我早知道这个结果。我把女儿的名字加进我们夫妻的两张房产证上。这样，将来我抛房要通过女儿。老太婆也立了遗嘱，死后将她的房屋份额转给女儿和小外孙。我知道女儿的心事。你们看，我女儿就这样直，这样傻。我最担心的是女儿以后再次受骗。她能有几套房子被骗啊。

八

她三十多岁，从14楼男病房出来一亮相，就引来众人注目礼：时尚流行的服饰，双唇涂得鲜红，嘴里咬着细长进口烟，昂着头，高跟鞋声声敲打着走道。

她来看患绝症的公公朱老师。她是朱老师的小儿媳。

朱老师是事业单位，退休金不菲，有两套房子。两个儿子。生病后，大儿子在外地，远水解不了近渴，陪不了他；小儿子在外洋轮工作，不常回家。医院有事就通知小儿媳。

她烟瘾来了，只能走出病房到休息室。休息室不禁烟。如走廊里没有医护人员，她也会随时解烟瘾。

小米和妈妈在走廊散步。

她大声招呼，小米妈，你女儿看上去气色不错啊！

小米妈问，你来看公公啊？

我不来，谁会来看老头子呢？她生就伶牙俐齿。小米妈，我公公是个花肚肠，我婆婆死后，就搭了两个外地小狐狸精。公公生病后，我为公公请了24小时的护工护理。我对护工再三关照，狐狸精来了，如果不及时通知我，马上下岗换人。护工等于是我放在老头子身边的24小时密探内线，或者叫卧底，是不是？我把老头子所有存款、房子钥匙、房产证、户口本、身份证等全部控制在手。她优雅地吐出一连串浓烟，说，我对老头子说，我替他保管，我不会要他的。她的眼睛欣赏着成串翻滚的烟圈消淡下去，突然笑出声，老头子现在等于被我双规了！

她的话刚落，大家听到"双规"，忍俊不禁。

她满足自己实施的计划，说，老头子想狐狸精想疯了，住院不久，就对我开口，说想她们，要她们来医院看他，被我一口挡回去。我说，我通知你的女友无数次啦，我苦苦求她们来看，她们都不肯来，我有什么办法。你生病了，除了你的小儿媳，谁还会来？其实小狐狸精来过，被我堵在医院门口，骂了个狗血喷头，说了许多威胁她们人身安全的狠话。她们自知不是我对手，从此不敢来医院。我公公自从小狐狸精不来后一直闷闷不乐,但也没办法。

小米半嘲说,阿姨,你真厉害啊。

小米,我也觉得有点厉害。不过,我不厉害,狐狸精就要得逞。她们都想搞老头子的钱,想和我玩,也不看看是什么料,没门!

九

朱老师死了。

护工们争抢着为逝者换衣擦身的活吵起来。安徽来的李姨没有抢到这个活,忿忿不平,说,给死人换衣擦身,有300元至500元的钱。两个护工平分,也能分到两百多元,如果死者家属有钱的活,还会多给钱。

小米在一边听到了,插话说,阿姨,小儿媳是人精,绝不可能多给。

朱老师的死打破了一段时间来的平静。

谁都感觉到,死神可能苏醒了,重回14楼,开始收人了。

十

"救命啊!救命啊!"

小米听到露露妈惊呼,下了床。跑到外面走廊里。

右侧走廊尽头，围满了人。

一个四十多岁的男人，爬在窗外，站在窄窄的窗台台板上，欲跳不敢，欲回屋已不能。他在哆嗦，眼睛惶惑，愣愣地望着下面。不敢往下跳，说明他对生命还有留恋。

窗边涌上许多病人家属，在努力把他拉上来，并劝说：

你要想开些啊，你不能死啊。

你要为家里人想想，不能一走了之啊。

他没有血色的嘴唇翕动着，似乎努力抵抗逼近的死神。在被众人架扶着回病房的过程中，他昏昏沉沉，双目呆滞麻木，似在催眠状态中，又像被拖往刑场的犯人。

一片嘈杂的劝慰声：

好死不如赖活。

我们都这样，活一天是一天。

他的家属居然不在！

反正不管谁，早晚得死……

露露妈仍惊魂不定。说她发现他爬出窗子，明白他想自杀，马上喊救命。说昨天他的骨髓化验报告出来了，复发了。他想死，可能有什么挂念，被救了回来。

周围仍在议论纷纷：

他暂时得救了。但他复发了，仍死路一条。

人一复发，化疗化为乌有。接下来等死吧。

他因为复发，尽快结束生命也是一种选择。

可能还有什么使他放不下心，跳楼时，一恍惚就被救了上来。

走廊里，医生在驱逐围观人群，喊：该干什么还是去干什么。

请看护好自己的亲人!

窗台前,人群陆续四散开了。

她在妈妈搀扶下经过男病房时,看到那个可怜的自杀未遂男人坐在床上,浑身哆嗦,在抽抽搭搭哭泣。她奇怪,他的家属怎么仍不在?

在14楼的这些日子,她眼见活生生的人一个个死去。她变得同医生一样,对他人的死不太敏感,不像刚住院时那么心惊肉跳。她的神经麻木了。她自身难保,还能顾得上关注他人的死吗?不过,每死一人,她会联想到自己,下一个会不会是她?她从他人的死亡中看到自己的结局。

她和妈妈经过护士台时,看到护士正拎着电话,在联系自杀男人的家属。

第八章

从幸运跌入绝境

一

"喵呜……"

她寻找声音。

"喵呜……"又一声婉转的猫叫声。

圆圆回来了?

圆圆,她开心地叫起来,圆圆,我们又见面了!圆圆,我正在想,这里里怎么会有猫咪?

小米,我回来了!圆圆含笑说。她进门前学猫叫,故意招惹小米。

圆圆到院后先来看她,说这次回医院,带来了笔记本电脑。是男友买的,还带了很多碟片。

圆圆,你长得更好看了。

小米,你知道吗,这次来,我体重轻了两斤。

她问,你妹妹没来?

我自我感觉特别好,没问题,肯定没问题。

小护士在一边催促圆圆做入院前的全身检查。

她说，圆圆，上次检查下来，你的坏细胞为零。我相信，这次你肯定很乐观。

凭我的感觉，应该不会错。我身体好，能吃能喝，精神好，心情好，所以，骨髓检查，肯定一切 OK！圆圆自上次骨髓检查结果缓解正常后的这段时间，因心情愉快，常笑容满脸，还时不时轻声哼着歌。

骨髓检查后要等检验结果。

在等待过程中，她和圆圆因久别重逢，有聊不完的话。

圆圆悄悄说，小米，我的骨髓检查结果为零，男友又来找我了。我们开心死了，这是我生病后最愉快的日子。

她说，我相信你们是有感情的。

圆圆说这次回浙江，男友听说她坏细胞没有了，说以前都是他爸妈逼他和她断绝关系，他心里一直爱她。说她这次回去，和男友和好如初。她不再回家乡。他们在外借了房，恢复了同居状态。

她笑着说，当他重新要你时，你都听从迎合男友了，没有原则了？

小米，你不是说过，生了这种病，已没有资格谈原则。他能重新要我，我就感动死了，我不迎合他就是我不对。我妈恨我不争气，说我很贱。

她哑然失笑，圆圆，你好像是有点贱。

圆圆痴笑，说，我妈看到他要我，也开心。我回去这些天，我们没日没夜地玩乐。我妈说我不是在养身体，是在折腾。我妈觉得在我们面前碍手碍脚,在我劝说下回老家了。就这样,白天,男友上班,我在出租房内上网聊天;男友下班后,带着我,不分日夜疯玩疯乐。男友说我胖了,我决定减肥。到处疯玩,真开心啊。

　　圆圆的骨髓报告还没有出结果。

　　她们都感觉到不正常。两个多小时还没有结果,可能出问题了。

　　随着时间流逝,圆圆惴惴不安起来。

　　她们的心事渐渐重起来。话越来越少。

　　圆圆心神不定突然离开她,走到妈妈的身边,小声嘀咕几句后,母女俩无言地离开病房,可能去问骨髓报告的结果。

　　凭她的经验,这么长时间等不到,圆圆的检查结果一定有问题。

　　当她听到门外传来圆圆妈的哭声,知道出事了。

　　圆圆和她妈妈面如死灰,相扶着进病房。圆圆妈在哭泣。圆圆含着泪花,一言不发。

　　她马上猜想,一定是圆圆复发了。

　　病房中,没人有勇气上前问圆圆情况。唉,真是太可怜了,看到她们,等于看到自己。

　　她到护士台悄悄打听,说圆圆复发了!

　　主任说圆圆这次骨髓报告,坏细胞竟然恢复到早先的17%。摇着头说,真想不到啊,圆圆上一个疗程检查中坏细胞为零,这次竟然复发了。

二

圆圆妈眼睛红肿，不停向人诉说，我真是命苦啊，圆圆复发了，我们以前花出去的十六万元全部泡汤。圆圆一切要从头开始……我真命苦啊……

没有人能劝住圆圆妈。任何劝说都显得无力虚伪。大家都经历过。

圆圆从刚进院时的开心轻松突然掉进冰窟。她沉默不语，红肿的眼睛里闪着泪花。她没哭泣。以前哭得太多了。上次的骨髓检查坏细胞为零，曾把她死寂的心复活了，燃起了对生命的新希望，不料短短一个月，又将她打回到死神的领地。

坏细胞明明是零，怎么会无中生有呢？这消息对谁都是致命的心理打击：这次骨髓检查坏细胞为零，下次可能像圆圆一样没理由复发。

她去问罗医生。

罗医生说，零是相对的零，坏细胞消灭不尽的，在最隐蔽的地方等待机会。星星之火可以燎原。为什么会零？有可能取骨髓样点时，正巧取到没有坏细胞的样。她说，在白血病化疗时，遇到缓解以后仍会复发，复发后再缓解，都是正常现象，但是，情况会越来越糟糕，它是螺旋形向复发越来越靠近。治标不治本。所以，医生都强调要做骨髓移植，引进外来的军队，主动消灭坏细胞，然后长驻在体内。她说，复发后，做骨髓移植也凶多吉少。

三

  白血病没有特效药，复发后只有加大化疗剂量。非人道的大剂量化疗途中，许多人命丧黄泉。不过，化疗能使病情延缓一段时间。

  圆圆是个坚强女孩，她的伤心都为情，为她深爱的男友。

  圆圆眼睛红肿，常偷偷哭泣，有时越哭越伤心。圆圆妈也劝不过来。

  医生为圆圆重新制定治疗方案，换上了"蓝墨水"。

  她们都叫它"蓝墨水"。这种凶狠的化疗药水外观就显得另类，不像常见的全透明或淡颜色的输液。是可怕的深蓝色。这种色彩令她联想起小时候看的动画片中，脸色呈深蓝的坏人。"蓝墨水"中加了剧毒砒霜，学名三氧化二砷，专门对付复发的白血病人。

  她最早听到砒霜二字是看了《水浒》，武大郎就是被砒霜毒死的，死状难看，七窍流血。想不到若干年后，这种可怕的东西将人为地输入到圆圆的血液中。

  她记得，简华被输入"蓝墨水"后，从静脉中抽出来的血不是鲜红的，而是"蓝墨水"和原血中和的混合色。白血病患者的血液因红细胞太少，本来已不是鲜红的，而是近于橘黄色，在输入"蓝墨水"后，这种混合色很恐怖。

  简华在输进"蓝墨水"后死了。现在，圆圆排队排到了输"蓝墨水"的阶段。

她如果配不到型,就逃不过复发,接下来,"蓝墨水"会紧紧跟上,再接下来……

四

圆圆可怕地沉默着,即便和她妈也不说话。

她和圆圆许多天不说话了。如果说话引起痛苦,那还有什么可说的呢?

她先开口,说,圆圆,你别太伤心了。

圆圆叹口气说,我没事了,过去了。小米,你不要为我担心。我会接受现实。就当我的骨髓检查结果从没有正常过,这样一想,就放下了。

真能放下吗?她不信。

圆圆和男友通话时,突然哭了。

她问,怎么回事?

圆圆说,他听到我复发的消息,把电话挂断了。

你再打,你再打啊,问问他为什么要这样做?

圆圆拨打了一个又一个。男友不接,或按断。

圆圆深爱男友。男友是医生,收入家境都很好,说是当地教育局长介绍的。她和男友两情相悦,同居一年多,正准备结婚时,她病了,病情一直不佳,才转到上海。

圆圆说,男友今天晚些时候到上海,在酒店请同学吃饭。喝酒喝到半夜。学医的同学针对圆圆的白血病做预后分析，说必死无疑，劝他现实些，尽快了断这份爱情。

她惊讶地问，你怎么知道这些？

他在电话中告诉我的。

你男友把同学的话传给你，证明他特别爱你吧？

不，他在电话中，要和我了断关系。

她吃一惊，啊……

我问他为什么，没想到一点情也不念……

她说，你男友要和你了断，却把同学的话复述给你听，是想减轻道德谴责，说明他心里不安，知道是不对的。

小米，他本质很好，真的很不错。我们非常相爱，是他同学不好。

圆圆，我们得了这种病，大都这种结局。

小米，他真不是这样的人啊。

圆圆，当现实和爱情放一起时，他们常会选择现实，放弃爱情。

想不到这次来……复发了……他听到我复发的消息，手机不接，短信不回……同以前一样。

圆圆，你别太伤心了。他不要你也不是第一次。

五

圆圆妈脾气越来越差，一有空就用手机联系"前女婿"，声音很大，周围人都听见了。

手机另一头终于接通：

你为什么不来看圆圆?

男友在电话另一头,好像解释什么。

圆圆妈怒气冲冲喊,圆圆这次到上海来,我一次次打电话给你,你怎么不来看看圆圆呢?

对方不再解释。

你为什么不说话?

对方沉默。

圆圆妈突然低声下气地恳求,我求求你好吗,我求你来看看圆圆好吗?

对方好像在解释。

圆圆妈挂断手机。

圆圆问,妈妈,他来不来?

他说已来过上海,说到车站时发短信给你。你回他短信说为什么这么久才来?他生气了,说他返身就上了车……他为这么一句正常的话,直接回浙江。

圆圆伤心至极,说,他这么长时间不来看我,我才抱怨他一句,他就转身回去了……他心里没有我了……我想不到,就这么一句话,他也会生气……

他的上海同学究竟对他说了什么话,使他这样冷淡我们?

圆圆哭似的说,妈妈,不要说了!

六

圆圆妈因女儿状况不佳,常躲在一边哭泣。这个苦命女人,从姿色身材看，年轻时是美女。美女并不代表好运。她服侍病瘫老公二十多年，老公死了不久，刚过几天平静日子，女儿得了绝症，她又得照顾女儿。现在女儿又遭男友的抛弃。

圆圆和妈妈心里郁闷，少有沟通。除必要的治疗护理等，大都在沉默中度过。

圆圆妈因苦不堪言，只能向邻床的小米哭诉，怨自己命苦。有时越想越生气越伤心，说，小米，我苦到什么时候能出头啊，为什么总不见天亮……小米，我最气的是圆圆的病是他惹出来的，最后还要和圆圆断绝关系。

她安慰说，圆圆妈，过去了就算了。

圆圆以前大都沉默以对，这次受不了了，大声说，妈，你少说一句好吗？

我受不了！圆圆妈叫起来。

你受不了，我就受得了？圆圆也吼叫。

接着，母女俩因心里郁闷压抑太久，爆发短暂的吵嘴，直到被病房内众人劝住。

母女于是哭成一团。

不过，她们很快恢复正常，她们明白，即便吵嘴，一切仍须面对。妈妈放不下女儿，会精心陪护女儿；女儿会体谅妈妈的苦闷。

七

贵州大学生复发了。

他妈妈来告辞，小米，我们在上海一点也不方便。在贵州，治疗差不多。他爸同学多，朋友多，做什么都方便。

阿姨的选择是正确的。白血病的化疗，全世界都差不多。

阿姨伤感地说，我儿子状况不太好。我还是把儿子接回贵州老家吧。

她想，她是血液科专家，可能想到儿子该命归故里的中华传统了。

八

晚饭时，她想吃新亚馄饨。馄饨店离医院不远。妈妈说小范围内可以活动。

她和妈妈在新亚吃了点心后回医院，走在人行道上。

天下着雨。一辆车驶近她们，不停按喇叭。她转过身，是辆宝马车。

苏琴的老公探出车窗，小米，小米妈，上来啊。我带你们回医院。招呼她们上车。

苏琴是浙江象山人，同她一样是 M4 型。苏琴新婚不久。老公属高富帅，身高 1 米 8 以上，有自己的建筑公司。每天忙完事后，开车来探望妻子。在 14 楼，只有苏琴称得上是白富美。高挑的模特身材和美腿，时尚的美丽小脸，五官好像整过容一般标致。性格外向乐观，二十多岁。苏琴爽朗的笑声会感染病房里所有人的心情。苏琴经过化疗，长长的头发掉了，成了光头，也是美丽的光头。在病房里常见一幕，是她在大口大口享受食物。

她上车后，无话找话，说，苏琴好像没有忌口，今天中午在吃海鲜。中医说海鲜会发病。我们都相信，不会吃。

他说，是啊，苏琴什么都不忌口，就像她的性格。她常吃海鲜，也喜欢吃。

车很堵，不时停下来。从时间算，坐车很不划算，走回医院也就20分钟。

她说，苏琴得病后，你不离不弃，每天来看她，现在像你这种男人很难得。

他说，我们从小是同学。苏琴身材好，长得好看，是很多人追捧的美女，但她从无二心，铁心跟着我。我们是真感情。她跟我时，我在建筑工地打工，后来自己干。我接到一个项目，发了财，第一笔生意赚了七百多万。我们在上海购买了很大的新房当婚房。这辆宝马车是新婚时我买给她的。我还叫她辞了职……

车窗玻璃上，雨刮器不停地划出一道道半弧形。稠密的雨滴划去，又极快布满，如同满窗的泪水。

他长叹一口气，想不到，好生活刚开始，她就得了这个病。他的眼中闪着泪花。

她不知说什么好。

我原想我有钱了，以后我和苏琴可以尽情享受生活。我们常常开了车，她想上哪儿游玩就上哪儿，没有计划地往前开……

天很快黑下来，他的脸部模糊一片，看不清表情。黑暗中传来他的声音。她刚学会开车就在路上飙车。那个疯狂啊，我坐在副驾上特别紧张。那些日子真的开心。想不到房子刚装修几个月，她就病了，而且得的是白血病。

这是不是真爱？反正她听了很感动。她觉得爱情因人而异。听了苏琴老公的话，爱情还是有希望的，而且还可以很深沉。

九

圆圆的白细胞跌得只剩100了，伴随着连续高烧，再次出现病危。

圆圆妈忙着为她物理降温，用冰块替换着放在她额头上；护士不停为她输入抗生素液防感染。其他人陪护病人，至少还有老公可以换班，而圆圆妈每天24小时陪护女儿，又要解决女儿的治疗费用，太苦了，太不容易了。

圆圆输液了好几天，仍退不了高烧。医生只能再换药。

今天是星期天，14楼仅留一个医生值班。病人在节假日的抢救中，出现一个小差错，都随时会死去。病人都希望在节假日中能平稳度过，不要出状况，否则，很可能就是死亡。

一个新病人在急诊室被诊断为M3后，直接送到了14楼。

小米有预感，今天会有不幸的事发生。

护士换输液袋时，圆圆妈的精神崩溃了，突然爆发，大骂可怜的小护士，这药没用了，这么多天输下去，我女儿仍这样发高烧，这个药钱仍由我们来出啊？你们讲不讲理？你们医生只管赚钱，不管病人死活啊！

小护士不敢吭声，赶紧避开。

圆圆出现状况,全身不停地抽搐。

圆圆妈一看女儿快不行了,冲出病房,去找值班医生。

值班医生正在抢救刚被送进来的 M3 病人,感觉背后被人拉了下,回头,发现是圆圆妈,说,你等一下。

圆圆妈一把拖住值班医生往外走,怒骂,我女儿就要死了,你快去看看。

你看我现在不正在忙吗?

你说说看,我女儿为什么打了针就全身发抖?

医生解释说,圆圆刚进行大剂量的化疗,这是化疗后的发烧,暂时不会危及生命。

你胡说八道!这是你们打了针后才这样的。快去啊,快去啊,我女儿要出人命了!

医生在圆圆妈的谩骂催促和拉扯中,硬被拉出了门。

医生正在为圆圆处理状况。

护士突然冲进门,叫着,不好了!

M3 病人死了。

家属们冲进护士台和医生办公室。男的愤怒谩骂斥责,乱砸乱摔,一塌糊涂;女的声嘶力竭在痛哭,发泄强烈的愤怒。哭叫声谩骂声混成一片。场面完全失控。

一个好端端的人,上午自己开车来挂急诊,怎么说死就死了?换谁都想不通。

医护人员受到攻击，瞬间都躲得远远的。

死者是个开厂的小老板，高烧不退好几天了，以为重感冒，输液后就可以回家。在地区医院，医生发现验血单不正常，马上请他换三甲医院。上午，他开车来挂急诊。医生看到验血单中白血球高得离谱，大惊失色。经检查，确诊是白血病 M3。因来势太猛，通知马上住院。他到 14 楼后就陷入高烧昏迷中。

他的命也该绝。M3 不是死病，但他遇上星期天，主治医生不在，任何小差错就是死路一条。值班医生忠于职责，长达几小时中对他积极抢救。天还没有黑下，他死了。如果他能挺到第二天主治医生上班后，就能活下来。

警察来了。阻止住家属的打砸行为，劝说家属冷静。

病区恢复了正常。医护人员都回来了，各尽其职。

她想，如果不是圆圆妈把值班医生拉到女病房，M3 病人可能不会死。在两个病人的选择上，医生的选择是对的。她有多次这样的经历，输入大剂量的化疗药水后，全身会不停抽搐，但不会死。而 M3 病人却片刻不能离开抢救，否则是死。

不过，她特别理解圆圆妈，因为急火攻心，才会失去理智乱发脾气。

十

她说，圆圆，我一直关注着你啊。

为什么？

因为赵圆圆是个生病的美女。

你在笑话我。小米，你才是美女。

圆圆，请接受现实吧。说时间会磨灭一切，对极了。我们面对死亡，就要接受死亡。尽管谁都不想死，对吗？

你也偷偷哭过？

她说，刚听到得病时，我伤心过。我不会在爸妈面前哭，更不会在大众面前哭泣。无济于事。哭解决不了我们将要死去的现实。

是的，我们都要死的……

她说，圆圆，我们只要想到死亡很公平，每个人都会死，这样想，心里会好受些。

我也这么想。不过我们早走一步罢了。

圆圆，你的眼睛红肿。昨夜躲在被子里偷偷哭过？

我妈苦了一辈子啊……我爸生病二十年，都是我妈在护理。她还要养活我们姐妹俩。她早已苦不堪言……两年前我爸走了，我妈解脱了。后来，我找到一份很好的工作。原以为我妈的苦日子熬出头了，我可以孝敬我妈了，却不料得了白血病……我妈忙着准备医疗费，又要照顾我……别人家，有父母轮换班，我妈却不能……男友偏偏这时离开我……我妈心里比我更难受……我妈真心希望我开心……

十一

小米，这几天，我随时会死……

她劝慰说，圆圆，你只要度过这个关，就能活下来了。

很难……我白细胞不到100，每天从下午起发高烧，41度……一个多星期了。

她说，低细胞，41度高烧，我们都一次次遇到，都活了下来……圆圆，你会没事的……你要扛住啊。

圆圆的细胞起来了，高烧退了。

圆圆没有死，扛住了。

圆圆和前男友在频频联系。

她问，你们关系恢复了？

圆圆说，不知道，就这样吧。

圆圆说自己来日不多，和小米要生死两隔了。

小米哭笑不得。圆圆，你抬举了我，你把我当成了正常人，其实我们都一样的啊。

小米，你没有复发，比我运气好多了。

她说，得了这个病，我们都在等待中陆续复发。

小米，我有个心愿，你能帮我吗？

你说吧，我帮得上的话，一定帮。

我有个心愿，去西藏墨脱走一走。小米，你能完成我的心愿吗？

你在开玩笑？我自己都可能活不了，怎么完成你的心愿呢？

小米，如果你活下来，你就会完成我的心愿，去美丽的墨脱？

圆圆，你的假设不可能。

你没有复发，就可能活下来。如果你活下来的话，能帮助我吗？

她没有复发，确实比圆圆好一些。她想如果答应圆圆，圆圆心里会好受些。她无意中点了下头。

圆圆眼中流露出动情的泪光，小米，你真好，真好，我知道你会答应我的。

她伤感。她虽然答应了，但这个承诺，她不会放在心中。她仅为好友心里好受些。

小米，我会死。我在死亡的瞬间，灵魂会从无名指脱离肉体，进入超越三维的高级维度中，获得突破时空的能力，所以，我死时你不要伤心。我的死亡仅是气息的消失，我的灵魂一定会融入到宏大的生命空间，那就是星空。小米，我会在星空中和你沟通。你去墨脱时，一定要告诉我，我在星空会知道。星空是我们生死两界沟通的平台。

看到圆圆仍是一脸认真严肃，她苦笑，问，生死两界如何来沟通？

小米，到时候，你抬起头，远眺天穹，用食指和拇指圈成了圆，突然划向天穹，停住。这时，出现在你手指圈中的那颗星星就是你想的人，也就是我……

圆圆，天空中的星星，据说肉眼能看到的有2000多颗，你随意这么一圈，怎么能确定是我或你呢？

小米，你用手机时，你不是在和手机说话。如果手机不能传递信息，那只是合成的塑料制品。你看书时，你不看纸或油墨等物理属性，你在看作者传达给你的信息内容。星星也一样。星星提供给我们传递信息的功能。手机用声音传导,我们用心传递。就像手机,装上操作系统才可以传送。一颗纯粹的心的操作系统属于没有时空的宇宙。星星也好,手机也好,书本也好,都是传递的介质。

圆圆的解释貌似合理,她难以反驳。她不明白,得了白血病随时会死。圆圆怎么还生活在虚幻的梦想中?是不是圆圆对死后有美丽梦想,对死亡就不恐惧了?不像她,一想到死,心里就难受。

她说,圆圆,你有个妹妹可移植。你会活下来,你可以自己去。

我多次复发,不可能了。小米,你住院后没有复发过,你能活下来。

她突然想起,圆圆,你在送我《莲花》时,已经有阴谋了?

圆圆露出难得的笑容。默认。小米,我们拉钩吧?

她和圆圆拉钩。

小米,你答应了我,还拉钩了。这是生死之交的承诺,一定要兑现的。

十二

圆圆妈在窗前,给圆圆的单位打电话要钱,声音很大,说医疗费花光了,圆圆看病没钱了,明天一定要送来啊。

看到圆圆妈心力交瘁的样子,小米很不忍心。

单位看望圆圆的阵容强大，副校长带队，还有圆圆的同事。主要送钱来。

他们围在圆圆病床前。

圆圆光着头，输着液，还发着高烧。她平静地谈自己得病和治疗的情况。

同事们看到昔日美女如今这种状况，忍不住心酸。许多人泪水在眼眶里打转。有个女孩忍不住哭出声，继而竟放声大哭起来。哭声吸引了病房里所有人诧异的目光。

圆圆停下话，说，小林，我们都是好朋友，我还没有死。你不要这样好吗？等我死了，你再哭好吗？

小林哭得更加不能自制。

圆圆不开心地说，小林，你想哭，我建议你到外面去。你走出去，在走廊右边有个休息室。你到休息室里哭个痛快……你哭罢了再来看我，好吗？

有同事搀扶着哭成泪人的小林走出病房。

圆圆的眼泪在眼眶里打转。她在竭力控制情绪。

同事离开后。小米先调侃，圆圆，同事们都说你很坚强啊。

小米，你也笑话我。我们都很脆弱。他们来看我，我很感谢。我本来想给我的同事轻松的感觉，其实很难做到。我们时时被死神在紧逼。我们已成为另类，他们都是正常人。

圆圆说的对，她和圆圆现在正扳着指头，数着分分秒秒，在"走完死亡流程"。

在14楼，死亡在频繁着被执行。她们虽年轻也不例外。生命的欢乐是短暂的,死亡的来临是必然的。

在她们从病房走向刑场途中,围观者说她们"很坚强",其实她们是被坚强,无奈地不得不坚强。这对将要死的她们是心理安慰,或没有成本的精神馈赠。但是,她们感谢他们特地来看她们。他们曾经是同学同事,有过友谊。

十三

圆圆的最后一轮化疗结束,要回浙江了。她来告辞,小米,我要出院了。

又要分手了。她们变得无话可说。两人默然相对。

圆圆无话找话说,小米,你看,天黑了,从14楼阳台上望出去,上海的夜景灯光灿烂。不过,如果我知道下一刻随时会死,再美的夜景也和我们无关。

她有同感,说,是啊。我们绝对是人杰,能住进14楼,就像大胖说的,横的出去多,走出去的少……不过,圆圆,如果今夜不出意外的话,你明天是能走出去的。

你在笑话我。

圆圆,我们做完一个个疗程,要不死去还真不容易。我不知道我的命会卡在第几个疗程……我心中始终没有底……这里是死亡集中营,最终能活着走出去,是各方面的造化和机遇。

小米,我们约定过,不再谈病情。

看,我说着说着就忘了。

我们都忘了。

又是一阵静默。

圆圆伤感地说，小米，我们的化疗疗程要全部结束了。以后再也碰不到了……所以，今天肯定是最后告别……一想起，我心里酸得想哭。

她说，我也是……她因情绪波动，眼眶里出现了泪水。

小米，墨脱的事，你不要忘啊……这是我的最后嘱托。

圆圆，我们谁能活下来，谁就去墨脱。证明谁活得好好的。

小米，我信心严重不足。我复发N次。你没有复发，我相信你能活下去。

她迟疑不决。她明白她的任何承诺都很虚假。圆圆都当真了。她自身难保，能承诺什么呢？

小米，我不开玩笑。我是认真的。你没有复发，对吗？而我，简直一团糟……小米，你要相信自己，你不会复发，你会活下来。墨脱的事，你承诺过我。你说过会完成我的心愿的，是你说的，你还和我拉钩过。

她脱口而出，好吧。圆圆，我答应你。如果我活下来的话，我会去墨脱，完成你的心愿。前提是我能活下来。圆圆，我认真对你作出承诺。因为我被你说得心动了，一时间真以为我不会复发，真的会活下来。

小米，你太好了。

她们都是最后一次化疗。所以，这是诀别。

圆圆回浙江。圆圆复发N次，没有活下来的可能；因配到型的几率等于零，小米如果配不到型，同样没有活下来的可能。

第九章

艰难的生死承诺

一

她和妈妈来到走廊里散步。

一个身材高挑、戴眼镜的年轻女人来到14楼,打听小汪。

她向年轻女人指了下小汪所在的男病房。

露露妈说,那女人管小汪妈叫"妈妈",猜想是小汪的姐姐。

女人和小汪躲在一处商谈什么。小汪妈回避到一边。

小汪母子把年轻女人送进电梯间回病房时,在走廊里,露露妈等人渐渐围拢在小汪母子四周,关切地问情况。

老人说,那是儿媳,说小汪没有姐姐,是小汪的新婚妻子,来谈离婚的事。

小米很惊讶,因为小汪病后,她从来没见妻子来医院看过他,不知小汪原来已婚。

小汪说,妻子提出离婚,提出财产分割,凡妻子提出的他都会同意。说妻子离开他是正确选择,妻子会有更好的前途。他在妻子带来的所有材料上签了字。他们分手分得很和平。

愤愤不平的反而是旁人：

小汪，换了我，坚决不离婚，拖也要把她拖死！

房子是小汪购买的，凭什么给她？

小汪，叫她出医疗费！

夫妻有义务，叫她出医疗费，叫她来陪夜！

小汪说他得了白血病，离婚是必然的。说她也是无奈。他不想谈她了。说他对离婚对财产不关心，人都要死了还关心这些干吗？

小米早听说小汪病后，用读研的拼劲在研究白血病。小汪曾说过，他会闯过这一关。小汪离了婚，可以专心研究白血病了。

大胖说，小汪真是书呆子。说老实人想法就是和我们不一样。说小汪妻子在老公病后要离婚要房产，是个现实功利的女人。

小汪听后很生气，说你们错怪她了。她是他大学同学，他了解她，她不是这种人。

小汪不想和大家论理，独自回病房了。

小汪妈继续解释说，儿子研究生毕业后，找到工作，收入多，一年就购新房。好日子刚开始，儿子却患上白血病。儿子生病后，单位仍发他工资，但逐年会减少。停发工资时会补偿一笔钱一次性了结。说儿子什么都正确。儿子特聪明，否则，儿子不会读书读到研究生，不会一毕业就有不错的工作，领导也不会这么看重儿子，儿子生病后还有工资补助，为儿子报销医疗费等。

这都是事实，小汪病后，单位领导常常来看小汪。

小汪妈是贤妻良母型的农村妇女。她在医院长陪儿子。她爱儿子，儿子爱妈妈。母子都低调，从不惹事。属于把麻烦留给自己，方便留给他人的好人。母子平时交流的眼光让人看到什么是真感情。

二

护士悄然出现，用手轻碰小米妈，低声说，你，到医生办公室来一次，说完转身就走。

她心中一沉。病房瞬间静下来。如果骨髓检查结果正常的话，医生大都会欣喜地跑来通知。难道她复发了？只有检验结果大凶，医生才试图避开病人，动作诡秘，请家属签医疗事故医生免责等生死合同。

"请到医生办公室来一次"的低声细语是病人复发时，家属第一时间听到的常用语。

妈妈木然地待在那里。

她提醒，妈妈，护士请你到医生办公室去。

妈妈回过神，慌乱地说，我去……

妈妈回来了，眼睛红肿。失神的脸色。什么话都没说。

妈妈是粗线条的人，在外面一定哭过，连泪痕也没有擦干净就进来了。妈妈连掩饰都不会。妈妈的魂好像在游移，木呆地坐着。

她已估猜到检验报告的结果。

她们在孤寂无助中沉默。

她打破沉默，妈妈，报告出来了？

妈妈的嘴唇在哆嗦，说，出来了……妈妈流着泪，用手掩面。

难以容忍的、愈来愈压抑的沉默。入院后最恐惧的结果成了胆战心惊的事实。

她问，妈妈，是我复发了？坏细胞多少？

妈妈没有正面回答。抽泣说，医生叫我们尽快去配型……医生说，即便白血病不复发，也只有骨髓移植才能治愈……没有其他路可走。

那就是我复发了……她说，妈妈，你把报告给我。

她从妈妈手中接过报告。薄薄的纸，很沉，通了电似的在微颤。她马上找原始细胞和早幼细胞百分比例一栏，看清了，不再是0%，而是7%，远超规定的红线5%。其他指标，她看不下去，也用不着看。检验不会错。7%，已不是星星之火，而是火光一片，坏细胞有很大的根据地了，正快速地一变两，两变四，越来越多。她目光空空，头有些晕。

主任来了，见她手里拿着骨髓检验报告，明白小米已了解检验结果。

主任说，你们不要抱任何幻想。你看赵圆圆，复发后缓解，坏细胞成零了，又复发了。而你，原来坏细胞是零，这一次却冒出来了……所以，这种病，当务之急尽快配型。

妈妈说，配型难……配不到的啊。

你们不去试一下，怎么就知道配不到？配型虽说很难，但是，有条生路总比没有好。你们要抓紧。配到型就有希望。这种病是等不及的。何况小米现在的骨髓报告不好看。你们现在马上要做的是尽快配型。

好的……

主任的语气缓和了，说，你们还记得吗，你们刚进院时，在医生办公室，我们再三关照，要尽快配型，尽快配型。我们对每一个新病人都这样叮嘱。如果能顺利配到型的话，最快也在半年以上。

三

她从恐怖悲惨的死亡之夜回来没多少日子，又被死神拖回去紧抱在怀里。

4月10日的一纸检验报告就像死刑上诉的终审通知，维持死刑！

从刑场上抢回一命的死刑犯几乎没有。

医生不说她"复发"，说"冒出来了"，家属都认为超5%就是复发。"冒出来"意味着什么，她心知肚明。这是医生婉转的说法，"复发"二字，医生都从严定性。再说，化疗药水如果对坏细胞起了作用，会冒出来吗？她10个月的艰难化疗结果是"冒出来"，前功尽弃了，而且以后会越来越糟糕。苏琴说化疗药水把好细胞杀死了，被坏细胞当成"补品"补进了，说坏细胞会更疯狂和生气勃勃。

她知道，白血病复发是必然的，早晚而已。即便移植了也可能复发。但是，什么时候复发不知道。大都突然光临，就像圆圆，就像她这次。

"复发"两字像可怕的鬼魂在空中飘浮，在冲着她狞笑。

她想告诉圆圆。她也复发了。短信写好了，觉得不妥，没有发，觉得像发死亡讣告。还有，她隐瞒复发消息，不想使圆圆在世时，知道好友为她完成心愿的美梦破碎。

她想起对圆圆的承诺，觉得自己很可笑，一个连自己生命都不保的人，竟会去承诺？更加可笑的是她在承诺时还真以为自己能活的下来。

四

休息室两边有椅子，供人休息。因靠近楼梯口，人员进出频繁。

她走近休息室时，听到里面传出各种议论：

听说那个叫小米的小姑娘这次骨穿复发了，是上海人。看来，下一个死的人就是她啦。

年轻人新陈代谢快，复发后，大都在半年中就会走掉。

白血病，再多的钱也扔黄浦江，最后都人财两空。

许多不能当着病人说的话，这里可以无顾忌地乱说。

她以往在走廊散步时，无意中听到不少，大多是"白血病最终人财两空"。针对她的话题，她第一次听到。

有人发现了门口的她，夸张地咳嗽两声，迅速向众人示意停止议论。

声音全部停下，同情的目光齐刷刷地看向她。

她苦笑着说，你们在说我吧？你们说的都很对。你们和我爸妈一样，都是死囚的家属……

有人附和，说，小姑娘说的对，我们都是死囚的家属。

妈妈出现在她身边，愤愤地说，你们胡说什么？没有子女，父母都是零！

寂静。无人说话。脚步声。

"砰！"的一声，门在穿堂风力下重重地被关上。大家被吓一跳。原来有人经过时，没有把楼梯口的门随手掩上并扣住。

她真想哭。

五

男友很长时间没来看她了。他们在大学恋爱。当年他追求她时曾山盟海誓。现在，当年所有爱情的豪言壮语在她病后烟消云散。她已联系不上他了。他好像从地球上消失了。这种决绝来得也太快了。

爱情是什么？当爱情遇上死亡威胁时，能有爱情吗？

她不言不语。不想说话。有时心里实在郁闷时，会莫名冲着爸妈发火。

她经过护士台时，看到莉莉和小彭在里面打牌。高悬在他们头顶上方的是化疗输液瓶，他们经常一手高举输液瓶，一起外出购物逛街。也常有网友来探望他们。

她羡慕他们。他们是 M3，不会死的型号。

她在夜里睡不着，起来走走。

病房的灯全熄了。走廊灯亮着。孤寂清冷。

又看到莉莉和小彭,他们因久别重逢,聊到半夜仍兴致勃勃,共同语言没完没了。经常是值班护士看不下去,说病人不能这样折腾自己的身体。莉莉妈说,小孩生了白血病,已经苦难了,让他们自由去吧。

他们平均年龄十八岁不到。关系很好。纯粹友谊,非常难得。

小彭是北方人。他爸被当作人才招进上海,带来了儿子。小彭自我介绍说,他从小就不学好,打架,逃课,凡坏学生做的,他都做过。他爸带他到上海,本意想给他换个环境学好。环境变了,他得了白血病。像他这个年龄又是M3,早就可治愈了。但他不懂事,医院规定化疗时,他仍玩他的,病情复发危及生命时才送医院,所以,他的病一拖三年。他说,家里人在他病后算过命。算命先生说他这一生要么牢房要么病房。他妈妈认为牢房有出头日,可以减刑回家。而他满意目前二选一的结果。说如果一生坐牢房,他宁愿死。

M3型号的病人很少像他们这样治疗多年的。

他们笑呵呵地自嘲是M3型号中的败类。

她真羡慕他们,即便是败类也不会死!

莉莉和小彭虽多次复发,也就是个无期徒刑。而她是死刑犯。她羡慕无期徒刑。无期徒刑有希望,遇到某一天发明攻克所有白血病的方法,就好像遇上大赦,彻底恢复健康和自由。

深夜,四周复归沉寂。

黑暗如阴森森的地狱，张着咄咄逼人的大口。

死的恐惧时时纠缠着她。在 14 楼，接下来死的人会是她吗？

六

爸妈焦急难耐，像热锅上的蚂蚁。他们常在沉默中面面相觑，一筹莫展。他们同她一样走投无路，陷入了绝望。

妈妈毫不掩饰地瞪着惶惑焦虑的眼睛，长久凝望她发呆，仿佛要狠狠记下心肝宝贝的形容。她恐惧妈妈的眼神。妈妈是感性之人。那呆痴的眼神令她心悸，使她平生出死亡之外的恐惧。如果死亡突然降临于她，妈妈会不会瞬时疯掉？爸爸会不会同时失去两位亲人？每想到这里，阵阵寒气透过她全身，身体神经质地微微颤抖。

她表面上显得出奇的平静，每天输液上网听音乐看书。唯一不同以往的是，话少了许多。她比复发前更安静了。

安静是假象。她努力隐藏她的情感。但是，面临死亡的人很难隐藏自己。

晚饭时，她突然冒出一句话说，妈妈，简华死了……

妈妈惊讶，简华死了，早翻过去了，你，你为什么要提起？

她们都不安。又是长久沉默。

七

新病人整夜在哭泣。也难怪，正常人突然得了白血病，就会联想到死。旁人再怎么安慰都没用。用不了多久，就会默然接受现实。不接受又能怎样？她在发病初，不也是躲在卫生间或蒙在被子里痛哭过？

因新病人的哭声，她一夜没睡好。

苏琴坐在床上，边吃食物边科普，向新病人家属介绍白血病：白血病是身体里出了幼稚细胞。在医院里，我们习惯将细胞分成坏细胞和好细胞。坏细胞就是幼稚细胞。什么叫幼稚细胞？就像幼儿园的小朋友，它长不大，却又长得快。这种细胞长不大没啥用，又要侵占好细胞的位置。化疗就是杀死所有的好坏细胞。在化疗后，等身体里再长出细胞时，如果坏细胞不见了，就叫缓解，病人暂时没事了；如果坏细胞仍然出现，而且很多，那就是复发了，这时，病人就有麻烦了，化疗药水杀死了好细胞，却被幼稚细胞当作补品了……

苏琴辞职前是幼儿园老师，所以，她的介绍很有特色，比喻形象。她谈白血病，滔滔不绝，好像在谈别人的伤风感冒。

在14楼的病房中有苏琴这个健康样板，会使新病人产生怀疑：白血病可能并不像外面传说的那么凶险吧？会对白血病的治愈产生很大的期望。

新病人家属问，白血病会死吗？

苏琴不直接回答，说，你看我会死吗？她的脸色红润，哪像个病人？

小米苦笑。真想对新病人家属大声说出真相：苏琴的脸色红润神采奕奕是假的，苏琴刚打了激素，激素一旦退下，就会变成没有血色、病态的脸，除非她化浓妆！

八

小汪床边堆满了白血病的书籍。他用读研时的拼劲为自己的生命做研究。他把病床当成工作室。他除了看病吃饭休息睡觉外，时间都花在研究和认真做笔记上。

他或许觉得他的研究成熟了，鼓起勇气出现在医生办公室。他搓着手，小心翼翼提出对自己治疗的新建议。

主任好像受到极大侮辱，不开心地说，你是医生，还是我是医生？

他脾气特好，悻悻地笑着。

小汪，你既然住在这里，就一切要听从我们的。

他唯唯诺诺点头称是，有些像多年的囚犯。

他继续着他的研究。

她想，他是不太好的M5型号，如果他想活命真要千倍努力啊。

大多情况下，妈妈会陪她在走廊里散步，有时她一个人散步。

有什么声响吓了她一跳。回过头，声音从西面传来。她走过去。在无菌病房边，那间整日关闭的屋子，木门紧闭。四周无风又无人，为什么木门总会莫名其妙一阵紧急晃动，声音很大，就像被风吹过一样。

她从紧闭的门缝中努力望进去，什么也看不见。只觉身上起了寒意。

九

死神在继续收人。死神如果疲劳了，会休息几天，又会突然出现。

露露复发了，转到了无菌病房。

露露的眼睛早已没有往日活泼开朗无忧无虑的光彩。

所有人将复发的坏消息瞒着这个不懂事的小姑娘。其实告诉她，她也不一定懂。

露露妈说，露露和弟弟全配。医生说要在露露病情缓解后才能去长海医院做骨髓移植。

她想，露露如果一直不缓解呢？一直不缓解就不能移植了吗？她很困惑。她不由担心起露露，心里怦怦跳。她想去看看露露，走到无菌病房前却止步了。她知道，像露露这样的病人，用现金支付而且全部自费，对昂贵的进口药从不吝啬，在医院是最受欢迎的病人。露露爸忙着赚钱供医疗费。露露妈是老实本分的农村妇女，完全听医生的安排。她见到露露母女，能说什么呢？有用吗？

无菌室边的神秘木门竟敞开着。她过去查看，好像是护士的更衣室。原来里面有个侧门通无菌室内。护士们平时换衣可从侧门进出。

十

苏琴从外面进来，悄悄说，露露死了……

她有些惊慌失措，语无伦次地自语，露露也会死？

苏琴叹口气，小米，得这种病都会死的。我们都会像露露一样死的。

露露死了。16岁的花季少女，花苞刚羞答答地展开时就枯萎凋零化为尘土了！

人死了，便用不着犯忌"死亡"，什么都可以说。

苏琴说，露露临终前的抢救，两万多元的进口药，一针接一针打下去，也没能换回露露的命。所以，小米，我们要趁现在吃得下，就多吃些自己喜欢吃的东西。除了吃，其他已没有什么可享受的了。

她想，怪不得苏琴在女孩中最能吃。

有人插话说，两万多的针没用的，我见得多了。抢救就是突击烧钱！

她下床，想去看露露。

窗外，气压很低，薄薄的雾气里不时跳出闪烁不定的泪光。

窗玻璃上已湿成一片。

无菌室门口聚集了露露的家属们。护士们忙进忙出清理着。

她没看见露露妈。露露的女亲戚们在哭泣。露露妈在结清露露的医疗费？不太可能，露露死了，妈妈一定在什么地方伤心痛哭，有人会陪着露露妈的。

她想，露露和她弟弟是全配，又是急淋。少男少女得急淋，治愈可能性很大。露露远比她有更多不死的理由。但露露却死了。露露有许多可能生存下去的理由，比如露露复发后直接到长海医院化疗，即便不缓解，不清髓也应该可以进行移植啊。她知道这都是马后炮。在人生命过程中没有时光倒流以再修正的好事。

生命的奇特就是不确定性。

小米爸不在。妈妈正打电话给他，露露死了。

啊……

听说，露露治病总共花去八十多万，大都集中在最后时刻花去的。都说这时的病人家属最脑残，最愿意花钱，就想把钱花出去，想挽回病人的一段生命。

电话那头沉默。

挂断了？在吗？

小米爸轻轻的回音，在。

十一

她曾经的病友，一个叫露露的少女死了。露露是她抱团取暖的小病友。她初得消息曾想不通：露露怎么会死？露露不可能死啊！露露才16岁啊。但是，露露死了，就像走在钢丝上突然坠落。露露本不该死。她有免死金牌，她有骨髓全配的弟弟，她家里能支撑庞大的移植费用。但是,露露的生命在她16岁戛然而止。

露露死了,她想得就多。她在特需病房时,曾因露露来看电视到半夜而不快。或许露露太孤独了,电视中精彩的情节或能使露露忘记对死亡的恐惧?

她早知道露露这么快就死了,她不会劝,她会让露露尽情享受。

她非常懊恼。

曾和她一起抱团取暖的简华、章伊伊等鲜活的生命在一个个离去。

今天,露露也死了……

她复发了,生的希望被堵死了。她正尾随她们走过的路线,疾步奔向死亡。

十二

4月30日,医生通知她出院。

妈妈说,小米不来医院,以后怎么办?

医生说,疗程走完,要么有效要么无效。继续化疗没什么用。你们前面只有一条路,尽快骨髓移植。配不到型,活下来的希望几近没有。

都是重复的老话。配型移植不是她和爸妈努力就能做到。

她走完化疗流程"毕业"了。她目睹许多人中途"辍学"死了。她至少毕业了，但最近一次的化疗，4月10日，是她入院来的期末考试，7%，不及格。不及格就划入死亡名单。她很茫然。

新病人的行李已搬进了病房。她的床位在催促下让出来了。

她向病友们告辞，说，我要出院了，你下次来，可能见不到我了。这是她的心里话。

每次和病友道别都这样伤感。这样的告辞，经常听到，也确实一个个"见不到"了。复发病人，这样的告辞更真切得使人恐惧。

她和爸妈走出病房。

他们和行李进入电梯。堂姐的车来了，在医院大门口等他们。

十三

以前，小米在疗程中时，14楼医生会安排。如今，疗程结束，她回家成了自由身。今后的去向，只能自己安排决定。

为决定她下一步治疗的方向，小米爸在这些天计划排得满满的：找三甲医院专家咨询她的后续治疗。为女儿，从不信佛的他，在5月初学习起拜佛礼仪，虔诚地去普陀山烧香求菩萨。

他说任何希望都得抓紧，不能放弃。说一根稻草会压死人，一根稻草也会捡回条命。

今天，他计划跑三家医院。

上海新华医院。

小米爸找到血液科主任教授，咨询小米能选择的后续治疗。主任的看法同其他三甲医院专家一样，不看好自体移植。主任认为异体移植才是白血病治愈的唯一选择。但是，骨髓移植因配型几率小，几乎是不可能的事，他不想咨询。主任说，今天正好有位移植成功的病人回医院检查，你可以去看看，了解一下。他说好的。

他来到病房。

病房很"正规"，家属探望必须在规定时间，进病房要脱换鞋，有严格的消毒措施。他走进最近的病房，病人是位五十多岁的上海阿姨，说复发多次。看阿姨脸色很差，他就知道状况很不好。

阿姨很热情，说，你家里肯定有人患上白血病了，要不，谁也不会来这个鬼地方……你家谁得了白血病？

他说，我女儿。我想了解骨髓移植的事。

唉，家里有人生这种病算是完了。老实说，白血病只有骨髓移植。化疗？我从没见能有活着出去的。但是，配型难啊，什么中华骨髓库，台湾骨髓库，凡能配的，我都配过，就是配不到啊。我复发了，如果再不移植就来不及了。我爸妈年纪大了，移植不合适。我妹妹要给我捐骨髓，救我一命。我们姐妹俩也只是半合，但没法子，我想活下去啊。现在移植的前期工作都准备好了。医生说，等我的身体状况好些时，进行移植。

阿姨的旁边坐的是她妹妹。她妹妹冲他淡淡一笑，默认姐姐的话。

阿姨说，我们姐妹情深，我得病后，都是妹妹陪护我。现在，妹妹又为我捐骨髓。配型真的难。对了,这里有一个还真配到型了。我住院到现在,就遇到这么一个幸运儿,其他人都在等死。这一位,听说也不是全配。今天在庆生。你可以去看看。你一直往里走,在靠右手边的护士办公室。移植有半年时间了,说过了危险期呢。你可以去看看。

他说好的。

阿姨复发多次,姐妹俩的年龄偏高,配型仅是半合。他差不多估猜得出这种移植的结局是什么。他的心一下子沉了下来。他向她们告辞。

走向前没几步,是护士办公室。

众人围着桌子正在包馄饨,场面非常温馨,说为移植病人庆贺新生。

他看到一个不满1米6的小个子,说话细声细气,十分腼腆,以为是女性。

护士说他有家庭,是个三十多岁的正宗爷们!说今天为他包馄饨庆生。他移植满半年,移植关可能过了。说他的骨髓是从台湾骨髓库找到的。

他从护士室退出后,又查看了好几个病房。病人大都冷漠地看着他,不像刚才上海阿姨那样热情。或许阿姨有妹妹为她配型准备移植,对生命充满了希望。而其他病人明白,生命不太有悬念,很快一个个走向死亡。

他心里很沉重。他联想到了他的小米。

JR医院专家门诊要到下午1点。如去的话,时间太早。他坐公交先到 14 楼附近，买了中餐盒饭打包，坐电梯到 14 楼休息室吃饭。饭后，他一个病房一个病房找熟人，大多陌生面孔。没找到大胖、老钱、老王和他们的妻子。

护士台说，他们集体转院了，转到曙光医院。听主任说，三个老太转院后如果不化疗，单用中药的话，活不了一个月。

他在男病房找到毛毛。帅哥毛毛是武警战士。他们以前沟通过，谈的都是骨髓移植。毛毛全家在研究骨髓移植，研究得很透彻。

小米爸说，凡涉及白血病的书，他不分优劣全部购回家。他是拿来主义，针对小米的病情研究，其他都可忽略。毛毛说他同样查阅过大量资料和咨询过不少的专家。

小米爸和毛毛对骨髓移植都有研究和关注，沟通最新了解的信息。

他们都认为，国内最好的移植医院在北京。有北京人民医院、道培医院。

毛毛和他姐姐配对成功，是半合。他不移植会死，半合移植要冒很大风险。他说，他现在对骨髓移植选在北京还是上海也迟疑不定。说北京成本高，有诸多不便，但上海移植成功率不如北京。说他是 MDS，MDS 比白血病生存更难。

他们谈自体移植和异体移植；谈听上去很美很科学的细胞清洗，数万元一个疗程为病人清洗坏细胞，广告吹成灵丹妙药，说是白血病克星。他们都清醒，完全不信。

看看时间差不多了。病人也要午后休息了。

小米爸向毛毛告辞。

小米爸来到 JR 医院血液科，挂 X 教授专家门诊。拿到号，是 21 号。

他之前在网上查过，X 教授是上海市最好的白血病定型专家。他看重 X 教授在细胞室专业看细胞图定型数十年的经历。他觉得这才叫专业。

他对教授说，早在一年前，他的女儿小米发病初曾在 JR 医院做过骨髓检查，是最原始的报告，特别重要。他想请教授重新检验，确定女儿的白血病究竟什么型号。

教授说好的，说会取出小米留在 JR 医院的骨髓检验资料，重新检查，给出结论。

教授请他一星期后来。

十四

因为涉及小米的生命安危，小米爸对各种治疗利弊进行综合分析。

关于化疗。

如果小米的化疗疗程结束了，是不是还要继续化疗？

小米在 4 月 10 日，坏细胞 7%，医生说"冒出来了"。小米爸妈认为已复发了。小米以后怎么办？大医院都说：肯定要化疗！

许多人找不到骨髓，在家又不能等死，只有换医院继续化疗，然后病情加重，再化疗，病情更重，全身充满坏细胞，最后死亡。

小米不是M3，继续化疗，可能步入同样的死亡之路。

继续化疗是无奈之举。很可怕。

结论：小米不需要。

关于自体移植。

自体移植不会产生排异的介绍很动人，小米爸曾充满希望。

国外统计据说自体移植的长期生存率在48%，而化疗只有30%。诱人的生存率使他激动过。经查，许多统计数据有造假行为。在网上，血液权威和权威之间互揭造假的文章不少。他很失望。

罗医生是将死之人，已有的名利将不复存在，不会说假话。

罗医生说，48%？小米爸，这个你也会信？从我了解的情况看，因为坏细胞清除不尽，复发率高，我就没有看到活下来的人。自体移植的想象和宣传都很美好，曾热过一阵子，病人从希望到失望，很快沉寂下来。听说自体移植的病人后来都复发了。在病人用钱和生命试验过后，就没人敢冒险。平心而论，自体移植是个美丽的遐想，等同于大化疗。冷寂下来后，专家都不再推荐。不推荐是医生的良心。

小米爸咨询专家，问自体移植的存活率是不是达到48%左右？

专家不置可否，避而不谈，态度可疑。说，我推荐你们做异体移植。

结论：放弃。

免疫细胞疗法，也有叫基因治疗，大都是私营医院竭力向病人推荐的。

价格昂贵，十多万一次。做三次，30万。抢钱啊！

免疫细胞疗法听起来很美，很能服人，曾使小米爸热血沸腾，是小米的希望。但很快冷静下来，想，如果真有效，至少会将它纳入公费社保，或列在公立医院的自费项目中，国家用不着花大钱建什么骨髓库了。

所谓的基因治疗是个美丽童话。利用正常人思维逻辑一分价格一分货，钱花得多效果一定好。效果不好，怎么敢开出这个高价？然而，在生意人眼里，第一是利，第二是利，第三还是利。生意人之所以成为生意人，就是很好地利用了正常人思维的逻辑。

小米爸向专家权威咨询，专家权威众口一词：它治标不治本，没啥用！

结论：放弃。

第十章

惊天大逆转

一

她回想起病前的她,和现在的境况对比,感叹尘世无常,变幻不定。

妈妈整天生活在宝贝女儿被死亡锁定的阴影里,在万分惊恐中等待女儿最后时刻的来临。可怜的妈妈。她心里特难受,想哭。

她虽被死神关闭了大门,但她仍依稀看到大门中间有细缝,好像透出一丝生的弱光。

她期待弱光瞬间变成光明。她期待,她身处汹涌的死亡巨浪中,有神奇的稻草奇迹般托浮起她的生命,化成她的生命之舟。

爸爸说得对,有时一根稻草会救回一条命。

她感觉有双眼睛不知什么时候出现在空中,在凝视着她,目光冰冷刺骨,渗透她的心,有时使她禁不住哆嗦打颤。

她曾提心吊胆地向无限的黑暗发问:你是死神吗?请你走开!你走了吗?

然而,最近几天,这双眼睛在迟疑不决中流露出了温情,在暗淡下去，现在，差不多融化在虚空中了。你，那双暗淡下去快要融化的眼睛，你是不是死神？

二

爸妈开了家夫妻老婆店，是家小的打印社。小米病后，住院时妈妈陪她，爸爸在店里值班；回家后，爸爸外出咨询挂号等，换妈妈值班。

5月18日。小米爸没有外出，在值班。一位长相怪异的老头来复印材料。

小米爸接过一看，花花绿绿的一大堆，竟是常州某墓区的墓穴证。看到不吉的墓穴证，联想到他已为小米预约21日上午做骨髓检查，他头就晕。他昏昏沉沉复印着墓穴证，竟达七十多份。

老头接过复印件说，老板，你复错了！

他接过一看，确实错了不少。压抑已久的他莫名发火，将复错的复印件一把拿过来，用力撕着，大声叫，我不复了！我要关门了！我有急事！你去找别人家吧！他直接下逐客令。

老头惊惶失措地看着他，老板，你，你怎么啦？

我请你现在马上离开。我要关门了！

老头赶紧拿起七十多份墓穴证，逃出门。

小米爸仍气愤，墓穴证，还这么多，是什么意思？隐喻小米三天后的骨髓检验结果为大凶？怎么会出现墓穴证？他开店到现在，也从来没复印过这种倒霉的东西。

妈的，去你的。狗娘养的。还开什么瘟店？他匆匆拉铁栅门。

关店。

就在他离开门店走下台阶时,狠狠摔了一跤。他艰难地想爬起,发现已由不得他。他又一次联想到小米的骨髓检验。先后两次不吉,更增强他的恐惧预感。

他已无法行走。在别人搀扶下,去附近一家中西医个体门诊部。个体医生用手指按了下他的脚背,说是骨折,付300元包治好。他想既然骨折,还是上地区医院吧。他脚背肿得厉害,穿不进皮鞋,换成拖鞋。亲戚陪他去医院。医生检查后说是扭伤,说如果骨折,手指一触及会痛得要命。说扭伤就要养,给他配了药。

他忐忑不安。满脑子想,两次遇到不吉利,这在向他预示什么?

小米会不会凶多吉少?

不敢想。

三

她的生日又到了。

去年生日是她劫难的开始。上个月她"冒出来"复发了。

生日这天,她要回医院做最后一次骨髓检查。她4月30日出院后,除这次骨髓检查,14楼已不管她了。如果她在家中病危,14楼会被动接受,就像简华,继续为她做无效的化疗,也像简华等女孩一样,在苟延残喘中等死。

她和妈妈来到14楼,在病房中转了一圈,除医生护士外,没有熟人了。她想想自己才离开二十多天。

医生取了她骨髓，送到细胞室。她和妈妈等在细胞室门前。爸爸恐惧检验结果，跑到外面过道中去等候消息。

从过往经验看，上个月，她坏细胞7%，这次一定会继续大幅增殖，离死亡更近了。她预感是大凶结果，这是大概率。她情绪很差，有强烈的无助孤单感。

她和妈妈都面无表情，心神不定等消息。无话可说。心怦怦跳得慌。

细胞检验室门突然打开，检验科主任说，小米的检验结果出来了，没问题。

妈妈急问，什么？主任，你说什么？

你女儿缓解了！

你，你，你说什么？

检验结果出来了，你女儿缓解了！

真的吗？她不相信自己的耳朵。

主任笑着说，小米，你缓解了。没事啦。回家吧，你们在十天后来取正式检验报告。

妈妈还追问，主任，你，你肯定吗？肯定小米缓解了？

当然肯定！我们知道小米上月的检验结果不太好看，所以，这次缓解，我们不太敢相信，再次检查核实，不是一个人查，几个人都查了一遍。这种事，我们会慎重，不能随便瞎说，要出人命的。经过再复查，最后确认，才敢通知你们。如果检验到不好的结果，说实话，我们也不忍心通知，一般情况下，把结果通知血液科，等他们来通知你们。

妈妈喃喃地问，我女儿确定正常了？

完全确定。你女儿一切正常。我理解你们这时候的心情。主任笑吟吟地补充,小米,回家好好休息吧。不要忘了,10天后,就是5月31日,来取骨髓报告。

妈妈想起说,快,小米,快告诉你爸爸。你爸爸还在外面过道中等消息。

主任说,不过,我提醒一句,小米是暂时的缓解。一次缓解不能说明问题,仍会复发。所以,你们要积极去配型。得这种病只有骨髓移植才能生存。

她在意外好消息下,不知所措。骨髓报告正常了。她与死神擦肩而过。生命可以拖延一个月或数个月。她有时觉得奇怪,当人遇到困境时,会退而居次来适应来安慰自己。

她和妈妈神情欢快,跑到过道里。爸爸正等着。

妈妈说,你女儿没事了,缓解了,正常了!

什么?

小米正常啦!

她要将消息告诉圆圆。她急急写短信:

圆圆,告诉你个好消息:我今天的骨髓检查结果正常了!我太高兴了。实不相瞒,上个月,我坏细胞7%,我没告诉你。心理压抑了一个多月。今天出来新的结论,我暂时不会马上恶化,对我死亡的终审出现了延缓。圆圆,你现在情况如何,你好吗?

圆圆曾因缓解而开心,和男友疯狂玩乐,后来复发了。这不是因为圆圆疯玩而复发。白血病的高死亡率,就因为复发。许多女孩在化疗过程中都经历过缓解,但都好像回光返照。但是,不管怎么样,她的生命能拖延一段时间,可以继续寻找生存的机会。使心里的压抑舒缓一下,能长长地先喘口气。

短信发出后,直到傍晚都没有收到圆圆的回复。

经常是病友不回复,就是死了。死人没法回复。死者家属也不想回复,往自己伤口上添一把盐。如果互相鼓励对方活下去,那证明仍在死亡线上摇摆,仍活着。

她又有不祥预感,圆圆可能出事了。

小米一家离开14楼回家。饭后,爸爸回小店恢复营业。

怪异老头又来了,是第二次来,仍复印常州某墓区的墓穴证。

因小米的骨髓检查结果正常,小米爸这次见到墓穴证没发火。他接过原件,粗看内容,权限证明是彩色的,写明墓穴位置等。他因心情好,没有忌讳,没有赶老头走。想起几天前,他服务态度太差,老头并没错。老头好像忘了上次遇到的不快,仍来复印。这使他更加歉意。

他问,大伯,有多少份?

约七十多份。

大伯,你怎么会有这么一大沓墓穴证?

都是假的,被台湾骗子骗的。这些墓穴证当年是朋友之间介绍购买的,说很快会赚好多倍的钱。每个墓穴证要好几万。我们都被蒙在鼓里,实际上没有什么墓地,都是纸上的东西。拖到现在七八年了。受骗的都是我们上海人。他们委托我,我集中起受害者手里的墓穴证,复印后,继续请当地政府追讨被骗去的钱。

你们受骗的钱能追回吗?

在当地政府的帮助下,我们已从台湾骗子那里追回了一半左右的钱。

钱拿到了?

拿到了一半的钱。当地政府说,还有一半的钱想要拿回来,有很大难度。

他有奇想,小米的病,会不会也是"虚无的墓穴",其实什么也没有?这是不是上天给他一个新的隐喻?

四

天黑了,爸妈为她过简单的生日。

妈妈花 10 元从蛋糕店购来的迷你小蛋糕,还配有小蜡烛,像小孩子玩过家家似的。妈妈烧了几个家常菜。爸爸摸出打火机,又收了回去。说,都省略了吧。小米,你直接切蛋糕吧。

她明白爸爸的想法。点燃起小蜡烛,吹灭,似乎隐喻吹灭她的生命之火。面对小蜡烛许愿,很童话,但她无此好心情。一家人心惊胆战一年了,哼唱生日歌,反添不快的联想。

妈妈将塑料小刀递给她,小米,切吧,切开后,要吃多少,自己拿。

她刚要切蛋糕时,饭桌上的电话响起来。

妈妈拎起电话,请问,你是哪一位……长海医院……有什么事吗……哦……哦……妈妈突然喜出望外,太好了,太好了……快,快,小米,拿支笔,我记一下。

小米找来笔,递过去。妈妈激动地在纸上写了一个手机号码和一个姓名。

妈妈挂断电话后,急切地说,刚才是长海医院来的电话。说为小米移植的配型对象找到了。今年23岁,是个苏州女孩,配型的点是全合。医生请我们尽快回复,定什么时候移植。说以后移植的事,W教授已指定H医生和我们直接联系。

刚才妈妈通话时,她已感觉到电话那头H医生同样的欣喜之情。

这是特大好消息,她惊呆了。太好了,真的太好了!

通常的配型即便最后能配上也要等上两三年。常有通知配到了型,病人却因已复发死去一段时间了。而这一次,她这么快就得到全配消息。她想起罗医生说过,最好的配型对象在二十来岁,机体生气勃勃,最好同性别,同乡,全配。这一切,她全遇上了!

她的脸上泛起淡淡的红晕,眼睛熠熠发光。不可思议,太不可思议!命运捉摸不透,怎能用理性来解释?上天在她的生日,先后送来了两份生日大礼包。

她能活下去了!

五

她连遇两个重大好消息,她想告诉圆圆。但是,她之前的短信,圆圆没有回复。

她继续给圆圆写短信:

圆圆,在我生日这天,移植医院来通知,我居然配到了型。

都说得了白血病，就要尽快配型。我们向骨髓库申请了。因配型希望渺茫，我不抱任何希望。就在刚才，医生说，我的救命恩人是个女孩子，比我小一岁，来自苏州，苏州是我妈的出生地，等于同乡，配型是全配，就是全合，最佳。圆圆，我居然找到全世界最合适我的配型对象！对了，圆圆，你是不是出什么事了？这几天，你一直不回我的短信，我心里很不安……

她在手机上写着，很快停下来，她要控制情绪。她不想发短信了。圆圆复发了，生死不明，她不能用自己的好消息去刺激圆圆。

白天发出的短信仍没有回复，她想知道圆圆现在究竟怎么样了。

她只能打电话了。心神不定拨打圆圆的手机。

回音：你拨打的手机已停机。

手机都停了，圆圆这次真走了……

她愣住了。圆圆走了？圆圆就这么说没就没了？她的脑海中随即跳出"墨脱""承诺""心愿""星空"等词组，这些词和圆圆联系在一起。

六

5月22日是她生日第二天。小米爸到JR医院血液科挂专家门诊。

他拿到了号。很惊奇，同一星期前挂的号一样，序号都是21。

他打电话说，小米，21 日是你的生日。今天拿到的号也是 21，同上星期一样，这是天意还是巧合？今天会不会再出奇迹？X 教授会不会把你的型号定为 M3？小米，今天如果有好消息，那一定是昨天你生日好消息的延续。

她从电话中听出爸爸的兴奋。她期待今天有好消息。

小米爸取到号，在 X 教授专家门诊室外排队。护士台说，轮到他要两个小时左右。

他考虑时间还早，决定先去取小米的检查染色体和基因重排报告。

上次，小米在 14 楼做骨穿后，他将骨髓试管送到 JR 医院。听说收费 300 元，他带了不多的钱。坐上大众出租车，司机说不能刷卡，只能付现金，可能是辆克隆车。他在 JR 医院结账时，收费窗口女孩说，检查染色体加上基因重排，两项要收 600 元。他把现金全部集中起来，仍少了 5 角钱，收费女孩说算了。还提醒他今天来，在科技大楼取报告。

他来到科技大楼。电梯和楼道内冷冷清清，真是做科研的地方。多次找人询问，总算找到服务窗口。他说，我是来取检验报告的。

年轻人接过单子，进去找。出来说，找不到。

他有些急，说，医院收了我们做染色体和基因重排的钱，通知今天来取，怎么会没有？

年轻人歉意地说，真找不到。你不要急，我们再找找。又进去寻找。良久，出来说，对不起，真的找不到了。实在抱歉，真找不到了，不知怎么回事。

他说，你们怎么能这样？

真对不起了。如果你仍要做，我们给你补做；如果你要退钱，可以按正常手续进行。这是偶然事件，从来没发生过。对不起，真对不起。

我付了款，什么结果也没有？

可以重做，也可以退钱。

他恼怒地说，定好今天来取结果。我大老远跑来，你们怎么可以这样不负责任？

年轻人态度好，一再表示歉意。

再吵下去也就是这个结果。他看时间，已近中午 11 点。X 教授的门诊时间快到了。只能离开。

他刚回到候诊区，就听到叫号：21 号。赶紧走进门诊室。

X 教授不失信用，说翻出了小米发病初的流式细胞档案，认真复查了细胞图。说，你女儿的白血病型号定不下来，不过，我倾向于 M2a，但我仍无法确定。

他引导说，教授，会不会是 M3 型号？

不是，不是。她一口否定。

你肯定不是 M3？

教授笑了，说，不是的，肯定不是。这两个型号的细胞图相差远着呢。

他想起其他专家为小米定的 M4，问，那会不会是 M4？

不是的。肯定不是。

教授，我女儿出院后，原来医院说她化疗流程做过了，以后不关他们的事。今后，我女儿应该如何办？

教授说，要尽快配型。配不到型，必须化疗。不化疗更没有希望。

他没说小米已找到配型。专家门诊只有几分钟，得抓紧时间。他担心喊号"下一个"。他今天主要想知道小米的型号。他说，教授，我咨询最后一个问题，看中医有用吗？

可以看。只能作为辅助。白血病患者，除 M3 外，其他型号只有骨髓移植。所以，你女儿在没有找到配型对象前，换家医院继续化疗。

他离开 X 教授。回家。

他坐上公交车。车上很空，有位子坐。他认真看 X 教授写在小米病历卡上的诊断。发现教授诊断的原始细胞和早幼细胞比率，与一年前骨髓报告相比，比率不同了。会不会教授搞错了？车刚开出两站。他越想越不对，马上下车。他没有找返程车，候车时间来不及。他小跑步回医院，在门诊处没找到教授。问服务台，说 X 教授可能在细胞室。

他赶到细胞室，X 教授正在吃中饭。他提出他的疑问。

X 教授说，没错，一张报告，分两次看，就可能有不同比率。你放心吧。诊断不会错。我告诉你，要想办法做骨髓移植。找不到配型对象时要坚持化疗，不化疗很快复发，真的没有希望。如果不是 M3，其他型号都一样，要想生存只有骨髓移植。

X 教授医德好，挂号才十几元。他不配药不治疗仅咨询，教授居然去翻出一年前小米发病时的骨髓报告,并亲自重做检验重写结论。教授一星期前答应他,知道他今天来,教授昨天认真检验,今天等他来。从经济利益看,绝对是亏本买卖。教授能做到这步,除本质心善外别无解释。

X教授是他敬重的好医生,如同14楼的院长。

七

小米爸一回到家,好像喝了酒,滔滔不绝。

小米,你如果被教授定为M3,虽逃过死劫,但也可能像莉莉那样长期吃药化疗,生存质量差,不被白血病夺去生命,也可能因长期化疗严重损害内脏在衰竭中走掉。现在,X教授的诊断推翻了市血液中心大专家和14楼血液专家认定的M4。还有,你的检查染色体和基因重排报告竟然会在著名的医院失踪?昨天发生的奇迹,是给出你的生存之路。今天教授诊断你不是M4,连M2a也不能确定。哈哈,全部推倒了才真正好,出现一个全新的结论:定不了的型号,或什么都不是的型号。一切搞乱就是大好。不破不立。不破旧的,立不起新的。好!好!好!回想我在JR医院科技大楼时还真脑残,说检查染色体和基因重排报告找不到时,我还生气。现在我才明白,什么都不是什么都没有的结果,远比有确切结果更好。想起这一切,我太高兴了。我不会责怪科技大楼的失职,我不要退钱,也不要重检。这是天意。小米,你没有复发,你正常啦!你现在任何时间都可以做全合的骨髓移植啦。你的白血病型号可能没有啦。你的染色体重检结果消失了,从此什么也没有了！一定是你重生了！我的小米从今天起重生了！

她和妈妈看着爸爸成了话痨，也开心。

吉祥处处呈现，怪异接二连三发生。她的生命出现惊天大逆转。

这两天发生的事，就像一年前她突然生病一样，恍如梦中。

八

长海医院又打电话催促骨髓移植的事。

H医生说，如果你们确认要做，医院会传真到中华骨髓库去找苏州女孩。

小米爸说，好的。

你们要尽快决定下来。因为这里面有许多不确定因素，比如女孩万一有思想顾虑，就要做女孩工作。再比如，女孩如果换了通信地址或联系电话，要通过有关部门寻找。这样就要一两个月的前期准备工作。总之，如你们确定要做的话，医院的移植工作可以启动了。

他说，我们确定要做。又补充一句，小米前两天做的骨髓检查结果已缓解了。

她说，小米化疗缓解了是移植的最佳时期，这时做，移植成功率和患者生存率更大；如果复发后再移植，成功率和生存率将大幅度降低。所以，你们要尽快决定。这次你女儿骨穿正常，是偶然缓解，说明不了什么。只有尽快移植，没有第二条路可走。

他说，H医生，我相信医生。我们要做移植。

她说，如果确定要做，先付高分辨HLA组织配型检测费用9000元。供者和患者各4500元。因为供体是苏州的。苏州大学附属第一医院是中华骨髓库定点医院，我给你该医院组织配型实验室一个账号，你就将钱打入这个账号。

他说，好的好的。

小米爸将9000元打入了苏大附属第一医院配型实验室的银行账号。

九

小米的骨髓报告正常了，是不是还要移植呢？

医生说，肯定要移植！媒体说：肯定要移植！专家权威没有迟疑：白血病唯有骨髓移植才能治愈！

配到型等于中特等大奖，多少人连半合也配不到。但是，骨髓移植，手术成功了，这仅跨出第一步，可能有50%的人移植后能活下来，其余的在移植过程中结束生命。在这以后短短一年中因排异等还会带走一些人的生命。比如，台湾首富郭台铭的弟弟，移植手术成功，但移植后复发。进行二次移植，最终还是死。说明骨髓移植有大风险。

典型案例A：

上海慈善中心一位老师说，有个16岁浙江男孩在中华骨髓库找到供体，是上海一位好警察。男孩家花去数十万移植费用，医生宣布移植手术成功。半年后，男孩病情复发去世。上海警察至今还不知道男孩最终死了。

老师说，正因为移植过程中的不确定性，所以，骨髓移植不让双方见面，不让患者了解捐助方的情况，一则为防止患者在移植复发后，要求捐助方二次或更多次捐助骨髓，使捐助方处于无奈的境地；二则，为防止捐助方趁机向患者索取钱财，损害慈善无偿捐助的属性；三则，移植后遇到患者死亡的，会严重打击捐助方的信心爱心。

典型案例 B：

有个浙江的移植对象 J，异体移植，半合，也就是一半相合。

他将移植经过写成攻略，发在他的博客中。从配型开始写，到移植的流程、费用、分析、建议等，十分详细。小米爸常看他的博客，受益匪浅。

后来，J 的博客中断，好几个月后，终于出来新文章，说他骨髓移植后一年，以为没事了。一次外出时感冒。小感冒引来他住院，高烧，抢救……这几个月没动静就是他在医院。移植都一年了，怎么仍如此弱不禁风呢？是不是因为配型半合的缘故？

小米爸对移植结果充满了戒备。

又过了一段时间后，J 的博客又没有了，这次不是中断，而是找不到网页，被删除了。

J，这么热爱生活的人，为什么要删除博客？除非他死了。

如果做骨髓移植，首先需要进行清髓，这是一次前所未有全身摧毁性的大手术，将全身细胞消灭尽，只要病人不死，打得越彻底越好。这不是一般人所能承受的，有人在这过程中和细胞同亡。你没有死，在你奄奄一息时，输入供体的骨髓细胞，设法让你活过来。其间，任何感染等一丝小差错，也会使你不再苏醒。

14楼的无菌室，原就是专家们做移植的地方，因为从来没人活过来，只能弃用。

移植就是送你过一次真刀真枪的生死关，要么死，要么活。或要么暂时活，最后也生死不定。输入的供体骨髓细胞活过来了，医生松了口气，宣告，移植手术成功了。但对病人来说，一切刚刚开始，接下来是漫长的排异过程。如果过不了排异关，还是死。

骨髓移植需要数十万巨款，就应该明白这种手术的风险巨大。

还有，移植对女孩的伤害：丧失生育能力。

小米爸从书中看到这个信息时，心里激起了汹涌浪涛。

小米爸妈无法接受移植后的这个副产品，下不了决心。他们把秘密存放起来，没有告知小米。万一小米在危及生命必须做移植时，因不了解，心理可少受些打击。

移植和不移植，同样充满惶恐不安的未来。

配型，仅十万分之一的几率，之前，想都不敢想，现在要放弃吗？就像你中了千万大奖放弃领取一样。

问题是，小米需要吗？

如果小米马上配型移植，因为供体条件相当好，基本确认有50%至60%的生存率。但是，移植后，将面临感染、排异等后续治疗，如果中间一个环节出差错，人就会死亡。小米还必须接受不能生育的事实。她没有结婚，这样剥夺她做母亲的权利，这是无法接受的。

如果小米不移植，她的生存处在不确定状态。等到复发再去移植，风险突然放大许多倍，生存率可能下降到30%。

左右权衡，难！

十

电话铃响了，是H医生，说医院准备工作就绪，请小米一家定下移植时间。

小米爸说，H医生，我女儿现在很好，暂时不想移植了。

她说，小米爸，是不是为经济问题？是你们拿不出这么一大笔钱吗？

不是的。我女儿生病后，她的医疗费用，不管自费进口的，只要和病有关联，单位都能实报实销。

那为什么啊？小米爸，你们想想，有多少病人配型配了多少年没配上，最后都死去。小米配上了，又有钱，那究竟为什么啊？

他婉言推托。说，真对不起，我女儿什么时候想移植了，肯定来找你。

H医生没有回音。挂断了电话。

小米一家决定：不做移植，也不做化疗。在家休养，调理身体。

十一

医生、专家、亲朋好友都说他们疯了。小米有全世界最好的全配对象；移植费用单位全部包揽。小米一家却做出了最荒唐的疯狂决定。

"不能放弃啊！三思，请三思啊！"

小米一家疯了吗？没有，绝对没有。

因为涉及小米的生命安危，他们对各种治疗利弊进行了严密的综合分析，这才是理性的决定。人云亦云不是科学态度。白血病人是一个个不同的个体，理应有不同的个性治疗方案，根据病情变化随时变更的治疗方案。

小米一家是疯了。无法解释的生命大逆转，使他们产生非分之想，对骨髓移植产生了动摇，期待奇迹再次出现。

奇迹不是那种经过努力就能发生的。

奇迹一定不是巧合就能出现的。

奇迹就是将不可能的事变成了可能。

奇迹必定是非理性，没有逻辑性，无法用科学和尘世常识解释和推理的。所谓的理性和逻辑性是尘世俗人的生活经验或规则。科学有局限性，当科学面对奇迹是苍白和牵强。以前的许多科学证明，常常成为后来科学发展的障碍。

现在，当奇迹出现，成为现实了，仍要回头求证吗？

这一切，在强烈暗示小米一家：小米的生命路径已没有白血病，小米从此是健康活泼的女孩子了。

世界万物充满了变数和希望。好事接二连三，一步步引领小米远离死神，奔向生气勃勃的新生命之路。

世界非常美好。美好充满了虚空，没有外，也没有内。美好无处不在。

不过，他们还是留了退路：不到万不得已不做移植。

小米在家万一复发，回医院做骨髓移植。

年轻的苏州女天使是她最后的生命防线。

第十一章
死神的眼睛又凝视着她

一

她的眼睛突然一亮,手机中出现了久违的短信。

真是圆圆:小米,上次我的手机坏了。现在修好了。我命大,刚从死亡线上逃过。

她惊喜地跑出房间,大声叫起来,爸爸,妈妈,圆圆来短信了!圆圆还活着!圆圆还活着!

爸妈都不在。她想起要回短信。圆圆喜欢"墨脱",她要使圆圆开心。

她半调侃地回复:圆圆,我如果去墨脱,带上你,我导游。

圆圆回复:好啊。在墨脱路上,你就当我导游。我们约法三章,导游要服务我啊。

她轻松地回复:好啊,我会一路上给你讲解。

她和圆圆的短信互动越来越少。她发出许多,圆圆回复很少。

她知道圆圆正艰难地和死神抗争,和简华一样,越来越精疲力竭了。圆圆在手机上每写一字,可能都困难。

她们又断了音讯。

圆圆不回复她的短信了。

二

半年后。

亮丽的早晨。上海难得见到的蓝天白云。

从昨天傍晚时,她开始不适,妈妈给她量体温。她高烧了。从她放弃一切治疗到今天五个月了。白血病的复发周期到了。白血病人在化疗停止后三个月到半年为复发危险期。大多数病人在周期到达时卡住复发了。

白血病复发的最初症状是高烧。

爸妈惊惶失措,担心她复发了。

在昏昏沉沉的高烧中,她看到爸爸搀着她在路上,走啊走啊,路边有电线杆,一根一根,她听到爸爸的脚步声。天阴沉沉的好像要下雨了……

她清醒了,努力回忆,终于想起,她两岁前,爸爸带她参加春秋旅行社的西郊公园一日游。司机说下午2点,在停车场集中上车。游客自由进园。下午,他们提前7分钟到达,停车场说车开走了。爸爸顿时傻掉了。回家要赶在下午4点多长途末班车前。没有公交车,要走一个半小时以上到长途车站。爸爸说抱她时间长了吃不消，中途又不能休息，怎么办？她明白了，说，爸爸抱不动我，我下来走；我走不动爸爸再抱我。路边有电线杆，爸爸抱我走两根电线杆，我自己走两根。爸爸抱起她说，那就这么定了。雨停了，天阴沉沉的。根据协定，一个半小时后，他们终于赶上了末班车。

她内心很不安。一年来，每逢她幼儿时代的情景突然出现，她都会处在生命垂危中。

这一次，难道她又要遇到一次生死坎？

圆圆突然发来短信：小米，你要坚持，要守着胜利果实。我在星空听你到达墨脱的消息。

她每和圆圆短信交流时，都不由自主会联想起墨脱。墨脱似乎和圆圆在重叠。

她很苦闷。圆圆短信说要她坚持，对于生死，她能坚持吗？她能守住什么胜利果实？她的生命并不依她的主观努力或意志而决定的啊。

她想回短信。写了又删，又写又删。不知如何写才能安慰圆圆，也安慰自己。

不过，她预感，这次圆圆真要走了。最后，她勉强回复：圆圆，我们都要坚持。

晚饭时，14楼医生打电话来，问小米情况。

她离开被自己称为死亡集中营的14楼才5个月，似乎和它相隔了一个世纪，太遥远了。

医生说，苏琴复发了，已回到14楼。说这个电话是苏琴想起小米，却不敢问，托医生打来。说苏琴以为你死了，或在某家医院做化疗，或已做了移植。

她说，她出院后没化疗也没有移植，一直在家里。

医生很惊讶。说，小米，苏琴要和你说说话，将电话转给了苏琴。

她向苏琴打听熟人的消息，罗医生好吗？

罗医生死了。

啊……罗医生的死虽在她预料中，但她仍大吃一惊。她说，苏琴，你要保重啊。

苏琴说，我复发了，我知道我也快了……小米，你要多保重啊。

苏琴比她早三个月得病。苏琴是婚后得病的。她听到苏琴复发，心里沉痛。病人复发后大都先后死去。苏琴是老病人，早知道这一切。当人面临死亡，说什么都显得虚情假意。她有许多话刚到口边，却发现多余。

她握着电话，和苏琴长久沉默。

苏琴突然挂断了电话。

三

她的高烧进入第二天。

妈妈小心翼翼地问，小米，高烧退不了，我们是不是要上医院？

她坚决地说，不去！

她吃了各种抗生素药。吃药后高烧暂时退下，很快又升上来。

她似乎看到坏细胞正在她体内欢快地繁殖着，所占百分比在急剧上升。她晚一天去医院，便快一天走向死亡。爸妈同她一样都怕去医院。因为都隐隐觉得，这次去医院可能回不来了。复发后即便移植，生存率将大打折扣，可能30%都不到。

她半年来的重生希望将走完。难道只是一个重生的幻梦？

妈妈说，小米，你从小喜欢吃橙子。妈给你剥个橙子吧？

妈，我胃口不好，真吃不下。

半夜，她被高烧烧得昏昏沉沉。

她虽然头晕得沉重，心里仍挂念着圆圆。因为她预感圆圆快不行了，她想对圆圆说什么，却想不出合适的话。

她的手机突然震动。手机在枕头边。她赶紧拿起。

屏幕中跳出了圆圆的短信：小米，我不行了……墨脱……

她知道圆圆真的不行了，否则圆圆不会这样写。她想起了《莲花》，想起墨脱。她想对圆圆说，她也在发高烧，什么墨脱的心愿，去你的吧。生命快到头了，你还这么小资啊。

她苦笑。她想回一个短信。她内心空虚。她烦躁。她无话可回。真的无话可回了。

妈妈说，是圆圆的短信吗？

她说，是的，圆圆可能不行了。

妈妈说，给圆圆回个短信吧，这可能是最后一次了。

妈妈说的对，这可能是最后一次和圆圆联系了。她迟疑良久。

圆圆要走了,她多少给圆圆一个安慰,使圆圆安心离开这个世界。她只能做到这些。圆圆最喜欢她关于墨脱的承诺。她明明知道自己在欺骗圆圆,也要让圆圆走得心安。

她回了短信:圆圆,我和你是拉钩过的生死之交。我答应过你,如果我活下来,我会去墨脱。

四

天黑了,她高烧不退。

"喵呜……"婉转的猫叫声。

她在昏沉中寻找声音。难道圆圆来了?她想起上次在14楼时,圆圆进门前学猫叫声,突然俏皮地出现在她面前。这猫叫声她熟悉。但是,她知道自己在高烧。她怀疑是幻觉。

"喵呜……"又一声猫叫声。

这次她真切感受到了。她支起上半身寻找。不是圆圆,是一只陌生的虎纹猫。她家不养猫。它怎么进来的?还出现在她的房间里?

它蹲在她的床边,深情地望着她,那眼神如此熟悉。她想,她或许在高烧中,头脑昏沉,混沌一片。

她叫起来,妈妈……

妈妈进屋,小米,什么事?

妈妈,我们家里养阿咪了?

没有啊。

我刚才看到一只阿咪,还有阿咪在叫……

小米，哪里有啊？妈妈寻找着猫，说，小米，我在屋里找不到猫。

她说，妈妈，我确实听见阿咪叫。有只阿咪蹲在我的床边。我还以为圆圆来了。

小米，真没有阿咪啊。妈妈急急地用手掌按在她的额头上，小米，你的额头烫得很，可能又升到39度以上了。

她说，阿咪不见了。不见了。阿咪不见了！

小米，你在发高烧，可能是高烧中出现了幻觉。

她说，妈妈，这是不可能的，我明明看到的。

她的手机在震动。她拿过手机。短信就五个字：赵圆圆走了

真是字字惊心。

她哭了，当着妈妈的面哭了。妈妈，圆圆走了！这回圆圆真走了！短信是圆圆妈妈发来的。是圆圆妈妈的手机号。圆圆走了，圆圆不能发消息，只能由圆圆妈发消息给我。

五

她分明看到阿咪，妈妈却说她是高烧出现的幻觉。

妈妈不在时，她下床，在刚才阿咪蹲坐的地方细细寻找。她找不到它来过的痕迹。她想，可能灯光不够。她的身子很虚弱，她在寻找时，常感觉她会随时跌倒。她费劲打开了房间里所有的灯，台灯、顶灯、吊灯、床头灯。这些灯，大都发出橘黄色的灯光，她很不满意。她打开了日光灯，屋里瞬间亮堂起来。

她要确定刚才是不是她因高烧出现幻觉？

她竟然找到了几根细细的猫毛。猫毛很细，贴在地板上。她颤抖着手，想用食指和拇指捏住它，几次都因它太纤细，或她太激动而抓不住。

妈妈进屋时看到屋里通亮，女儿又在地板上，大吃一惊，小米，你，你怎么坐在地上？把灯全打开了？小米，你怎么啦？你是上卫生间跌倒的吗？妈妈急急来扶她。

妈妈走路时带来的微风，忽然拂去了地上的猫毛。猫毛瞬间不见了。

她伤心地喊，妈妈，它不见了。

什么不见了？

是阿咪的毛，几根毛，证明刚才我不是幻觉。阿咪是来过了。我在地板上找到了阿咪的毛，我还没有捏住它，你就进来了。你走路有风，阿咪的毛不见了。

妈妈扶起她，我以为什么事，阿咪来过就来过了。

她差不多要哭了。妈妈，是它，是圆圆，圆圆来过了。圆圆临走时，特地来看我，圆圆来了，知道我也在发高烧。圆圆什么都知道……

妈妈扶起她，小米，我扶你到床上去。你在发高烧。你要回到床上去。你这样要着凉的。

妈妈扶她回到床上。

六

圆圆走了的不吉短信，无疑对她和爸妈是沉重打击。

得了白血病，难道死是唯一出路，没人能幸免吗？

今天，一个叫圆圆的浙江美女就这么死了吗？从此进入了虚无，一个美女的生命仅是一段回忆中的时间碎片？还谈什么生命意义？不过，圆圆的死，使她相信人死后有灵魂。她更愿意相信一切如同圆圆生前所说的那样，圆圆死亡时扔下的只是无用的空幻美丽的肉身，园园率真、文艺的精神会飞归广泛的自由世界，赋予生命永恒的意义。圆圆灵魂在死亡瞬间融进了宏大的星空，进入一个全新的旅程中。

这是她自欺欺人一厢情愿的臆想吗？她在用幻想安慰自己吗？她想得太多了。

圆圆的死令她极其伤感。情绪很差。

她说，妈妈，今夜你能不能睡在我身边？她们都走了，现在连圆圆也走了，我很孤独……

妈妈用力抱了抱她说，妈妈就守在你身边，妈妈不会离开你。

七

我是小米啊……她叫起来。

小米，小米，你怎么啦？妈妈扑向她问。

她醒了，她做了个噩梦。她满眼是泪水。

小米，你怎么啦？

妈妈，刚才我做了个梦，是小时候的梦。她不好意思地说，我梦见我要饭要到家门口，你们都不认我了……

听到"小米要饭",妈妈明白是什么故事。说,想不到你爸小时候的故事会给你这么大的心灵伤害。

她说,妈妈,这不怪爸爸,谈不上伤害,就是个梦。

妈妈仍在不停埋怨着爸爸。

她懒得继续搭理妈妈。她在静静地回想。这是她幼儿时最温馨的回忆。

妈妈在上班。每天临睡前,爸爸会应小米的要求讲故事。爸爸会先问她,要听苦故事还是开心故事?她都选择听开心的。这一次,她想寻找新鲜的,胆战心惊说出"听苦的"。她不清楚什么才是苦故事。

"小米因为不听话,被人贩子拐走了,被人贩子打,被人贩子骂,又不给小米吃饭。小米的衣服全是破的。小米变成叫化子模样了。有一天小米从人贩子那里逃回家,在门口,爸爸妈妈认不出小米,说小米是叫化子,赶她走。小米说她是小米,爸爸妈妈说小米在瞎说,说我家小米不是这样的,说她是在冒充……"

她哭了,她打断爸爸的故事,急急地说,要听开心的要听开心的。

故事掉头了,"这时,一只大公鸡飞到小米的家门口,说小叫化子是小米。说,人贩子被警察抓起来了。爸爸妈妈也认出了小米,让小米吃饭,换上新衣服。大公鸡在小米面前伏下身,叫小米坐上去。小米骑上大公鸡,大公鸡飞向天空。爸爸妈妈看到了,周围小朋友们也看到了,都惊喜地叫起来……"

她破涕为笑。小脚开心地在地上蹬着,就像她真的骑上了大公鸡。

八

下午 4 点左右，吃了一把药，高烧退下，头不再那么昏沉。

傍晚，高烧很快又起来，越来越像复发的症状。她挣扎着要起床。爸妈劝不住她。

她在屋里走动着。她留恋她的家。她故作轻松地说，爸，妈，如果热度再不退，我们明天回 14 楼吧。我可以和苏琴见面了。

爸妈没有回答。他们尊重她的选择。

妈妈含着泪紧盯着她。妈妈充满母爱的伤感眼睛，令她心悸。

爸，妈，我明天回医院吧，看来这是我逃不过的劫难……她们，一个个走了，圆圆也走了……得了这种病，真逃不掉的……可能真的是最后一次在家里了……

妈妈的眼泪夺眶而出，小米，你胡说，你胡说！你胡说什么啊！

爸爸说，小米，我们还有那个全配的苏州女孩，她可以为你做骨髓移植。

爸爸，你一定知道，白血病复发后的移植成功率太小了。还有，我们并不知道苏州女孩愿不愿意移植。即便她愿意，女孩父母不愿意也没法移植。还有，女孩如果是在乡下，这种年龄可能结婚了，如果丈夫不同意呢，如果女孩在怀孕期间呢……要移植的话，后面会冒出各种变数啊……我在三天高烧中，处处显示出复发的迹象，从时间段看，也高度吻合……

她知道爸妈同她一样，在隐隐后悔当初的决定。五个月前没有听从专家的建议做骨髓移植，可能是个不能挽回的大错误。

她决定,明天回医院,重新步入九死一生的治疗流程中。

没有其他路可走,爸妈只有同意她的决定。

九

晚饭后,她突然有异样感觉。她只要闭上眼睛,静静地冥想,用不了多久,那双熟悉的眼睛会出现在空中,俯瞰着她光照着她,她感到从来没有的温暖。

她感觉只要有这双神奇眼睛的关注,她会渡过眼前的劫难。

明天小米要回医院了,妈妈心里难受。

妈妈给小米冲清凉解毒的中药。她在翻动柴胡冲剂时,带出几片白色的怡美力,稍迟疑了下,扳了半片放在杯中,再倒入柴胡冲剂,冲入开水。

妈妈端了杯子走进小米房间,叫她坐起来。摸她的额头,说,仍烫手光滑,一点不滋润,可能在39.3度。

她接过杯子,喝了一口,有些苦。她喝完后,发现杯子底有白色粉末,随口问,妈妈,这是什么东西?

妈妈闻言,眼睛里闪过一丝慌乱,没有被发现。妈妈说,我担心柴胡太苦,在里面放了些白糖。她知道女儿痛恨怡美力。在医院时,女儿吃了怡美力,大汗出得人虚脱,高烧仍然退不下来。后来女儿坚决换了药。

妈妈匆匆将温度计放入她的口中,似乎不让她再问。测量后,取出温度计,说,仍然39度,你还在高烧。

吃药半小时后,她满头大汗,全身湿透。妈妈给她换了内衣。

她出汗后高烧退了,她感到很舒服。身子软绵想睡。

仿佛爸妈在低声诉说,小米,你是多么年轻美丽,你在熟睡中嘴角微微一颤,爸妈的心会感动得一颤,我们的女儿,我们的至爱,我们的宝贝。小米,妈妈当年为你的出生,曾到地狱走了一圈……护士抱来了你,我们第一眼看你时,你还在睡熟中。小米,你这熟睡中的情态,二十多年没变过……熟睡时,嘴角微微一颤……每次都令我们心颤。

如同一阵阵平缓的催眠曲,使她困倦得睁不开眼睛。

她很快入睡,这一次睡得死死的。

十

早晨 8 点左右,她醒了。她首先感觉到这几天因高烧引起的全身骨头酸痛消失了。

她熟睡了一夜,精神大好,体力恢复了。

妈妈给她量体温,说正常了。说她的额头湿润而温和。说昨夜每隔一小时为她测体温。说根据以往经验,她体温下来后,从后半夜起的十多个小时中,高烧会随时快速升起直冲 39 度。然而,从昨天半夜起到现在,体温一直正常。

傍晚时,她不让爸妈扶,自己起床吃晚饭。胃口很好。

她边吃边说,爸,妈,我没事了,没事了,我知道自己没事了。

她又渡过了生死之劫。

第十二章
星空的魔咒

一

她康复了。

她在世界著名的100强企业工作。病后的她，各部门都不敢把她列为可以使用的员工。同事们戴善意的有色眼镜看她，同情她照顾她。她不是残疾人啊，要受特殊照顾。她想辞职却开不了口。生病期间，单位把她所有的治疗费用实报实销。行长传话说是亚太区总裁的决定。总裁原话说，小姑娘太不幸了，小姑娘工资由北京总部支付。以后总裁换人，新总裁一如既往，说小姑娘虽然康复了，她想休息到什么时候由小姑娘定，工资仍照发。

她是小人物，没见到过总裁，连中国区总裁都没见过。在这种情况下，她提辞职就是"忘恩负义"。但是，她不甘心从员工变成无形的客人。她终于鼓足勇气，怯怯提出辞职。想不到所有人都热情支持她。新总裁传话说，我们理解小姑娘辞职的想法。她要我们做什么，各部门要全力配合相助。

一家德资企业聘用了她。新单位不知她得过白病。她康复了，入单位的体检查不出有什么问题。新企业有许多分公司，钱都是上亿进出,有的分公司钱多了存在银行只能拿活期利息,有的分公司资金不够却向银行高息贷款。企业要搞现金池。她进新单位,要帮助企业建起现金池,把集团及下属分公司的钱汇总,科学安排,将多余的钱投资理财炒汇以获最大利益。

她有了新职位:中国区资金运行。负责资金运作和流向。

她喜欢这个工作。

二

换了新单位,她工作之余变得无所事事,就像当年她走出高考考场后,或像当年等待死亡时一样的感觉。她没有梦,没有激情,没有理想,什么都没有。

她只有星空的魔咒,这来自于她的承诺。

她痛苦挣扎过。圆圆走了,她还兑现什么承诺?

她的眼前飘浮着住院期间的记忆碎片。

圆圆去世后,她沉闷了一段时间。为摆脱星空的魔咒,为摆脱对圆圆承诺的魔咒纠缠,她关心起墨脱。她一次次查找有关墨脱的信息。当年,圆圆把墨脱描述成童话世界,她将信将疑。她不查不知道,一查吓一跳。

她要完成圆圆的心愿,必须走进墨脱,就是驴友所说的徒步墨脱。

但墨脱并非像圆圆说的那么童话和富有诗意。她找来的信息都是负面的,危险的,恐怖的。

在中国十大徒步路线中，排名第一的是徒步墨脱。

墨脱路是黄泉路，年年有失踪死亡的人，累死骡马无数。墨脱之路是越峡谷涉激流，险恶不断，完全要靠人的双腿才能穿越。一路上处处是塌方、泥石流、蚂蟥、野兽、毒虫、暴雨、烈日、雪崩等。墨脱是顶级驴友的徒步圣地。

进入墨脱路线，生命不再是你的了。体力再好，意志再坚强，运气不好也是死。有个经验丰富的顶级驴友，经过塌方区时，一块山石滚下砸中他，此时徒步经验、强大的意志或强健的体力在被山石击中后全部化为乌有，驴友滚下了悬崖。

《莲花》的作者说："会劝阻任何一个想去墨脱的人。不要去。因为会死。"

上海著名徒步前辈余纯顺在罗布泊遇难，生前因没有徒步墨脱而感到遗憾。

她不喜欢旅游，不喜欢什么徒步。记得小时候，爸爸带她到北京住过一星期，总想抽时间带她到北京的著名景点去。她却只喜欢溜冰，爸爸只能陪她天天去北海，租双溜冰鞋。现在，她身体健康，不等于她可以徒步墨脱。她既没有体能，也没有强大的意志和抗高原反应能力，她无法忍受徒步中吃住行的艰苦。在家里，妈妈把她服侍得好好的，衣来伸手，饭来张口，上网聊天，看书看电影，还考各种职业证书。

圆圆走了，还兑现什么承诺？她心里痛苦挣扎抵抗，她做不到！她受不了这艰苦。她不会徒步墨脱。她把承诺当作认真的玩笑。想想吧，一个白血病患者请求另一个白血病患者去徒步墨脱，还谈什么承诺，本身是国际玩笑。是不是很可笑？

三

有个景象经常在她眼前浮现：

黄昏的病房，昏迷中的圆圆，不停冒着气泡的输液瓶；风从半开的窗户吹进来，床边的《莲花》似有灵性般一张一张时快时慢揭起，又突然全部合上，出现蓝色的封面，像昏迷中的圆圆用心灵在翻阅……

她每看到《莲花》，或看到莲花的文字或画面，就会想起圆圆，想起她的承诺。

她们都死了。她和她们的联系，只有圆圆给她的《莲花》和她对圆圆的承诺。她每想起圆圆说过，要在星空等她消息，她就无法心安。好像圆圆在星空望着她。这是个残酷的心理折磨，是她的心病，成为严重影响她生活的魔咒。

她迟疑过，想不再思考这件事，忘记这件事，可做不到。

她怨恨圆圆。圆圆也太不道德了，明知她也是白血病人，找她完成什么心愿。她礼节性的回复，圆圆就当真了？她有时怀疑圆圆会不会对所有白血病女孩都有过这样不着边际的托付。但怀疑很快被她排除。圆圆很文艺，文青大都理想主义。在女孩中，只有她能勉强接受圆圆的这种小资想象。不过，在当时，她自己的生命尚处在不确定中，她的承诺，仅仅是对圆圆小资想象的承诺，不算数的。

如果圆圆活着,她一定会通知圆圆,承诺不算数,要去你自己去,她不会去。她不喜欢旅游,何况徒步。圆圆怎么会嘱托一个同是白血病人的人呢?

问题是,她活下来了,圆圆死了。她确实承诺过,活下来就要去完成圆圆的心愿。这是她自找的,不是吗?

她大声说,圆圆,你走了,我为你去墨脱,完成你的遗愿,听听浪漫,有意思吗?圆圆,我当时答应你,我是在客套,是假的。这是我的真实想法,我现在要说出来。我不能骗我好友啊。我假装答应,我想不出这有什么意义。

仿佛空中传来一声:你,小米,我真失望……

四

静寂的黑暗中,她的思想集中不了,昔日的病友在黑暗中一个个飘浮着出现,简华、露露、苏琴、罗医生、肖金、章伊伊等……排着不整齐的队,一个个幽灵……

她被突然惊醒。

楼上人家有什么东西掉在地板上,一连串,好像细碎的珠子在地板上滚动,很快停止。

一切安静如初。

承诺成了魔咒,紧紧纠缠着她。圆圆的眼睛在星空中,充满期待望着她。

当年在14楼的死亡旅程中,一个个鲜活的女孩离开了她,她成了孑然一身,成了死亡集中营唯一活下来的女孩。在她无数次梦中,常重演这一幕:或她拒绝圆圆,或她答应圆圆。

只有她去墨脱,才可以解脱星空中发出的一次次魔咒。

莫非上天让她活下来,就为了她要去履行承诺?她如果不兑现承诺,会背负一生的心理愧欠和心灵折磨。她明白了什么才叫生死之交。

圆圆走了,她更无法反悔。她对承诺越挣扎,承诺越深入她的心中。

她有怨气,证明她在意她的承诺。

魔咒要去除,只有靠她自己。她要解脱要放下,只有尽快兑现承诺。

她对自己说,小米,你没有努力,怎么知道自己不行呢?

她决心解除魔咒。

她动情地宣布,圆圆,先让我对墨脱做一次深入了解吧。

五

几米出新书了,书名竟叫《星空》。几米好像知道她和圆圆关于星空的联系,特地为她们画了《星空》。她很高兴,马上购来。

她每次看《星空》,都能发现星空所包含的更深的内涵。她每捧起几米的书,就仿佛看到有双淡淡的忧郁眼睛在望着她。

她和圆圆喜欢几米的书,因为几米得过白血病,后来好了。几米曾给她们莫大的心理支持。几米和她一样,对人生的变幻莫测会产生同样的伤感。唯有经过死亡阴影洗礼的人，才会对人生有反省，会真正体会到生命的价值和意义。会明白，心灵的纯净可以使她在肉体存活期间享受精神的自由。

她做了个梦。她把《星空》推荐给圆圆，说，圆圆，几米最新出的，忧伤，怀旧，还有你喜欢的星空。"抬头望着星空，世界变得好大好大……"她轻声朗诵。

圆圆说，小米，我看过啦。书里有无助的孤独，母性般的温柔呢语，我喜欢。我最喜欢这一句："孤单时，仍要守护心中的思念，有阴影的地方，必定有光。"

书刚出版，圆圆居然已看过？

梦境太清晰了。她醒来后，睁眼望着天花板，思绪很乱。

六

她家阳台通道边，放满网购来的花草，形状各异的小花盆。

她仰头看夜空。月亮圆大，淡红色的。看日历，今天是农历十八。上海开世博会，天空有了变化，混沌消失了，特别清澈。夜空在大城市的照明中，好像被遮上光亮的薄纱，天穹不见任何星光。

她努力寻找，天顶处，几颗暗淡的星星时隐时现。

妈妈推开阳台门，小米，快进屋里，小心着凉了，都快12点了。

她经过一段时间观察,终于失望。上海没有星空!夜空不叫星空。

她记得5岁那年,爸爸出差到杭州带上她。夏天夜晚,西湖边。爸爸说,小米,你抬头看,这叫星空,多么宏大啊,满天星星,好看吗?她心不在焉。她不想看星空。她拉着爸爸直奔湖畔的露天冷饮摊。吃冷饮要排队。白色小桌子对面,爸爸看她美美享受冷饮。吃完后,爸爸想在湖边散步。她不喜欢,吃完冷饮就吵着回旅馆。

5岁的童年记忆使她知道西湖边可以看到星空。

她选择在周末,预订了西湖边的宾馆,坐动车到杭州。

半夜,西湖边游人稀少,她静静坐在堤岸边的长椅上,仰望天穹,疏星倾泻着寒光,比上海稍好。她坐到凌晨,仍是失望。唉,杭州也不是星空。

在城市,星空已被文明吞噬,被空气和城市明亮灯光污染了。想要仰望繁星点点灿烂的星空已属奢侈。

她的好友说,星空在没有空气污染、灯光污染的地方。说在东北吉林的长白山,不但有星空,有时还能看到北极光。

她想象星空下的长白山、林海雪原、温泉、天池。

冬天,她第一次出远门。爸爸问,有伴吗?她说没有。爸爸说,为什么不找几个伴一起去?她说不需要。她说其他女孩都死了,她活着就要活得像人。爸爸嘀咕着,难道去东北就活得像人了?爸妈没办法阻止她。

她把去东北的线路画给爸妈。答应每天早、中、晚发三个短信报平安。

她来到长白山天池。旅行社的游客走马观花参观后,为节省开支住在山下,在天黑前匆匆离开。带走了喧哗和浮躁。山上没有人,安静极了。

夜晚降临,宾馆温泉的客人唯剩下她。她泡在温泉的水汽中,透过池四周宽大的落地玻璃窗,仰望如洗的天空,一轮满月,群星闪烁。星空下,皑皑厚实的积雪,一个清凉、纯洁、寂静的世界。连绵的雪山在深邃的夜空之下,被神秘的光芒所照亮。闪烁的星星似乎正擦着零碎的云朵轻轻在滑过去。

她惊呆了,流下了眼泪。她轻轻说,星空,你使我如此满足。

就在这天夜里,她梦见了圆圆。梦很长,她和圆圆都说了很多的话。醒来后,其他全忘了,只记得她在梦快醒时对圆圆说的话:圆圆,我看到你,我就相信人死非断灭。关于墨脱,你不要催我,等我消息好吗?

第二天,她正在爬山。向导的手机响了。向导说,小米,是你爸爸来电。她接过手机,是爸爸的声音。爸爸没有在规定时间接到她的短信,他频发短信没有回音。打她手机,"手机已停机"。吓得心慌腿软。猜想她在冰天雪地的野外生病或发烧或遇到大麻烦。想起她出门前提到过一个东北网站,咨询过天池的细节。爸爸打通网站版主的手机,问版主要到了向导的手机号。她笑了,说手机没电了,她一切很好,请爸妈放心。

当天夜里,爸爸来电时,听到手机里声音嘈杂,还有小孩的声音,问她在干什么,她说,在一个东北大家庭。老板娘说今天是情人节,她一个上海女孩来东北不容易,请她一起团聚过节。

老板的亲戚们都来了。屋里烧得暖和和的。老板娘烧了地道的东北菜。两个七八岁的小女孩在屋里不停地窜来跑去。其中一个缠着她，一声声脆脆的阿姨长阿姨短，叫得她不好意思。饭桌上，东北的嫂子阿姨们纷纷给她夹菜，劝她多吃，让她特别感动。她想爸爸在电话那头一定感受到她的开心。

这是她有生以来第一次独自出远门。社会不像传说中那么负面。善良纯朴的东北人捧出心来接待她。她在寻找星空的过程中，对外面世界有了好感。

七

她要徒步墨脱，就要适应墨脱凶险的生存环境。人的意志、体能和抗高原反应，三者不可缺一。

她断断续续做着有关墨脱的笔记。她要深入了解。就像高考，她尽管不喜欢，但她必须去做。

她有积蓄。她更要积蓄体力、意志和相关的徒步知识。

她和圆圆有短信戏言，在墨脱路上当圆圆的导游。当年的戏言，同样成了她的魔咒。她因此考了导游证。她英语好，有旅行社找她，兼职，利用节假日，每天500—800元。她没接受。导游证挂靠上海旅游协会，每年交挂靠费300元。她要为圆圆做专职导游，进入墨脱之路后，为圆圆讲解那里的人文风光。

爸妈如果知道，一定会说："这是去墨脱自杀！"他们不会答应宝贝女儿疯狂的想法。她无法预计爸妈会采取什么极端行动阻止她。她把这计划深藏心中，不想让爸妈再担惊受怕。

她没有向爸妈说明，偷偷骑车出门。她以前整天淑女般地宅在家，不爱出门。偶然才和妈妈相挽出门。在爸妈眼里，她是个乖孩子。她突然消失一下午，爸妈找不到她，联系不上她，急得正想报警。她回来了。

她说，她骑车去徐家汇了。

你骑车去的？

对啊，骑到徐家汇又回来。

来回都是骑车？

对啊，骑了几十公里。

爸妈惊得说不出话。她很有成就感，开心得直笑。

她绕着世纪公园徒步，好像幼儿园学步。

她试着增加体能训练，参加暴走淀山湖环湖50公里。她的身边，有人带了宠物狗暴走。半途，狗走不动了，人抱着狗走，接着，人狗半途都退出。大多数人中途退出。她走完全程。他们可以中途退出，她不能，因为她要去墨脱，要解脱星空的魔咒。

徒步要升级，不能限于上海。她找初级的不起眼的徽杭古道徒步。她找了个伴。她们到达徒步起点，女伴却步了，说脚痛不想古道徒步，躺在宾馆里玩手机或吃美食逛街。这次徒步计划就此泡汤，成了休闲游。难怪女伴，生活好好的，难得休息几天，凭什么跟她古道徒步吃苦呢？

她决定以后单独出行。

她利用十多天年假，独自出远门，把自己抛在一个遥远陌生的小地方，这样或接近墨脱的生存状态。长白山因是著名旅游景区，她寻星空之行，对体验徒步没什么用。而这次，她差点客死他乡。

……

她发着高烧，躺在小旅馆的木床上。她病愈后很少高烧。每次高烧，自然会想起14楼一个个死去的女孩。高烧中，她有客死他乡的感觉，此时她特别想爸妈。她在微信中说，妈妈，我很孤独，你能不能多和我聊聊？妈妈说好的。她说我想你们。妈妈说，女儿，我们也想你。妈妈察觉到她情绪低落，问，你是不是遇到什么事了？她说没有，她很好。妈妈说，女儿你如果有不开心或遇到什么事就尽快回家。她说没有。妈妈担心女儿产生误会，补上一句，女儿，你回家后，想再次外出旅游，随时可以出发，只要你开心你安全。

她和爸妈聊到半夜。他们真以为她很好，只是想家了。夜深了，爸妈要她早些休息。

第二天她打开微信，说昨夜她其实在发高烧，热度39度以上。说她孤身他乡，发高烧时特别想家。她恐惧黑夜，说小旅馆要省电，灯光暗淡，屋里有浓重的潮气。她从行李箱中翻出退热片，小旅馆没有热水，也没有电水壶，她用冷生水服了药。她说昨夜和爸妈道晚安后，想着她在他乡发高烧，身边没人，就哭得很伤心。她冷极了，后来蜷缩起身子挂着泪痕睡着了。她说，今天上午醒来，高烧退了，她才敢对爸妈提昨夜的事。

爸妈看着远在他乡的她打出一条条微信，知道女儿昨夜高烧，很想插话，但控制着情绪，让她尽情讲，以获得更多信息。

她分析高烧原因。说爸妈要求她出门在外以"休闲,安全,开心"为宗旨,根本做不到。说她难得遇到一个女孩,很开心。强势的女孩为找到最便宜30元一夜的旅馆,花好几个小时,拖到下午2点半才吃上中饭。10元的中饭,女孩心痛得叫屈。她发现,她们的价值观不合。饭后,她就没跟女孩出去。半夜她在熟睡中,女孩回来了,兴奋地拉起她聊天。所以,这些天她没睡好,知道这样折腾早晚会出事。长时间坐大巴,路途疲劳,经常饿肚子。发高烧那天,她被女孩热情拉出门,天降大雨,她淋了雨着了冷,又恰来例假,她觉得不适,借故和女孩分手了,但是已晚,终于发起高烧。

　　爸妈了解她,说没这么简单,她的高烧虽然退了,但下午会起来。叮嘱她继续服药,要出汗喝水,把将要升起的又一轮高烧压住。

　　……

　　这次,她运气不好,在他乡小旅馆发高烧。遇到那个虽热情,却以穷游为荣,以自我为中心的女孩。她明白了一点,路途中的驴友都是临时组合,队友素质良莠不齐。全凭个人运气。队友素质如果差,可能会因此要你的命。

八

　　她要徒步墨脱,必须等到"痊愈"。毕竟不是绕着世纪公园、淀山湖,像幼儿园玩过家家似的徒步。她在等待"痊愈"。专家称,像她这样不治疗满五年才能叫"痊愈"。

2013年6月,她没有移植也没有化疗刚满五年,进入第六年。

她向工作了两年的单位提出辞职。上司器重她,正想把她提升为"亚太区资金运行"。她说她不是为更高薪水跳槽。她说想趁年轻外出休闲旅游一段时间。上司叹气说,聘她这样的职务很费劲,但理解她,说趁年轻外出看看对人生有好处。

一家猎头公司获悉信息来找她,开出丰厚的年薪。她婉拒了。她不为钱。

她的突然辞职,爸妈不理解。她说工作压力大,想休闲旅游一段时间,顺利骗过了爸妈。

她,一个弱弱的上海女孩,要想顺利徒步墨脱,只能采用魔鬼式的极限训练和在恶劣的生存环境中的磨炼,使体能、意志和抗高反得到快速全面的升级。所以,她可能出门几个月,也可能半年,或许更长时间,这要看她训练的效果而定。

九

临出发,她去看望奶奶。

奶奶生前总唠叨"小孩要学好,不要轧坏道"等,她会顺着奶奶点头称是,奶奶会很开心。奶奶葬在这个墓区,E也葬在这个墓区。她在病后随家人祭奶奶时发现了年轻的E。她看到E,就会联想到圆圆她们。她祭拜E,就如同拜圆圆、简华、小露露、苏琴等早逝的女孩们。

她不清楚其他女孩的墓地在何处。她只知道E的墓地。E的墓地很精致。她能想象圆圆、苏琴、小露露等女孩的墓地也会很精致。即使是简华,爸妈因最后一次为女儿花钱,也不可能吝啬。

暮色四合,没有人。

她走在墓地林阴道上。齐整网格式的小路。这是俗世最有规划秩序的地方。

无论贫富、美丑、贵贱,好人或坏人,长寿短命都是昙花一现。一死万事空。

她特别关注墓区里一个个早逝的女孩。一张张逝者彩色的照片。

她来看六年前去世的女孩E。

黑色的大理石上,镶嵌着椭圆形的彩照,二十多岁的E,刻着"卒于二零零七年"。是E的父母为E立的碑。一家三口,生死两隔。墓碑将三个姓名联系在一起。如果死亡没有期限的话,就寄托着永久在一起的愿望。

漆黑光滑的墓碑,绿叶鲜花,还围上一圈如童话般的白色栏栅。精心的布置透露出父母时时关心着女儿。

人死了,除墓穴外一无所有。人间唯一公平的是死亡。恺撒大帝遗言,死后把他的双手摊开。说要让人知道,即使恺撒大帝去世,也是两手空空。说的很对。

她的脑海中出现密密的楷体金色大悲咒,她在心里默诵:

南无 喝呐怛那 哆啰夜耶 南无 阿唎耶 婆卢羯帝 烁钵啰耶 菩提萨埵婆耶 摩诃萨埵婆耶 摩诃迦卢尼迦耶……

在四周的寂静中,她似乎听到众多平缓娇柔的女孩们的呼吸。

那波动朦胧的光,梦幻般地飘动,就像众多女孩的衣衫一样。

她陷入恍惚之中……

六年前,E的墓地出现在这个最美丽昂贵的艺术墓区。

她相信,六年来,E的父母会在一年的几个固定的日子来这里祭扫。

她从墓碑上的E父母的红字看出,E的父母仍健在。但是,她看到了未来……

白发苍苍的老人不是一对,而是孤独一人,拄着拐杖,颤颤巍巍出现在E的墓前。墓碑上,E椭圆形的瓷质肖像虽然保持着美丽年轻的微笑,色彩却不再艳丽,微笑地望着老母亲或老父亲。鲜花早已枯萎,白色栏栅有些已折断,黑色大理石因为积尘而变得暗淡无光。

又过了些年,在某个固定出现的日期,E孤独的老母亲或老父亲再没有出现。墓碑上,E椭圆形的瓷质肖像已看不清。四周杂草丛生,白色栏栅不见了。墓碑更加暗淡无光,就像年代久远的古物。

有一天,这一大片墓地会全部消失,抹去了一切痕迹。仿佛从远古传来E一家的故事,从此载入了无底的黑暗和深沉中。

唯有星空仍保持着永恒不变的灿烂。

星空真好!

她默默伫立良久。

她深切地感受到一股伤感中的温暖。

一个阴影突然晃动,沿着墓碑一掠而过。她倏地惊醒。

是一只虎纹猫,它跑出不久,停下,转过头,睡眼惺忪。

四目对视。

她和它似曾相识。她冲它一笑。

它怵然一惊,扭头就跑。前面是条小河。

她想,她该回家了。

第十三章

重返死亡之旅

一

2013年6月19日，上海。小米家。夜。

妈妈为她整理行李箱。妈妈抹着眼泪，好像和女儿有永别的感觉。

她辞职后，还有一份兼职，为小企业做网上财务报税。她的兼职收入能养活自己。

妈妈把企业报税的U棒，放进防水的乐扣乐扣盒中。又放进退热片怡美力。妈妈说，小米，当年你发高烧第三天还退不了烧，正准备回医院，我偷偷将半片怡美力混入冲剂中，你退烧了。以后凡遇到你高烧，我都这样偷偷下药，这是个秘密。现在你要出远门，我不得不告诉你，你万一在路途中出现高烧，不要拒绝怡美力。

她听了将信将疑。

妈妈又提到另一个秘密，说，小米，你可能不知道，当年我们为什么坚持不做骨髓移植。因为移植前的清髓会摧毁女孩子的性腺，从此不能生育。

她没有惊讶。她早知道了。不过，她这时才知道爸妈和她一样都在互相善意地隐瞒。

夜深了,爸妈一遍遍叮嘱她在路途中的注意事项。现在有微信微博,让爸妈随时可追踪。每月上旬企业的网上远程报税不能耽误;女孩单独外出,安全第一;旅途中以"安全、开心"为宗旨,当某事决定不下来时就依这四个字的标准来定。

她说,我会每天和爸妈保持联系。

爸爸问,你出门多长时间?

她说,少则几个月多则一年。我想把这些年一直想做的事在2013年了断。

爸爸问,什么事?

她神秘地一笑,不置可否。

妈妈说,所有的亲朋好友听到你辞职,一个人出远门,叫我们无论如何阻止你。

她说,爸妈,当年我们没有听各方意见做骨髓移植,今天来看不是很正确吗?我知道你们心里不同意我出门远行。但凡能使我开心的事,你们都不会阻止。其实,我在路途若真遇到困难,说也没用。上一次,我在小旅馆发高烧的消息,让你们知道了,后来我一直后悔我太大意。因为说了,只会使你们更加担心。

爸妈听出了话外音,这次小米远行途中,一定会用歌舞升平来隐瞒艰险困苦。

二

6月20日。上海虹桥机场1号航站楼。下午1点半飞昆明的春秋航空。

爸爸问她旅途的日程安排。她说她不知道，说走到哪儿算哪儿。他们叮嘱她注意身体注意安全。她说，应该相信你们的女儿一切问题会自己解决。

爸妈根据以往经验，小米的微博微信是实况窗口，可以据此想象她过得怎么样。比如，她到一地，不发布旅馆照，说明她住得并不好；不发食物照，说明吃得很糟糕；她和爸妈微信聊天时间长，说明想家了；她不发信息，说明遇到困难了；她上传一碗平常不过的鸡，说明这是这段旅程中最好的美食。

她匆匆走进机场的安全检查通道，没有回头。

她出门多少时间，她不知道。等她完成承诺后，她就可以解脱，可以回家了。她不知道能不能活着回来，想到这一点，她很伤感，眼里满是泪花。

三

小米在6月20日到9月6日的路线：

上海—昆明—洱海—雨崩—亚丁—九寨沟—兰州—青海湖—敦煌—乌鲁木齐—伊宁—库尔勒—喀什—狮泉河—冈仁波齐

进入墨脱路线就没有回头路，没有机会调整和训练。所以，她要做好前期准备。采用训练—调整—升级—训练—调整—升级，重点训练意志、体力、抗高原反应。

……

她单车在洱海、纳帕海以及青海湖骑行时，第一天人很多，第二天骑行同伴突然少下来，都半途上了车。她大口喘气，在极度疲劳单调枯燥中骑行。

当一辆辆卡车从身边经过时，是对她意志极限的大考验，人随时会崩溃。她只要一招手，卡车立马停下，司机会热情把她的车扛上车，招呼她坐进副驾驶室，很快将她载到骑行终点。

从第三天起才算真正考验人的意志和体力。公路上根本找不到同伴，更不用说找女性骑车人了。其他骑行人纯粹是骑行。她是在去完成六年前的承诺！

在环湖公路上，她孤家寡人。她用力蹬踏。她机械地重复同一个动作。她学会在精疲力竭时回想美好的往事来分散注意力。

……

她在雨崩徒步时，洋洋得意发了微博，说她是个不需要太多氧气的软妹子。她像打了鸡血，几个小时跑步上山，累得她气喘如牛。

她的微博刚发，报应也来得快。她的状态引起了90后小伙伴们的注意。大家停下步为她安上氧气瓶。她缓过了气，但走了十几步又开始喘。她太累了，走不动了。头越来越重，昏昏沉沉想睡觉。他们往她嘴里塞了巧克力，扶着她给她吸氧。

她听到他们在商量要不要把她扔了。她惊醒了，努力睁开困倦的眼睛说她想去神湖。她走了一上午了还有十分钟路，能不坚持吗？他们架着她走。不知走了多久。她昏昏沉沉机械地迈着步子，越来越乏力，越来越困……眼前一阵瞎，扑通一声膝盖着地，跪在地面石头上。感觉膝盖骨砸碎了。

她痛醒了，她哭了。说不走了，说在这里等他们。

这帮90后硬把她的头拔起来。他们最擅长煽情。她虽脑残身残，也被煽动得热血沸腾。后面如何被架到神湖，走了多久，在她记忆中是空白。

她在下山路上昏昏沉沉气喘如牛。

西西背起了她，说你真的好轻啊。她就记得这句话。

他和她唠了几句。她又撑不下去，睡着了。

不知过了多久，好像听见有人叫她。他们打她脸掐她人中，紧急抢救。

她被90后打醒了。她眼前一片血红，迷糊渐退去，越来越清醒。她想抓住那片血红。却不能动作，整个儿身体麻木，手腿和胸腔都没有感觉，就好像不是她的。心脏在跳动，还微微牵动发麻的皮肉。眼前的那片血红色可能是西西的红色冲锋衣。

他们扶着她把她架了下去。学医的霖霖教她做动作，为她恢复发麻的手脚。

高反是如此神奇的东西……

雨崩徒步后，她和小伙伴们各奔东西。雨崩的日子使她充分感受到90后在精神上的极其自由和快乐。他们和80后完全不同。他们是快乐的徒步，奢侈的徒步，自由的徒步。90后的词典中似乎只有阳光，笑声，吃货，快乐和无忧无虑。独独没有阴影。

她在冈仁波齐转山前夜，住在狮泉河海拔4700米的小旅社中，全身麻木，陷入半昏迷状态。老板说她严重高反，要帮她尽快撤回低海拔地区，说有生命之危。她摇头拒绝。

老板继续劝说，说今天一个印度来的徒步者因高反不肯撤，死了；说去年上海姑娘金铃在4700多米海拔遇高反不肯撤，死了；说四个驴友一觉睡下再没醒来，死了。

有住客插话说，在死人沟那一个连的解放军战士，白天精神奕奕，晚上睡下后超过一半的人没醒来，死了。

她还是拒绝老板和住客的好意。

她熬到了半夜，胸腔竟然麻木了。她用力捶胸骨，真麻木了。又捶腹部、大腿，都麻木无知觉。她想起胸骨下面是心脏，轮到心脏麻木无知觉，会死的。她想喊老板，想尽快撤出旅社，撤出高海拔区。她知道对付高反的最好办法就是下撤，下撤后很快会恢复正常。她绝望地想哭。她不是为可能来临的死亡，不是的。死亡对她来说，已面临多次。她是因为快到墨脱了，快到她完成承诺的起点了。想想吧，墨脱的多雄拉山口也是海拔4000多米。她能就此败下来？她不会撤。圆圆在星空望着她。她相信圆圆会保佑她的。

她使出各种方法，大口呼吸，强迫醒一会儿，睡一会儿，再醒一会儿。一夜二十多次醒来又昏迷。她强迫自己不能睡死，否则真的会长睡不醒。她大口呼吸，大口呼吸。

终于熬到天亮，她没死。她挣扎着起来，走出门，看到蓝天白云时，竟渐渐适应。

冈仁波齐转山途中，她和驴友吉巧、龙龙以及一个藏族姑娘来到一个山坡下。

藏族姑娘问，你们想不想看天葬？上面有个天葬台，不在转山路上。你们如果想看的话,要绕路进入,还要爬坡。在神山有好几个天葬台,这个是大的。

她和队友们说都想看。

天葬台一面用高高的铁丝网围着。他们跟着藏族姑娘翻越铁丝网进入天葬台。

天气晴朗,没有一丝风。

龙龙在和藏族姑娘聊天葬。

她不想惊动逝去的人。她沉默无语。她没有恐惧。天葬是祭奠生命的方式。生命是修行,生命的过程充满了偶然性。她心中除了对生命的敬畏,还有丝丝酸楚。

吉巧在拍摄天葬台。

藏族姑娘急忙上前阻止吉巧,说,你在这里拍照,这是对逝者不尊重。

吉巧说,人死了,什么也没有了。

藏族姑娘说,有人以前也拍过照,后来噩运降临……

当她爬上5700米的卓玛拉山口,看到漫山遍野的经幡。回想昨夜对高反有气无力地挣扎,脑海中曾一次次重启对死亡的感知。她在14楼的苦难仿佛此刻得到了救赎。她胜利了。她站在山口。双手掩面痛哭起来:她战胜了高反。5700米。墨脱多雄拉山口多少?4245米,相差1500米。她几无悬念会顺利通过。

她想起了圆圆。她在这天的微博中写道:"那一世的转山,不为修来世,只为途中与你相遇。也许这一世我注定在孤独中修行。所以当你遇见我,请对我说声加油,让我们好好相处。在空旷的星河下，想你，那个在风里游移的光影，就是你……"

魔鬼式的极限训练和恶劣的生存环境使她的体能、意志和抗高反在出门近三个月中，得到快速而全面的升级。这都是为进入墨脱在做热身。

几天后，她就要到达起跑线，去完成六年前对圆圆的承诺。

四

9月7日。往拉萨途中。晴。

夜，大巴行驶在漆黑的青藏高原上。

小米拿出手机，在微博上写道：你好，请带着我向东吧，向东吧。拉萨，林芝，我的目的地是墨脱。

车内漆黑一团。马达隆隆。她没有丝毫倦意。她拉开窗帘一角。

星空浩瀚，深邃，静谧，神秘。繁星闪烁，有几颗像是她的昔日病友，与她们在世时一样，很美丽，也如同她们的生命，柔弱又暗淡。她们离开喧哗的尘世，飘然到天上，仍聚集在一起。她们俏皮地望着她，没有忧愁痛苦，一群纯粹可爱的小精灵。

一颗流星飞快地划过，消失在地平线。如水的夜色。无垠的天空。

她们都死了，唯她活了下来。她要完成去世好友的心愿，兑现当年的承诺。

她凝视着星空，心灵沉静，俗念全消。

五

拉萨。她住进八朗学旅馆。4人间，50元/人。

她要在进入墨脱前把兼职的工作做完。八朗学旅馆可以上网。她住下来，为数十家小企业完成上个月的财务报税。

每到傍晚，她漫无目的地在拉萨街头转悠。她喜欢坐在大昭寺前，呆呆看着来往的藏民。她没有去羊湖，没有去色拉寺、哲蚌寺，甚至连布达拉宫都没有去。她心中想的是墨脱。

小企业报税做完了，她准备坐车去八一。八一是到墨脱的前站。她十天前去冈仁波齐神山，在狮泉河办过边防证。墨脱同属西藏，她不知道要不要办边防证。

她向旅行社、警亭和市民服务中心咨询，都说去墨脱肯定要另办边防证。

一个上海的软妹子要徒步墨脱，脑子有病啊？是开玩笑吧？他们提醒说，前些日子有三人徒步墨脱失踪，至今没被搜救队找到，可能死了。

她没有说什么，笑笑。

边防中心办证处说散客想办边防证，必须有机关单位介绍信。

一家旅行社说可代办边防证，但劝她别去。小姑娘，你疯了，你现在去墨脱？

是的，我要去的。

就你一个人？一个人去徒步墨脱就是送死啊。

路上会有伴的。

小姑娘，墨脱下了十几天大雨，现在封山了，进不去。前些日子进入墨脱的三个人，到现在仍没被找到。墨脱路上悲剧太多了，年年死人。我们可以给你办边防证，但是，我还是要提醒你，徒步墨脱有生命危险，你要三思啊。

谢谢。

小姑娘，墨脱失踪三人的消息，最近在网上炒得热闹。你看，我在百度搜索框中输入"西藏墨脱失踪女孩"，你看好，我回车了。

众多媒体标题很醒目：

"慈溪女孩西藏墨脱失踪第十六天了"

"宁波女孩西藏墨脱失踪，搜救成本该由谁买单？"

"慈溪24岁姑娘徒步西藏墨脱失踪，家人已启程前往寻找"

……

小姑娘，你自己看吧，几万条信息。你一定要去，200元，我们加急给你代办边防证。

她婉转说，我把证办了也不一定去墨脱，再说，墨脱封山，我也进不去，对吗？

因为墨脱封山，我才给你代办边防证。你进不去就安全了。我们也赚些钱。我说得对吗？

她笑了，说，你很聪明。

小姑娘，徒步墨脱，路上各种恶劣天气、艰险环境，是对体力、毅力和智慧的挑战，更重要的是对运气的挑战。

这些我都知道。

那我现在给你开证明吧。

她拿到旅行社开出的证明,来到边防队。两小时后,她拿到了进入墨脱的边防证。

六

她的财务工作做完了,把八朗学的房退了,搬到东措青年旅舍。这是著名的"疯人院",是驴友大本营。她相信在这里能找到伴。

她选了8人混间。35元/人,四个上下铺,木制床,毛坯房,地上铺着淡色花的方形地砖。墙上、梁上、方形大立柱上,连天花板上也没能幸免,都是驴友用颜色笔涂的漫画、肖像和留言,还有对心上人的爱情表达。

床铺上的被子都是陈旧的灰白色,没有人会折叠,成乱七八糟的形状。

男女混居一室,有来自广东的夫妻,有大理辞职后来拉萨打工的小夫妻,有独自骑行天下的屌丝,有请年假来的城市女白领,也有N年在野外的女背包客。

她出门两三个月,除做财务报税时住有网络的标准间奢华了一次外,其他时间,都住在青旅。她回到熟悉的氛围,进门就成了熟人啦,天南地北海阔天空胡聊。

当他们听到她要去徒步墨脱时哄笑起来:

妹妹,你也真的太逗了!

小姑娘,你的玩笑开大了!

你是去送死啊?听说过吗,我们贵州有个高三学生叫薛超,进入墨脱就失踪了。

你是不是脑残啊?

小妹妹,你想找伴,没戏。我们这里的人都想活命,没有人想去送死。

姑娘,我告诉你,徒步墨脱是顶级大虾玩的。如果是女大虾,那最起码有女大虾的形,不会像你这种细皮嫩肉的林妹妹样。

小姑娘,你以为出了门,什么都好玩啊?

哈哈哈哈哈,笑声不断。

他们对墨脱不感兴趣。话题很快岔开,集中调侃起来拉萨打工的那对小夫妻。

有人注意到她的失落,提醒她,说有一间住着28人的"疯人院",你去试试看。

她在28人的"疯人院"门口张望,里面更加杂乱:有弹吉他的,打手鼓的,泡妹子的,打赤膊的,人声鼎沸,谈论着从哪儿来要到哪儿去,活生生一个年轻人的乌托邦。

她长得太细软了点,所以进门后,只能一个个悄声问。

美人,这里不会有人去徒步墨脱的,你看我们很疯,但都很理智。去墨脱就是去磨难,或去送死。生活很美好,我们有理想,有爱情。我们不想死。

我也不想死。她咕哝了一句。

众人看她一根筋要找去墨脱的同伴,就冷落了她。

她悻悻出门。她郁闷。她原想这里肯定能找到伴,否则怎么能被称作"驴友大本营"呢。

七

拉萨城区。

她坐在街边石沿上,在懒洋洋的太阳下,看来往的游客。看走神了,眼前就像飘逸晃动的皮影戏。

拉萨对她并不重要,是个中间站。她出门近三个月,一路的回忆,一路换着同伴。她在练级的过程中,打败一个个小怪兽。现在就剩墨脱一个大 boss。

她能救出被封印的公主凯旋而归吗?

小昭寺门口。甜茶铺边,一只虎纹猫在休息。

她喜欢猫,忍不住想惹它。她挠它。它不情愿,把头别过去,但没有逃离。她又挠它。它感觉舒服了,欢迎她。

她有心事,站起身要离开。

它"嗖"地跟上,恋恋不舍在她脚边磨蹭。

八

她在东措找不到伴,准备明天启程去八一镇。

她从网上查找得知,靠近墨脱的八一镇,有个渡口青年旅社,是徒步墨脱的驴友大本营,集中了从拉萨、川藏线、滇藏线等过来的各地驴友。驴友之间只要有同路人都会一起走。

他神奇地出现在她面前。

他说他请了一个月的年假出来,假期跨过国庆节。他准备去尼泊尔和印度,听说她要徒步墨脱,他想了解她的户外经历。

她的户外经历?她的户外经历就在这两个半月刚积累起来。以前?没有,真没有。现在,她的强化训练计划全部结束了,她觉得已能承受路途的任何苦难。

看你外表像个公主,不像搞户外的。他说。

她说,她在环洱海骑行前租车时,老板也说她不像搞户外的。她在骑行中没见到女生。她在环青海湖骑行时,大多数骑行者中途搭上了汽车,她的意志没有崩溃,骑完了全程。她笑着说,有个叫蛋糕的驴友曾说她是个骑七天才能环湖的妹子。她后来给蛋糕留言说,她用了四天。

他问,你没有遇到高原反应吗?

她说,她在雨崩徒步时,因高原反应差一点死去,被人背下来。

那你怎么能在海拔更高的5700米的冈仁波齐转山?

提到冈仁波齐,她眼睛湿润,嗓子哽咽。她说她没有死去,过去了,不想再提冈仁波齐。

他说他初见她,一个大城市的弱妹子,以为是他在途中常见的蹭吃蹭住的女孩,是累赘。听了她的经历,他敬佩她。确信她是个体能、意志、抗高反完善的女孩。

她说,前不久,她也遇到过蹭吃蹭住的女孩。她们同车坐了12小时。女孩盯着她说我饿了。她知道饿的痛苦,马上请女孩吃饭。女孩向她借钱,她毫不犹豫,怕半点迟疑会让女孩受伤。后来女孩找到一个接盘男人走了。

　　他说，他临时改变主意，决定和她结伴去墨脱。他自我介绍，60后，云南大理的公务员，苍山民间救援队的志愿者。他有体力和丰富的户外经验。

　　她在旅途中阅人无数。通过对话，确信他是有素质的人。她郁闷的心情一扫而空。

　　她叫他曹叔。他把她当成女儿，叫她姑娘。

　　这是缘分。

　　床铺边的墙上，是以前睡这铺的驴友用墨水笔画的布达拉宫，重叠着后来陆续睡这铺的N个驴友的各种留言，还穿插着用红色的心形勾勒的钢笔画。

　　画面很酷，张扬着粗野的个性。

　　她想起几米的《1.2.3.木头人》，随口念出其中的句子："随性涂鸦的墙壁，有天才的影子。"

九

　　满天星星璀璨耀眼，仿佛近在咫尺伸手可及。弯弯曲曲如绸般的星带应该是银河吧。

　　在无边无垠的浩瀚宇宙中，人类多么渺小。康德说世界上能深深震撼人们心灵的，就是我们头顶上这片灿烂的星空。

　　一片寂静。寂静得她能听到难以形容的嗡嗡声，就像树叶互相触碰发出的轻微震颤。

她感觉到圆圆正缥缥缈缈出现在夜空中。

圆圆的话在她耳边响起:"小米,我们如果都死了的话,我们就是死亡之交,在星空见面;如果我们其中一人先死了,我们的交流沟通生死两界……"

她暗暗一笑。她远眺天穹,用食指和拇指圈成了圆,突然划向天穹,停住。这时,出现在手指圈中的那颗星星就是她想要见的人。她急急看手指圈的靛青中,一颗嫩红的星星,周围枯黄的光晕。

从她的身躯里震颤出一声伤心的叹息。她犹豫不决。她和圆圆可以沟通了,她们能听到对方的心声吗?她用心去感受,果真听到一个声音,小米,你来啦……

突然传来的声音,使她顿时泪流满脸,不知从何说起。想起她们分处生死两界,她很感伤。

传来凄怆伤怀的乐声,隐隐约约虚无缥缈,宛若众猫的低声细语。

她恍惚感觉圆圆的身影在靠近她,如同雾气一样松散轻扬,有淡淡的青涩花香。

你是圆圆吗?

她吟诵几米《1.2.3.木头人》中的句子:"我们都习惯抬头45度仰望天际。"

她感觉有个身影径直向她腾来。她伸出手却抓了个空。影子消失了。她听到轻微的"窸窸窣窣"声。

"喵呜……"

她低下头,是只虎纹猫,一往情深凝视着她。

阿咪，来，来吧。她轻轻叫唤。她管所有的猫叫阿咪。

阿咪温顺地来到她身边，目光柔情似水。

她想把它抱在怀里。

它突然跑了，消失了。

她叹口气，自言说，回青旅吧。

夜深沉，寂静无声。

第十四章
不为修来世，只为途中与你相遇

一

9月8日。大雪到晴，又转大雨。旅途第80天。

去八一镇的班车很多。她和曹叔坐的是商务车。

天气变幻莫测。从拉萨出发时还是艳阳天，路途却飘起雪来。

雪越来越大，一个多小时后，变成鹅毛大雪。318国道上，雪花纷飞，白茫茫一片。

车内马达隆隆响着，她在闭目养神。

有人叫起来，看啊，这就是米拉山口，海拔5190米！

乘客的叫声唤醒了小米。她探头望车外，车正路过米拉山口。出现了暴风雪。白茫茫混沌一片，什么都看不见。

曹叔说，姑娘，你看到没有，有人在堆雪人玩。

漫天雪花世界。牦牛雕塑的背景。旅行车停一边，有游客兴致勃勃在堆雪人，在拍照留念。

大雪中，车减速慢行。

望车外，有骑车人穿着雨披顶着大雪，面容狰狞努力前行。

车到纳木错。天空居然放晴，一片澄澈透明的蓝。远处是雪山。

林芝到了。果然是传说中的西藏江南，从北国冬天雪景一步跨入到江南的春光明媚，一步跨出两个季节，有一路神奇的感觉。

傍晚，车到达八一镇。

因她在路途中获得太多墨脱的信息，她临时改变计划，不想住渡口青旅，要直接去派镇兄弟客栈，说那里才是徒步墨脱的真正集中地。曹叔说一切听她安排。

车站说今天还会发一趟车。说去派镇大约四小时。

她说，我们去派镇。除徒步用的必需品外，多余行李寄在八一。等徒步回来再取。

曹叔赞同。姑娘，我佩服你。你身上有其他女孩所没有的果断和机智。

老板劝他们，说，徒步墨脱太危险了。你们去了也进不了。那里封山了。

她问，老板，前些天在墨脱失踪的浙江女孩燕子有消息吗？

没有消息。女孩的妈妈前几天还在八一等消息。你们去派镇，或许能遇上老太。

虽然前途凶险，她心意已决。她把需要的东西装入双肩包。她要轻装进墨脱。

曹叔要为她背旅行包。她谢绝了。

傍晚6点，车出发。十来个乘客，除了她和曹叔，其余都去看雅鲁藏布江大峡谷。

湿湿哒哒下起了雨。

二

进派镇要买票。观光票 150 元，只能在外围看景色。

看门的藏族小伙说，墨脱在封山，不准进入。徒步危险，是拿性命开玩笑。你们，一个小妹子，一个糟大叔，不像徒步的。我猜得不错吧。

小伙的话使她和曹叔都笑起来。

派镇生活着藏、汉、回、门巴族人。街上店铺冷清，走完一圈才几分钟。

每年开山期，小商贩汇集到这里，兜售农用日用品等各种小商品。买主从墨脱过来。11 月份，小商贩离开派镇。

"圆圆，我是小米。从现在起，我正式为你导游。我是国家认可的合格导游。导游证是三年前考的，今天是第一次导游。

"圆圆，你喜欢墨脱，一定了解有关墨脱的风光人文故事。我说错的地方，你不要笑话我好吗？不过，我也不担心。你只是耳闻，我是进入现场，我在现场为你解说，你说对吗？

"西藏高原平均海拔超过 4000 米。墨脱位于喜马拉雅山脉东段，在雅鲁藏布江大峡谷的深处，被称为'地球上幸存的原始秘境'，'高原孤岛'，'隐藏在云雾、雪山、密林中的人间绝域'，'地球上的最后秘境'。墨脱全年大多时间大雪封山。走进墨脱，只能选择 6 月到 10 月的开山季节。在中国 2100 多个行政建制县中，墨脱是唯一未完全通公路的县。

"今天，我进入了派镇，兴奋得就像站在起跑线上只等发令枪响的运动员。

"'派'是个地名，就一个字，有叫它派镇，也有叫派乡。它是进入墨脱之路起点。今夜，我住兄弟客栈。客栈汇集着全国各地到墨脱的零散的探险徒步者。

"'今天我下定决心，要去完成我们的约定。这是我第一次，一个人走那么远的路……'（几米《走向春天的下午》）"

滔滔的雅鲁藏布江。岸边的农田和村庄。

山坡上，隐约可见随风舞动的经幡。

更远处，影影绰绰的雪峰。

三

兄弟客栈。大雨。

灯光不亮。有电视，正播放着中央电视台的节目。木质的楼梯，藏式的地毯。扶手上裹着藏族特色的布。墙上挂着藏族布染画。有驴友在边吃边聊。

她和曹叔挑了个桌子坐下。她见到传说中的老板娘何姐。网上都说她讲义气又人好。何姐端上了亲自做的湖南菜。

她实在太饿了，大吃起来。

何姐问，你们是父女吗?

她说，不是。

看上去，你们很像父女。

是啊。我们从拉萨过来，曹叔像我爸爸一样，处处照顾我。路途中，谁都认为他是我爸爸。有他在身边，我很有安全感。

何姐说，我看得出。

她问，何姐，失踪的燕子有消息吗？

何姐说，燕子的母亲在女儿失踪后，在派镇住过几天，等不到女儿消息，走了；后来又来等女儿消息，刚巧又走了。何姐说，客栈对进入墨脱的人要做许多工作。进山时，登记身份信息，紧急联系人号码。几天后，客栈会用电话落实是不是进山的人都走出来了。有驴友自认聪明，逃票进入墨脱之路，往往出事。

何姐要审核每个徒步者的素质，如不够格，会竭力劝阻你的冒险。

妹子，看你外形，有点娇嫩细巧。我有个忠告，徒步墨脱不是玩过家家，而是玩命啊。

何姐，我这一路上来，谁都不认为我能徒步。他们认为徒步的女孩应该平胸粗壮，好像打过雄性激素的假女人。

何姐笑了，妹子，徒步墨脱真的艰难。有生命危险。如果你没有非走不可的理由，我劝你不要轻易上路，没有什么比生命更珍贵。这里每年有失踪有死亡。说得难听些，你一定要进入，或许下一个失踪死亡的就是你。

何姐，我从上海跑来，就是来徒步。

妹子，你看，那位，对，隔壁桌上吃饭的那位广东大哥，也是来徒步的。在这里住了好几天了。每次走到松林口，考虑到生命危险，退回来，到现在都没敢进去。

广东大哥闻声回过头，质疑的眼光打量她和曹叔，说，就你们？哈哈，一位大叔，一位大都市的软妹子，这种组合也想来徒步墨脱？真不自量力啊。小妹，我告诉你，不是谁都可以徒步墨脱。

她说，我和曹叔只是想试试。

广东大哥笑了，小妹，大叔，性命也可以试试吗？你是童言无忌啊。

她和曹叔相视笑了。

何姐问，妹子，你和大叔有过户外徒步经历吗？

她说，曹叔是大理苍山民间救援队的志愿者，当过兵，有体力，有丰富的户外经验。

何姐说，妹子，你呢？

她说起她6月20日从上海出发，在雨崩徒步，在洱海、在青海湖骑车环湖……

广东大哥插嘴，小妹，你的这些小经历不能说明什么。我告诉你，徒步墨脱为什么在中国排第一，太难啦，太危险啦。这条路线是所有中国顶级的户外驴友所向往的。

何姐说，妹子，你刚才好像还没有说完，接着说下去，还有吗？

她说，十天前，我在冈仁波齐神山转山……

何姐突然插话，你转山花了多少时间？

两天。

何姐感叹说，妹子，你不用说了，人真不能看外表啊。如果看外表，妹子，你是最不能徒步的。你，一个从大城市出来的女孩，仅用两天时间，在冈仁波齐转山，太不容易了！

她是个感性的女孩。回想转山前夜的苦难，她已死过一回。她眼睛湿了。

何姐说，妹子，大叔，你们进客栈后没有张扬，很低调。但是，我听了你们的经历后，发现你们比其他人都靠谱。你们是有备而来的啊。

广东大哥慨叹，小妹，对不起，我还真看不出啊。冈仁波齐徒步在中国十大徒步路线中排名第四，不得了啊。一般转山都是三四天。你能在两天内转完山，你的体能、抗高反、意志都令我刮目相看。想不到在上海这样的大城市也居然会出女大虾、女汉子啊。我现在知道什么叫深藏不露。这"深藏不露"四字用在小妹身上最合适。

她说，何姐，说实话，我知道徒步墨脱要经过多雄拉山口，那里死了很多人。所以，我在冈仁波布神山先体验。

何姐说，妹子，你准备工作做得扎实。我信任你。但是，墨脱在封山，进不去。硬要进去，有很大危险。

广东大哥好像找到了知音，兴奋中成了话唠。说现在墨脱路况不清楚，失踪的人没找到，肯定死了，说有大量人员积压在墨脱到不了波密。说墨脱到波密的公路有大塌方，正在抢修无法坐车出去。说以往徒步墨脱中，很多驴友第一天就原路返回，也有驴友进入后第二天再后悔，这时候夹在中间，往前往后都是两天……

她心不在焉地听着。目光投向客栈木板墙壁，上面密密麻麻写满了驴友们的留言。

何姐在电视机前转换着频道。

广东大哥说，如果徒步墨脱，早上5点起来，先去松林口。中午之前要翻过多雄拉山口，不然下午肯定迷路。说现在墨脱封山，根本找不到向导。之前失踪的人还没找到，给再多的钱，当地人也不干。说攻略上说有去松林口的土方车。因为在封山期，土方车不敢带人……

客栈弥漫着浓重的烟草味。有人在抽烟。嘴里吐着烟圈。香烟的末端忽闪着。几个皮肤黝黑的门巴族人，听说是背夫。

她不喜欢烟味，也不想听广东大哥神聊。他说的她都知道。

她说，她想回房间了。

广东大哥悻悻说，这几天雨不会停，还会继续下的。

她告辞。

四

她推开她的房间。

她的床上，一只肥硕的灰色大老鼠，乌黑的眼睛微微发光，鬼气森森凝视着她。

去去！她大声驱赶它。

它不在乎，没动，似乎看穿她没胆量，在虚张声势。

她有些急，想叫曹叔帮忙。

"喵呜……"一声婉转的猫叫声。

她听到声音，笑了起来，老鼠天敌来了。她寻找猫叫声。

一只虎纹猫悄然出现在房间门边，望着灰色大老鼠，目光充满敌意，身子突然后缩，向鼠作俯冲状，发出威严短促的"呲！

呲！呲！"恐吓。

老鼠龇牙咧嘴"吱吱吱"几声叫，好像吓破了胆，身子喝醉酒似的从床上跌落下来，"咚"的一声掉在地板上，翻个滚，睁着凄惶的小眼睛，没了方向感，摇摇晃晃跑到木板墙边，"咚"的一声，头狠狠地撞到墙板上，跌倒在地，翻转身，爬起又跑。好像受伤了。

她转身找阿咪，不见踪影。

五

她打开微信，说她已经来到派镇。

多年来，她对要完成圆圆的心愿，一直深藏不露。当她进入墨脱路线的起点派镇时，在极度兴奋中，写下她要"完成一个心愿"，她要徒步墨脱。

她的微信引起远在上海的爸妈高度警觉。

她的手机响了。是爸爸打来的。她知道要完成心愿，最大阻力是爸妈。今天，她无意中泄露了秘密。

小米，你在微信中说，要徒步墨脱，完成什么心愿。什么心愿值得你去冒这个生命危险啊？你能说吗？

爸爸……我不知如何对你说……爸爸，你还记得圆圆吗？

记得，一个来自浙江的女孩，你的病友。

爸爸，我承诺过圆圆。

什么承诺？她死了好几年了。

是的，爸爸，圆圆是死了，但是，我毕竟承诺过她啊。

什么承诺？不会是徒步墨脱吧？小米，我在网上查了下，徒步墨脱路上,年年有死亡或失踪的人……

爸爸,这些我都知道。

你知道危险为什么还要徒步?圆圆不会要你徒步墨脱吧?世界上有这种心愿吗?

爸爸,圆圆是个文艺青年,她看了安妮宝贝的《莲花》后,本想自己去墨脱,后来病情复发了。她知道活不长,把书给了我。我答应了她。

小米,如果你说的都是真的话,你当时是在安慰她。你安慰她,你没错。换了谁,都会答应。但你应该想想,她可能随口一说,你就当真了?你当年是白血病,自身难保。我想不通,你怎么会把一句安慰话当成了承诺?

爸爸,我答应过圆圆,我不止一次答应过圆圆啊。

小米,你傻不傻啊。你会把一句玩笑当成真的。圆圆死了六年了,你还这样……

爸爸,圆圆不死,这就不是承诺。她死了,承诺就是真的了。原先我以为,我不可能去墨脱,不可能完成圆圆的心愿。我得了白血病,我也会死。但想不到,我活了下来。

一个曾经的白血病女孩,为一个死了六年的病友,要去徒步墨脱!小米,换了谁,都认为这是天方夜谭。

这不是天方夜谭。爸爸,你要相信我,我能完成圆圆的心愿。

你怎么知道自己行?这不是笑话吗?你不是去徒步墨脱,你是去自杀啊!

爸爸,我从没想到我能活下来。当我真的活下来后,我就想起可怜的圆圆,我就想完成她的心愿,兑现我的承诺。

圆圆已经死了六年！徒步墨脱就是去送死！小米，你脑子有病啊？

爸爸，你不要生气。你听我说，圆圆如果活着，我不会来墨脱，因为她自己可以走。爸爸，你想想，当年，在14楼，那么多的女孩都是白血病……她们一个个走了，小露露，简华，苏琴……只有我活了下来。在这个世界上，我和她们唯一的联系只有圆圆的这个心愿……人一生中，能有多少生死之交啊……

小米，你得过白血病，你去徒步墨脱，是送死。你听到爸爸的话吗？你徒步，就是送死！小米，我在网上查了下"徒步墨脱"，一查吓出一身汗。一旦进入墨脱路线，中途感冒，发高烧，任何不适都没有退路，等于死路一条。那个南宁女子，第一天进去就感冒了，连撤回都来不及，就死了。

爸爸，你放心吧，我会没事的。

小米，你身体受得了吗？我们担心你的身体是否受得了。

爸爸，我出门三个月，我不是在休闲旅游，我在训练。我在洱海骑车两天；在梅里雪山的雨崩徒步一星期；在青海湖环湖骑行四天；在冈仁波齐神山转山两天。徒步墨脱是我最后的冲击，就是为了完成圆圆的心愿。

小米，墨脱路上年年死人，你知道吗？

爸爸，你不要想得太可怕。我会很安全的。

我和你妈都会因此睡不着觉。我们坚决不同意你徒步墨脱。我马上订机票来西藏……

爸爸，你，你疯了！

小米，是你疯了！你清醒一些好吗？我马上来西藏！爸爸大声说,我马上赶到西藏,我要力阻你徒步墨脱!

她突然哭了,重重挂断了电话。

六

在上海,爸妈频频给小米打手机,发微信,发短信。小米就是不搭理。

小米妈说,小米生气了!

小米爸说,事不宜迟,我马上出发,坐飞机到成都,转到西藏林芝,再坐车到那里,我要当面劝阻小米。

你无论如何要挡住小米。如果不听,我们以断绝关系吓唬她。无论如何不能让她进入墨脱。她真不要命了!

小米爸忽然想起,说,我现在动身到那里,再快需要两天时间。在我没到达前,小米就进入墨脱,我们怎么办?

小米妈想出一个办法,我们打电话给墨脱县政府,派镇也可以。请政府出面帮忙,他们会阻挡小米进入墨脱。然后,你马上动身去西藏。

小米爸急急上网,寻找墨脱县政府和派镇的网站,寻找联系电话。

七

雨声越来越大。灯泡发出微弱的光。

她默默整理随时准备出发的物品和背包。

曹叔知道她心情差，有不快的心事，他任何劝说安慰都是废话。房间里只有整理背包的摩擦声，脚步移动时木板的吱吱声。

她后悔在通话中态度很不好，还突然挂断爸爸的电话。她了解50后的父母，自己上半生受尽了苦，所以对儿女都宠爱过度。她有个同学去广州，因临时有事，一时忘了在规定时间联系爸妈。那个同学的爸爸手机打不通时，也是连夜坐飞机到广州。同学半夜看到爸爸突然出现时大吃一惊。她从此相信50后的爸妈会做出各种奇怪的宠爱子女的行为。

她估猜爸爸此时一定在紧张联系来西藏的机票，一定会在最短时间上飞机。她必须要有充分理由才能阻止爸爸来派镇。

她的颈项处突然有异常的感觉，似乎背后有双灼人的眼睛盯着她。

她回头，什么也没有。

密集的雨滴击打着客栈屋顶，混杂着客栈周边"哗哗"溪水流淌的声响。

八

上海小米家。

爸爸正在紧张寻找墨脱县政府和派镇的联系电话。电话响了，是小米的手机号。

爸爸，徒步墨脱，我走不了了……

是小米……你这话是真的还是假的，不会骗我们吧？

爸爸，是真的。不是我不想徒步，是墨脱政府贴出了禁止徒步墨脱的公告。

有这么巧的事啊？

爸爸，我知道你会做傻事，真会来墨脱。我说徒步墨脱走不了了，你肯定不相信我会这么快转变。我放弃徒步是没办法的事。墨脱政府出了禁止徒步的通告。事情是这样的，上个月，8月17日，三个驴友进入墨脱后失踪了，到现在20天了没有音讯；前几天，有两个进山的驴友也失踪了。这些天，县里派出了搜救队，驻地部队派出直升飞机在搜索，中央电视台也派摄制组赶来了……总之，我墨脱徒步不了了，你们放心吧。我过两天就回家。

真的吗？真难以相信。如果你晚几个小时不回电，我可能出发去西藏了。

爸爸，我估计到你会来的。所以，我现在打电话通知你，我不会徒步墨脱了。

你不会是缓兵之计吧？

爸爸，8月17日三人在墨脱失踪的消息，被网络和媒体炒得很厉害。你在网上查一下就知道。墨脱的政府通告刚出来，禁止徒步墨脱。现在，墨脱的入口道路被封死了。你女儿想徒步也走不了。我把政府通告照相后上传到微信，通告上有政府的大印章。你们可以调查真伪。这下，你们总可以放心了吧。

小米，这消息太好太及时了！

爸爸，我在派镇休息一天，然后就回家。

小米在微信中，贴出了禁止徒步墨脱的通告图片：

公告

因近日墨脱县连续降暴雨,道路中断,存在很大的安全隐患。现接墨脱县旅游局通知:禁止游客从大峡谷旅游区徒步墨脱,违者除自己承担安全责任外,还将追究其法律责任。

谢谢合作!

雅鲁藏布大峡谷旅游区
大峡谷景区管理局
大峡谷景区派出所
二〇一三年九月六日

爸爸确实不相信女儿的话。女儿个性强烈,不可能突然间有这么大的转变。他有疑虑。他马上上网查找,墨脱政府的确刚刚出了通告。女儿发的通告图片不是 PS 出来的。他相信了。

他打通了小米的手机。小米,我看到了你上传的公告。我在网上查了下,有人也上传过一模一样的公告,证明公告是真的。

爸爸,你还真以为你女儿会做一张公告图片骗你吗?

他不好意思地笑了。

爸爸,你听,外面正下大雨。雨声很大,你听到了吗?墨脱封路一时半会儿不会解禁。我马上回上海。你们放心吧。我要休息了。

九

她松了口气。爸爸已相信她的话,肯定取消来西藏的打算。

爸妈年纪大了,她再也不想让他们为她担惊受怕。她出门远行,对爸妈都是报喜不报忧。路途的凶险,都是爸妈从她事后发的微博或微信中知道。她不想平添他们的恐惧。爸妈暂时被她稳住了。

她准备突然进入墨脱。进入墨脱后因信号全无,爸妈对她的行动就无能为力了。

墙上绘有藏族特色的图案。屋里暖和干燥。地板上走动的脚步声在靠近。

一个穿军服的小哥进屋,说他那里有几人,准备明天出发。问她和曹叔想不想明天走。

曹叔说,姑娘,我听你决定。

小哥说他是北京武警,能看云图看天气,能包扎救人,擅长户外运动,什么都懂什么都会。同事说他百事通。说凡徒步路上碰到急难他都能解决,要不他武警也白当了,对不对?

听他口气这么大,她就怀疑他的能力了。她遇到过各种驴友。好的路伴责任心重,是实干家,重团队精神。大凡口上功夫好的都华而不实,很虚荣。但是,人多一起走总是好事,互相能照应。

她说,武哥,我们跟你们走吧。她怀疑他是不是真武警,称呼时把警字省略了。

武哥一屁股坐下来,海阔天空地胡吹。他说的事,她都了解,所以知道他在胡吹,而且胡吹程度之大令她多次想纠正。听他胡吹是精神折磨。她确定他是不可信的人,但他那边有几人可以一起走。

武哥说,他那里有个妹子跟他走,说,你们两个妹子可以互相照应。

她说,武哥,择日不如撞日。我们同你们走。

武哥转向曹叔,大叔,你呢?

曹叔说,我听姑娘的。

武哥说,我们说定,明天凌晨5点出发。封山阶段,趁天亮前冲出警亭。天一亮,警亭会有人把守值班。

十

雨越来越大。

她屈膝坐在客栈屋檐下。外面漆黑一片。气温很低。这里与世隔绝,没有汽车、超市、高楼大厦、西餐厅、咖啡厅,是一种原始的生活方式。

雨声混合着瀑布的轰鸣声中,夹杂着客栈内传出的隐约鼾声。

噼噼啪啪击打的雨声并没有使她感到孤单无助。

她准备了六年。她就像当年高考前夜,紧张激奋。她马上要检验自己了。即便她死在墨脱路上,她的生命也已经延长了六年。六年来,承诺给她带来莫名压抑,几天后,她会永久解脱。她所了解的墨脱和圆圆描述的墨脱有些不一样,她不确定为圆圆导游解说时是不是实话实说。

"喵呜……"

她回过头,幽暗的角落里,是它,那只虎纹猫,温情的眼睛凝望着她。

阿咪,来……她轻唤。

它突然消失在黑暗中。

第十五章

邂逅相逢总是缘

一

9月9日。大雨。旅途第81天。

下了一夜大雨。凌晨5点不到,她和曹叔起床。下楼。天仍黑漆漆一片。

她头戴宽边绿色迷彩帽,绿黑相间冲锋衣,牛仔裤,徒步鞋,显得很精神。

驴友从楼上陆续下来。排队等何姐发早餐。早餐是热馒头。

武哥来了,看到她和曹叔在排队领早餐,提醒说,我没有给你们订馒头啊。

她惊讶,很快明白过来,忙请何姐补热馒头。

何姐对武哥不满地说,说好一起出发,你怎么不把他们两个加上去呢?

她说,没关系,我们等会儿吧。何姐,馒头要等多久才热?

五分钟吧。

五分钟太久了,我们不等啦。武哥大手一挥,我们出发!带领他的队友出发了。

这令她意想不到。武哥变化太快了。武哥耍了她和曹叔。她出门快三个月，从没遇到如此驴友。她奇怪的是，武哥团队的人都被武哥的威风唬住了，可能觉得军队讲军纪，五分钟不能等是军纪。

曹叔估猜，武哥昨夜仅想拉她入伍，不想要他。武哥不给他们订早餐，是抛弃他们最好的理由。

何姐问，桌上怎么还有一份馒头？谁的？谁忘拿了？大声喊。

一个男青年冲出来。他是武哥的队友。武哥下令出发时，他在洗手间，等他出来，人都走得没影了。他一脸愕然，突然想起什么，抓起馒头往外狂奔。

何姐说他叫钢哥。说从没见过这么不靠谱的队长，5分钟不等，也不数人数，居然出发了。还武警呢。

曹叔笑着说，还不知道是不是真武警。

何姐热好馒头后递给她和曹叔。出门时，给他们大致指了个方向。

二

"圆圆，我是小米，我为你现场导游。

"圆圆，六年前，你说，墨脱地处纯美雄奇的青藏高原，与外界隔绝封闭。你说，墨脱的自然资源和民俗风情保持着原始状态，在世界上是个奇葩。有世界第一大峡谷雅鲁藏布大峡谷，有中国最美的瀑布藏布巴东瀑布群，有中国最美的山峰南迦巴瓦峰。你说，墨脱气候温暖，四季花荣，到处奇花异草，是人世难寻的神仙居住的地方。

"圆圆，你描绘墨脱如何美丽，好像你经历过一样。徒步墨脱是你的梦，你的心愿。现在，我来完成你的心愿。

"今天是我进入墨脱路的第一天，从派镇出发。海拔先上升600米，再下降900米。经过松林口，翻过多雄拉山，到达拉格，徒步13公里……"

她和曹叔打着手电，在雨中急行军。

经过警亭时，因天没亮，值勤的还没来上班。

左侧是雅鲁藏布江。江水滔滔，非常壮观。

徒步是个特别枯燥的活，只顾埋头走路。他们不说话，也不能多说话，聚集精神走路。说话太耗体力。埋头走路可以思考，可以回忆。

前面出现分岔路。这是新问题。她知道，只有一条路是正确的。

他们停下脚步，站在路口，选择走哪条路。选错的后果是迷路。迷路后如退不回原路，就会像前些日子失踪的驴友一样，凶多吉少。他们商量了一下，凭直觉选了其中一条路。

快走一小时左右。以这种速度理应追上武哥队伍了。怎么会没影呢？他们疑惑不解。脚步慢了起来。继续走，感觉越来越不对，仍然看不到武哥队伍。

曹叔说，小米，停一停，我们原地思考一下。我们要冷静。小米，我建议现在及时掉头，原路走回去。

她赞成，我们大不了回兄弟客栈。

曹叔是苍山民间搜救队的志愿者,经验丰富。他们不能冒险走下去了。他们转身走回头路。

天蒙蒙亮时,他们回到岔路口。

又面临选择了。如何选择呢?他们试探往另外一条岔路走。这次,他们走得很慢。因为不确定,万一走错还能原路返回,总比造成失踪悲剧好。

陡峭的山路看不到尽头。

背后有人叫。回过头,竟是三个小伙子。

她和曹叔欣喜万分。终于看到人影啦!小伙子们发现他们后,同样心情激动。

五人聚合在一起,互相打听后发现,同是从派镇出发的徒步者,轨迹相同,在岔路口选错道,都闷头走,走着走着,觉得越来越不对劲了,最后原路返回。因前些天先后五人失踪的前车之鉴,今天进山的徒步者都小心翼翼,发现不对原路返回,否则,新的失踪案又要开始了。

缘分使他们相识。在集体商量和交流沟通中,她发现这几个小伙子低调靠谱,和武哥分明是两种类型的人。

三

上海。早晨。

小米妈起床后第一件事,看女儿的微博微信。惊叫起来:小米已进去了,在路上了!

小米爸急问,你在说什么?

你的宝贝女儿已出其不意进入了墨脱之路。最新的微博只有一句："我会活着回来的！"

这话令他们心惊胆战。微博后的留言同样充满永别的悲壮色彩：

"要活着回来啊！"

"风萧萧兮雅鲁藏布寒，女壮士一去兮不复还！珍重珍重。"

他喃喃说，昨天，她说要回家，原来玩缓兵之计啊。

她无奈地说，我的小米，宝贝女儿真不要命了……

他问，那本《莲花》她带走了吗？

没有。小米出行的箱子是我为她整理准备的，没有《莲花》。

他说，我去找找看。他来到小米的房间，寻找《莲花》。

房间里到处是书。书橱里、书桌上、床上乱七八糟堆着书，床脚边是书。整个两人沙发上是书，不能坐人，连地板上也堆了一叠叠的书。

他说，怎么这么乱？

她解释说，小米不许我动她的书，所以乱成这样。

他终于找到《莲花》。安妮宝贝著。蓝色的封面。

她找出另一本书说，这本书也是圆圆送给小米的。《达·芬奇密码》。

两位老人的心情如同当年小米发病时一样，时刻被女儿的生命安危折磨悬浮着。他们无助啊。女儿不吭一声进入墨脱。作为天天在一起的父母，竟不知道她一直在做准备工作，还准备了六年。这太过分了！一位曾经的白血病病人，为完成很文艺的白血病病友的承诺，居然去徒步中国排名第一的顶级路线！真是脑瘫!

女儿的手机、微博、短信、微信,全部中断,没有任何信号。

他们知道,女儿进入墨脱后就没有回头路了。路途的凶险会一直伴随着女儿。女儿的生死如同六年前一样,再次交给了上天和运气。

四

倾盆大雨。

团队在大雨中行走。行走是枯燥的。

她在较少风险的平缓途中或休息时是位真正的导游。用心灵为圆圆讲解。她此生第一次做导游,不会有第二次。

"圆圆,我是小米。我们的队伍扩大了。我们在路上遇到三个小伙子,他们从部队来,体能好,有文化素质,有责任心,还有强大的气场,是队伍的核心。

"我介绍一下,那位因骨折手上缠着绷带的年轻人来自东北,是西藏军区的干部,国防大学毕业的高材生,英语8级。想不到吧,现在的军人太厉害了。他最有决断力,被我们尊为队长。另外两人,猪哥哥和小李镇,是第三军医大学的大五学生,在拉萨大医院做实习生。凭经验,这是世上最好的徒步团队。我特别满意。

"圆圆,这叫缘分,一起由走岔道的错误带来的缘分。

"'等浓雾散去后,就可以看到最美丽的星空了。'几米的句子你听出来了吗?看来,一切上天都为我安排好了……"

背后传来卡车的引擎声。

她回过头，有车来了。大家都激动起来。土方车！土方车！这是传说中能把徒步者从派镇拉到松林口的土方车！墨脱在封山，土方车不敢从派镇接客。

队长急忙说，快，快，小米，你去拦车。你是美女，肯定能拦下来！

她跑到路中央，向土方车招手。

车停下来。简直太幸运了，可以搭车去松林口。

爬上土方车车斗中，席地而坐。车斗里已坐着几个门巴背夫。队长给背夫发烟。因车的轰鸣声，要交谈，只能放大声音。车上的红色油漆大多脱落了。斑驳的车身沾着污泥。车斗里有不少湿黏黏的泥土沙子。小石块在车子行进中涩涩滚动着。

土方车轰鸣着向松林口颠簸而去，震得她的耳膜和太阳穴阵阵抽痛。

乱石铺就的盘山路狭窄得仅能通过一辆车。在道中会车或让车都不可能。拐弯特别多。土方车一个急转弯，车斗里就爆发出愉快的惊叫。

车在崎岖的盘山路上颠簸。十几公里的陡峭山路，海拔上升近800米。道路两旁是茂盛的灌木林，夹杂着其他种类的树木，枯老横倒的树干，几簇绽放的杜鹃花。

雨中的山林像蒙上了一层薄纱，隐约缠绵。悬垂的大小瀑布。风雨中的经幡猛烈在飞舞。多雄拉山山顶覆盖着皑皑白雪。山腰的雪已融化，显现出青黛色。

海拔逐渐升高，气温越来越低。在进入松林口前，不算进入真正的墨脱路线。只有翻越多雄拉山，才算进入墨脱第一站。

冷风直往她脖子袖口里狂灌。

五

车将他们载到松林口，不能往前了，都下车。

松林口是一小块在半山腰由人工开出来的开阔地，在参天的古松环抱中。以前有伐木场，松林口空地用来堆放原木。如今成为进山时的停车场和马帮卸货买卖的临时摊点。

她举目远眺，山坡上低矮的灌木，古藤蔓延。光秃的岩石。泉水淙淙。山下好像有个碧绿的小湖。她努力向中国第一美山南迦巴瓦峰方向望去，雨蒙蒙混沌一片，看不到著名的三角锥形体，更不见云雾缭绕积雪覆盖的山顶。

松林口客栈。客栈内有床有热水，没有电。

客栈老板叫雄哥，听说刚刚抢救回一对男女驴友。

两天前，这对驴友第二次来墨脱。老驴友竟然也迷了路。四十多个小时里，他们不停在山里转，不敢睡，他们知道万一睡着了会冻死。他们走啊走，实在走不动时被雄哥偶然发现。搜救队在山里搜索失踪的燕子等三人，雄哥的背夫给搜救队送货。天黑了，雄哥一时起念，想看看背夫回来了没有，来到附近山上，看到山脚下微弱的手电光，知道出事了。因为这时山里不会有光。就这样，这对驴友在梦游中被雄哥等救下，扶进客栈，他们就昏了过去。

老驴友也会迷路,给团队敲响了警钟。队长总结说,我们不能掉以轻心,必须重视和警惕。我们一定要有向导,要想办法跟背夫走。

队长找到老板,发烟套近乎,说,雄哥,我们出发后都走错了路,差点回不到客栈。

雄哥是爽直人,说,你们这样不要命,我真心给你们下跪了。没有向导不行的。你们跟我背夫走吧。他到拉格返回。以后的路你们自己走。

队长真是好样的,轻易找到了背夫。

她高兴,有背夫就不会迷路。

队长热情地频发烟,问,雄哥,你救下的那两个驴友,现在情况怎么样?

还在恢复中。主要是惊吓和虚脱,用不着送医院。

"圆圆,我是小米。我在松林口。这是徒步墨脱公认的起点。

"松林口位于多雄拉山近山顶部,海拔3600米,是翻过多雄拉山到墨脱的必经之处。松林口原始森林郁郁葱葱,远处瀑布如练,雪峰环抱。

"我们团队增加了钢哥和小耿。钢哥常年在外徒步,是能吃苦耐劳的老驴友;小耿是北京大学生,学校棒球队核心主力。该校是北京市大学棒球第四名,第一名是清华大学。可见小耿体能不错。现在,我们是一个七人团队。

"松林口客栈老板雄哥是热心人,送我们几样东西,说危急时能救命：一大罐汽油，说迷路时，在山里燃烧，可以引起搜索队的注意；还有红绳，说在不确定的路途中，绑在树枝上，找不到方向时可以原路返回。我们会跟着雄哥的背夫走，这样更安全。

"上午10点左右，我从松林口正式进入墨脱之路，为这一时刻，我准备了多年，兴奋啊。圆圆，你想想吧，我正准备穿越世界上最难走的路！

"走出松林口，路边一个土砖堆砌起的台基上，竖立着由并列树干组成的墙，钉着一大块新鲜松木板。板上用红漆写着'中国第一徒步路线'。木板后，一大丛叫不出名的白色山花。

"圆圆，我今天要翻越海拔4245米的多雄拉山口。今天到拉格，明天经过汉密、背崩后，逆雅鲁藏布江北上，到达墨脱，约115公里，需要四天时间。

"我们在出发前，把队形确定下来。队长冲在前面探路。前方陌生的路况潜藏种种不明危险，队长会时时提醒后面队友注意。曹叔也当过兵，经验丰富，负责押后，不让一个队友掉队。

"我是全队唯一女性，被认为是弱者，是保护对象，我在最安全的中心位置。前后是军医大学生猪哥哥和小李镇，贴身保护我。我在军人、老驴友钢哥和北京大学生等六个男子汉的严密保护中。我是不是最幸福的公主？

"呵呵……呵呵呵呵呵呵……"

钢哥和小耿跟着武哥，同样因走错路返回客栈。短暂的接触，使他们发现武哥不靠谱，说只有涉世不深的脑残妹子会跟武哥。说那妹子真以为武哥有大神通呢。

小耿清秀懂事，惹人喜爱。因墨脱封山，进不去，曾在兄弟客栈做了三天义工，每天干些叠被子等轻松活，客栈免费供应吃住。听说钢歌也想做义工。何姐说小耿做义工为体验生活有出息，钢哥为节俭不支持。

六

"圆圆，我是小米。我在为你现场导游。

"背夫说，要赶在中午一点前翻过多雄拉山口。说一旦过时，会出现大雾或者大雪，因此迷路失踪或冻死的人不在少数。

"多雄拉山口是印度洋流向青藏高原的水汽通道之一，中午后天气突变，随着气温的升高，冰雪从下部融化，极容易出现雪崩和冰层的塌方。

"背夫说，如果走慢了，一过中午，就连他们也会迷路。

"在墨脱，背夫是一个职业。在2006年封山时，一次就有11名背夫命丧多雄拉雪山。

"多雄拉山终年积雪，气候变化莫测。每年大多时间，暴风雪堵住了多雄拉山口，封闭住墨脱通往外界的所有路径。只有6月到10月是墨脱的开山期。墨脱全年的物资，从粮食药品日常用品到钢筋水泥等，都论件论斤靠肩背马驮，一步步翻雪山、过塌方、穿越峡谷运进墨脱。听说1962年中印战争时的武器装备，也用这种方式运到前线。

"背夫的眼睛大，鼻子高挺，却大多矮小。每个背夫都经历过生命危险，都有故事。"

豪雨中，队伍在快速行进。

松林口与多雄拉山连接处是断层岩地带。交界处的狭窄小径路况极差，两边布满了乱石。空中弥漫着重重雨雾。山势越来越险峻。山的坡度很大。海拔不断在增高。

小道边，一具不太完整的骡马尸骨。

她仿佛看到马夫抱着失足或累死的马在痛苦哀号。

前方没有路。所谓的路是雪水冲出的沙石小道。小道在雨水中已变成溪流。

她行走在雨中。寒风刺骨。

队伍前进速度很快。很快赶上了很早出发的武哥和粉丝妹子。

武哥在大口喘气，双目无神，无力和她招呼。如同她之前估猜的一样，武哥只是嘴上功夫好，走不了几分钟就停下休息，脸色特难看。他的粉丝妹子状态比他好多了。看到武哥这熊样，她有一丝快乐。

她脚下轻松了许多，速度加快，轻易超越了武哥。

这犯了大忌。在高海拔地区，不能急，要保持匀速，否则容易高反。

她在兴奋中快速继续攀登。队友们见状紧紧围着她上坡。

她将武哥和妹子很快拉下了一段距离。

狭长的碎石路点缀在千山万壑中，在云峰间隐显缭绕。

高山空气稀薄。她的急走有了回报。她终于如同武哥一样举步维艰，虚汗如雨，头疼欲炸，两腿越来越沉重。

小米，你要帮忙吗？

不要！我没事。她说。

她的高反分水岭在 4000 到 4500 之间。4000 以下可以活蹦乱跳，可边走边说段子，并以跑一万米的节奏前行。坐车过 4000 或 5000 的山口，再弱的人都不会有事。高反主要发生在剧烈运动的时候。她在玉龙雪山坐索道到 4300，不知高反为何物。她背了氧气瓶爬栈道，隔十来步玩家家似的跑上一阵，在笑声中夸张地体验吸氧动作。太好玩了。

而今天，她的高反在加剧中。她很沮丧。这里才多少海拔？还没有到达 4245 米多雄拉山口。她藐视这点海拔。她在冈仁波齐转山时多少？5700，两者相差 1500，现在，还没到 4000 多，就虚汗如雨？也真是一个大笑话啊。

她要恢复体力，放慢了脚步。

七

途中休息。毕竟第一天，队友们都很精神。

她选中一块稍平整的石头，刚想坐下休息。曹叔抢先一步说，姑娘，慢着。掏出一块干净手帕垫在石头上。曹叔的过度宠爱，令她为难。她说，曹叔，你真把我当成大小姐啊？

曹叔不好意思地笑了。

猪哥哥好奇地问，小米，你，一个大上海的白领女性，单身来墨脱，这是为了什么？

小耿说，我也想知道。小米，你能解答吗？

她莞尔一笑说，我有个好友叫圆圆，是个女孩子，一个美人。

她这一生有个心愿，想来墨脱。不料她得了白血病。她知道活不长，送了我一本《莲花》，要我帮她完成一个心愿，为她来一次墨脱。我答应了。

队长说，小米，你朋友怎么会有这种想法？生活中真有这种不切实际的浪漫事发生？

圆圆是个文艺青年，有这种那种浪漫的想法也属于正常。

小米，你的这位叫圆圆的好友死了？

死了……她在六年前死了。她死后，我曾经不去想这件事。但是，我很快发现，我睡不好觉，心灵上不得安宁。这件事成了我的魔咒。她如果活着，我不会当一回事。但是，她死了。如果我欠一个已去世好友的心愿，良心上对不起她。我想解脱，我就来了。

她从包里取出《莲花》，说，等我到达墨脱莲花广场时，把这本书烧了回赠给她，了结这件事。这不是她送我的那本。她送的《莲花》，我会永远珍藏。

曹叔说起他在拉萨认识小米，一起到派镇。听小米说她来墨脱是为好友完成心愿，一个承诺长达六年。他听了就剩下感动。

她隐瞒了她曾是白血病患者。队友如果知道，会吓坏，一定会把她当成重病人照顾，会影响团队顺利到达墨脱。

队长说，小米，我们一定协助你完成好友的心愿。

八

团队前行中保持着节奏。

她回头眺望，走过的路早已被云层阻挡了。前方仍是碎石泥水沟。水沟路无尽漫长，仿佛通向天际的蜿蜒曲折的阶梯。

她脚下融化的冰水在石头缝隙间流淌着。冷雾冷雨中刺骨寒凉。手脚冻僵了，身子在微微哆嗦。寒风吹得她睁不开眼。

她自语说，呵，真太冷了！

"圆圆，我是小米。短短数小时中，我感受到急剧上升的海拔和温差的变化。

"圆圆，你看到了吗，灌木丛中有雪莲、高山杜鹃。路边盛开着色彩缤纷不知名的小野花。因冰雪消融，山间有着众多的小水潭、小河和湿地。

"墨脱一词在藏语中是'花'的意思，是'隐藏着的像莲花那样的圣地'。墨脱又名白马岗，是'佛之净土'。一路上伴随着我的是五彩的经幡，诗一样在风雨中飘荡着，充满了灵性。

"我一路走着，好像在云端散步。"

她的脚不小心踩进石头缝里，拔出后好像受伤了。

曹叔在后面看到，赶上来，关心地问，姑娘，要紧吗？伤了没有？

队友们闻声停下来。

她说，没事，我没伤。继续走吧。我没事，我可以走。

队友们的关心使她感动。她的脚其实有些疼痛。她努力保持正常的爬坡，她不想拖累他们，不会使他们看出她行走有困难。

她会在徒步时回忆生活中的快乐往事，以冲淡途中的艰难、枯燥和单调。

雨崩是她最美好的记忆，不是徒步，而是那些可爱的90后小伙伴。

她大口喘粗气，继续攀登。

她心中大声说，霖霖、倩倩、恩平、大哥、西西、板牙、小师弟、94、大师兄，大家好，我现在很好，我在墨脱路上。你们现在好吗？我前些日子说过，等我回上海后，我一定要写一篇雨崩徒游记献给你们。我想告诉你们，我在雨崩每天的状态就是"哈哈哈哈哈哈哈哈哈哈哈哈哈哈哈哈哈哈哈哈"。

你们是一群奇葩，你们是一群吃货。想到你们今天又去什么地方花天酒地腐败堕落，我心里就很妒忌和失落。你们知道吗，我每想起你们，心中就有一股温暖阵阵袭来。

我最亲爱的小伙伴们，我想你们。我在墨脱路上，我真的非常非常想你们。

对了，还有薛妈，你这个90后的男孩，就是在你的热心推荐下，我在青海湖骑行中认识了另一帮90后。薛妈，你现在回校了吗？请保持好你热心过度的好心情吧。

她忍不住咯咯咯傻笑。

小耿问，小米，你在笑什么？

她说，我想起我90后小伙伴，跟这帮吃货边吃边聊是最开心的事啦。

九

大风吹得她走路有些摇晃。

头发早被雨淋湿了。防水冲锋衣因无法散发体内热量，内衣早已湿透，冷冷贴在肌肤上。她的呼吸到了极限。后脑勺和太阳穴在阵阵剧烈抽痛。她头昏脑涨，恶心想吐。心脏剧烈跳动。耳膜咚咚响着，鼓胀得似乎将破裂。

她也会高山缺氧？她准备工作够充分了。今天怎么会这样？平心而论，这里比雨崩徒步困难多了。在冈仁波齐转山时，海拔5700，她都克服了。连兄弟客栈何姐都认为她不会有事。现在充其量只有4200米，本以为小菜一碟，她会跑步轻松越过多雄拉山口。她不明白今天怎么会高反如此强烈。

进入墨脱之路第一天，她就这样差劲，以后几天的路怎么走啊？

队长在前方停下步，说休息十分钟。

她想找地方坐下时，曹叔在她选中的石块上铺了干净的布。她再次受宠若惊。她说，曹叔，你千万不用太刻意。我是来徒步的，不是皇上巡视。你这样，我受不了。曹叔，我真心求你，你以后不要这样好吗？

众队友笑了。

曹叔笑着点头，说，好的好的。他不好意思，及时岔开话题说，姑娘，苦吗？

不苦，真不苦。这些苦，根本不能和最悲惨的那一夜相比。

姑娘，你有最悲惨的一夜？

她眼睛湿润了，她说，不是我，是我的好友，我目睹她最悲惨一夜。那天夜里，她持续高烧，病情急剧恶化，脖子两侧的淋巴结速度惊人地肿胀到光滑血红。脖子粗大得超过脸部,变形部位不停地跳动着,频率如同心率。脸部肿胀得眼睛睁不开,眼圈被厚重的黑色素包围着。那一夜,她已不能说话。这是我好友有生以来最痛苦悲惨的一夜。

小米,你的好友圆圆真可怜啊。

她说,我从此知道,什么叫生不如死,就是一个人宁愿速死,再也不想活。

队长说,小米,你说得对,徒步墨脱再艰苦肯定比不上你好友的苦难。

十

"喵呜……"婉转熟悉的声音。

她停住脚步,目光寻找猫在何处。

曹叔赶上来问,姑娘,你不舒服吗?

曹叔,我刚才听到阿咪的叫声。

阿咪是谁?

阿咪是猫,我刚才听到猫叫声。

曹叔笑着说,姑娘,这里哪会有猫?他虽否定她,目光却在为她寻找,说,没有啊,没有猫。真没有猫。姑娘,我怎么没听见猫叫的声音?

小李镇说,我也没有听到猫叫。再说,这么高的海拔,荒山野岭不会有猫。小米,我估计你可能出现高反的幻听。

姑娘,你昨夜睡得太少,可能体力不支。

这有可能。昨夜，她 12 点过才睡，睡眠不足四个小时，真没休息好。但是，她感觉自己还可以。神志很清楚。她不想和队友们争辩。队友的话也对，这么高的海拔，气候恶劣，不可能有猫。然而，她刚才明明听到了，而且不止一声。真奇怪。

队伍无意中暂停了。队长回过头，说，小米，你接下来行进速度一定要均衡。不要急，大口喘气，少说话，慢慢走。

她说，好的。

她到达派镇后，一直处在高度兴奋之中，没有休息好。幸亏没有感冒。高反加感冒是死路一条，就像去年上海姑娘金铃的死。

第十六章

在多雄拉山口逝去的生命

一

"圆圆,我是小米。我和队友往更高的海拔走去。

"远处山峦若隐若现,白茫茫一片。有些遗憾,下雨天,看不清中国最美第一名山南迦巴瓦雪山。云雾从四面山上升起。海拔不断升高,植被在逐渐稀少。

"墨脱有着奇特罕见的自然资源和景观。被亚热带雨林所包围,被喜马拉雅山脉南麓的崇山峻岭和神女南迦巴瓦峰守护着。墨脱是高原上海拔最低、生态环境保存最完整、气候最温和、雨量最充沛的地方。

"我的面前,突然出现了大片的高原草甸。

"圆圆,如同你说的,真太美啦……"

她在一块块湿滑的巨石间蹦跳着前行。

延绵不断的碎石岩混杂的"路"。没有路。所谓人走多了就踩出路的想法是天真的。走得再多也不会有路的痕迹。在大片乱石上走,怎能走出路的痕迹?除非坦克车开过。

小李镇叫起来,小米,你看,武哥他们跟不上我们的队伍了!

她向山下望去,武哥和背着蓝背包的女粉丝成了速度缓慢移动的小点。

她在派镇和武哥一接触,就发现她和武哥三观严重不同。她受不了武哥胡吹,看不懂武哥穿着警服靴子徒步,是为显示武警吗?门巴人穿军胶,因为便宜和习惯。走墨脱,最好是徒步鞋。鞋底厚,走在高低不平的路上不会磨脚,防水透气都好。武哥借助武警服是为了胡吹,为吸引女粉丝跟着他吗?

队长迎着风向前,是真男子。

她回头。曹叔看到她,笑着点点头算招呼,像父亲。

小李镇和猪哥哥前后贴身护着她,像她兄弟。

他们是真正的军人,便装低调。是真人就不必露相。

二

多雄拉山口。

这山口是南北气候的分界线。北侧生长的冷杉树枝,像一面面旗帜,当地人叫"旗树"。山风从南向北呼呼狂刮着。山上有湖泊,湖水翠绿冰冷,说是多雄河的源头。

她站在山口。她真想挥舞手中的登山杖,对山谷大声呼喊,"圆圆……我来啦……"多雄拉雪山终年积雪不化,在盛夏时节,山口也是白雪皑皑。如果对着山谷大声喊叫,可能因声波振荡山谷而引发雪崩。她只能用心呼喊。声音传递受时空限制,心与心之间的传递没有限制。

雨越下越大，雾气越来越浓重。

望山下，雪白的冰川笼罩在无际的灰白色混沌中，不见武哥和妹子的影子。

"圆圆，我是小米。我在中午 12 点到达了多雄拉山口。

"现在，我被大团飘悠的云雾和密集的雨丝包围着。山口到处是玛尼堆。那是一堆堆为祝福而叠起的石头。在无声的玛尼堆上插着鲜花，有的石块下压着钱币。我拣了两块小石轻放在玛尼堆上，一块是我的，另一块为你放的。我顺时针绕着玛尼堆转了三圈。既然我来了，我们一起来祈福吧……

"在山口的乱石中，插着一根根长短不一的竹竿。背夫说是山里人留给进山人的拐杖，我很感动，这传递着人和人之间的温暖。当地门巴人对大自然顶礼膜拜，认为大自然是神灵。他们经过山口时会献经幡来祈愿平安。经幡上印有藏传佛教的经文，是一种蓝白红黄绿的五色布，挂在数米高的木柱和旗绳上。他们说经幡被风吹动一下，等于念经一遍。说经幡如果被风吹散，五彩布条飘到哪里，好运会降到哪里。

"在我的周围，野花遍地开放。你看，在灰蓝色石头缝隙中，生长着杂草和野花。野花种类繁多，有红的、黄的、紫的，都成一簇一簇。

"圆圆，你看，这就是雪莲花。你看到了吗，美丽的雪莲花！"

山口氧气稀薄。她大口喘着气。山风烈烈，经幡飘扬。

坐在冰凉的石头上，彻骨的寒冷使她受不了。好像有断裂的声音，她急回过头，一枝插在石块间的竹竿在寒风中摇曳着，突然倒下，差一点压住那朵美丽的雪莲花。

背夫说，山口天气恶劣多变，中午时分常狂风大作，强大的气流可以将人吹出很远。

印度洋的暖湿气流和藏北高原雪山的寒流到达这里，交汇在一起就风云突变，雪雨雾雹交替，有时顷刻进入冬季。在这种大规模的冷暖对峙的厮杀中，形成瞬息万变的气候特征。暴风雪、黑头雾、暴雨、雷鸣、风暴、冰雹、飞石、雪崩经常会发生。

高海拔，又常下雨雪，淋湿的衣服使许多人因寒冷高反命丧山口。

这是传说中进入墨脱之路的鬼门关吗？

在这里，有坠入雪崖的，有冻死的，有体力不支而暴死的。曾经有四个解放军经过山口时，天气突变，下起雨夹雪，有人打开白酒瓶盖想喝酒暖身，却瞬间成了冰雕，最后四人全部冻死。背夫说，前后有数十名解放军在此地遇难。当地人冻死在这里的更不计其数。

她还知道去年 6 月 27 日，有安徽驴友冻死在这里。

当她站在著名的"鬼门关"上时，觉得这称号奢侈又可爱。死亡率和 14 楼相比，可以忽略不计。站在山口上，她自傲，有胜利的感觉。为这一刻，她在雨崩、在冈仁波齐生死过两回。这里的 4245 米海拔理应不在话下。

她的位置是当年驼峰航线的"空中禁区"、"死亡谷地"。

她的眼睛在眺望，在搜索。听说山坡上至今留有两架美国

"黑鹰"直升机残骸。1942年,盟军支援中国抗战,中缅边境通道被日军攻占,美军只得开辟"驼峰航线",损失惨重,前后掉下468架飞机。

曹叔出现在她身边,问,姑娘,累吗?

她说不累。没觉得累,真的一点也不累。

姑娘,你能轻松站在多雄拉山口,是一分训练一分收获,你通过了高反和骤降的寒冷考验。你的魔鬼训练功不可没。

曹叔,我为的就是能顺利穿过多雄拉山口。

队长喊,曹叔,小米,小耿,钢哥,快,过来,拍集体照留念。

合影后,队长说,这里风大气温低,我们只能短暂休息。大家听好,到现在为止,我们才完成徒步墨脱的十分之一。出发!

她向墨脱方向眺望,朦胧一片。

三

狭长的碎石小径,蜿蜒曲折无尽头。

下坡很陡。雨雾中看不出方向。她只能贴着山壁走。

两边高山湖泊,野花缤纷,千山万壑。等到海拔下降1000米,才能到达今天的宿营地拉格。

随着海拔的下降,气温开始升高。大自然日复一日将冰雪推下山坡,融化成数不清的水流。被人刚刚踩踏出来的山路,因冰水和沿途的泥石流、塌方等,形成大片支离破碎的乱石区。大小瀑布间坑洼密布。

队长大声喊,大家听着,互相之间缩小距离。注意,每一步踩稳了再迈出下一步。千万小心啊,万一踩空,就可能跌进峡谷中。我们一步步向山下移动,不是行走。

她握着拐杖,努力控制着脚底的湿滑,顺着山洪雪水冲刷的沟沟,深一脚浅一脚在水沟乱石堆间的泥泞中颠簸。在大大小小布满青苔湿滑的石头上向前跳动。她小腿以下部分浸泡在山沟里,每走一步要选择好下一块落脚的石头,避免掉进石缝中。

路边,一具高度腐烂的马的尸骸,淌着亮晶晶的绛紫污水,在雨天也臭不可当。清澈的溪流浸漫过尸骸,不停稀释着污水。可以想象,这里曾发生过马夫和爱马生离死别的心酸故事。

午后的多雄拉雪山能见度只有几米,雾气弥漫着。

背夫带路,走得很快。在前面挑一块石块坐下,拿出食品吃起来。等他们。

等他们赶上后,背夫站起来,大声说,你们看,前面出现无数的岔道,看着都像路,但其中只有一条通往拉格。一旦选错,就会在茫茫峡谷中徘徊直至失踪。他说他从周围的山脉参照物找方向。如雾气太浓重,看不清周围,他同样会迷路。

海拔继续下降。雨雾浓重。受印度洋暖气流的影响,冰雪在融化。雨水雪水冲刷出曲折的水路,如松散的游丝缠绕在山腰间。险峻的山势间布满大大小小的瀑布。

永远走不完的湿滑的碎石路。

一个超大的瀑布挡在面前,发出隆隆巨响,丰沛湍急的水流将前方的路截断了。

队长停下脚步,说,大家听好了,过瀑布时,注意脚下石头是否稳定。一定要借用手里的登山杖。速度放慢,精神高度集中。

下脚时，先试踩一下脚下石头是否安全。稍不注意就会掉下去。

溪流深达膝盖，她的防水鞋里灌满了水，雪水冰凉冰凉。

她趟水而过，穿越了大瀑布。

四

宏大的峡谷口。

峰回路转，眼前的景色令她惊喜万分。

"圆圆，我是小米。我翻过了多雄拉山。下午1点多，我到达了峡谷口。

"俯瞰峡谷，宏大壮阔。远处连绵的重峦叠嶂、千岩万壑。莽莽重山、浩浩汤汤、横无际涯……哇，气象万千，太美丽啦……

"圆圆，你看啊，青翠空阔的山峦谷地，郁郁葱葱的森林；冰雪消融形成的瀑布遍布山间，凌空飞溅奔流直下，落入无底的深渊。飞瀑将山体冲刷得嶙峋疏松、山石狰狞；溪水涌入峡谷深处；山坡上草甸如织如丝，点缀着众多无名山花。

"圆圆，你只要看一眼，心情就会和我一样，这是我从来没见过的。我终于明白什么叫瀑布成群，什么叫风光绝美……啊……太宏大壮观了！"

十多米宽的瀑布流。

队长站在瀑布流中间，保护队员一个个经过。

她脱下鞋子，倒水。刺骨的寒意。身上湿透了。

这算是桥吗？

多根树干用铁丝铁钉组合。

桥下湍急的水流。

"圆圆，我是小米。我在下山途中。

"回头看多雄拉山，巍峨的山顶云雾已松散开。飘渺的雾气中出现崎岖迂回的山路，蜿蜒到远方的山涧。

"圆圆，听背夫说，在天气好的日子，背夫背着硕大的行李，马队走动时会发出叮叮当当的脖铃声，他们在行进中前后互相照应，不停传来背夫之间的号子和吆喝，在山谷里久久回荡。

"这是墨脱一道亮丽的风景线。背夫们背着沉重的物资，承载着一个个小家庭的梦想，行走在墨脱路上。如果谁的号子突然中断，那肯定出事了，可能掉下崖去了。

"因仍处在封山期，我没能见到这美丽的一景。"

五

她默默伫立在黄春燕的墓碑前。

墓地在险窄的山道边。墓碑刻着"黄春燕"三个红字，刻着"生于公历一九八一年四月八日"、"公历二〇〇七年四月八日在此遇难"字样。

黄春燕来自广西南宁。她在派镇出发时，也是七人组合团队。那一天下暴雨。他们来到多雄拉山口时，气温骤降。同行的背夫扛的活猪在山口冻死了。她高反又得了感冒。途中出现雪崩和泥石流,队友离弃她而去。客栈老板曾眼镜在派镇采购后,背负90斤重的物资回汉密途中遇到她时,她已站不起来了,趴在地上,用臀部在雪地里一寸寸向拉格方向挪动。他连抱带扶着她走了三个多小时,筋疲力尽。他无法把她扛下山,找了个雪窝,把她放在里面,叮嘱她不要出来。她哭喊着千万不要把我丢下啊。他说他到拉格找帮手来救她。暴雨中,湍急的水流漫过他的腰间。人命关天,他跌跌撞撞以最快速度叫上帮手,比平时少一半的时间回到雪窝边。雪窝中没人。在离雪窝不远处,她冻死了,向着拉格方向的爬行状。

队长微微弯腰,双手合掌,拜了拜,说,黄姐前辈,请你保佑我们一路平安到达墨脱。

曹叔默默点燃起一支烟,小心插在墓前石缝间,当作香火。祭拜。

石缝间烟头众多。

小李镇等队友都在墓前石堆上添一块石块。石堆被当作吉祥的玛尼堆,已叠成一尺多高。

队长说,我们是有责任感的军人,我们不会出现黄姐的悲剧。团队在任何艰难情况下,不会放弃一人。

曹叔说,黄姐遇到我们就不会死,我们抬也会把她抬下山。

小李镇说,我和猪哥哥是军医,抬黄姐下山路途中,我们会临时急救,一定能顺利把黄姐送到墨脱。

她感激地望着队友们,曹叔、队长、小李镇、猪哥哥、钢哥、小耿。有这样的队友,是她的福分。

"圆圆，我是小米。我向你介绍墨脱路上著名的墓碑。她叫黄春燕，来自广西。她在翻过多雄拉山口后，因寒冷高反体力透支，在 26 岁生日这天，生命被冻结了。

"我在想，黄姐临死前，最放心不下的一定是她年幼的儿子。在她死后两年，儿子稍大，她丈夫带着儿子来为她立下了墓碑。她的灵魂从此永远留在墨脱路上。

"圆圆，你看到没有，在墓碑下的石块缝中，插有一张男孩的彩照，露出了大部分。孩子穿着黄色的衣服，幸福地微笑。照片已被塑封，不会损坏。听说她丈夫和儿子每年都来祭扫。不知哪个驴友在墓碑前横放着一支红色的登山杖。

"我们经过这里，停下脚步，我们祭奠黄姐逝去的生命。我摘了几朵小花，轻轻放在黄姐墓前。我想起我的病友，想起了你，你们一个个走了。黄姐为梦想而死，而你们都是被病魔折磨离开……

"啊，起雾了……眼前的美景在雨雾中，模糊摇晃起来像梦幻中的神秘仙境。

"黄姐冻死在对面的山坡上，墓址选在这里。要眺望整个宏大壮美的青翠山谷，这是最佳位置。

"现在，云雾散开，远处的山脉又浮现出来了。

"我们告辞黄姐，继续下山。"

六

这里地震频繁强烈。20 世纪中国最大的地震发生在这里。

1950年8月15日,震级为里氏8.6级、烈度12度的超级大地震,使雅鲁藏布江溃决,酿成下游印度阿萨姆平原的特大洪灾。

她和队友穿越幽静葱翠的山谷。

她问,师傅,拉格还有多少路?

背夫说,不远,拉格就在前面。

瀑布丰沛湍急,倾泻而下,发出沉闷的声响。瀑流碰撞到岩石,水珠四溅。

去年有四人经过瀑布时被急流冲到峡谷里,尸骨全无。出事地点很可能在这里。

瀑布把山路截断了。团队必须在瀑布激流的冲击下涉水过去。

她用登山杖找好支撑点,身子慢慢蹲下一些,一只脚用力蹬到石块上,移动登山杖,慢慢伸出另一只脚。先过去的队友伸出手接应她。

她的鞋湿透了。这一路沿着瀑布水道蹚水赶路。

背夫停下步,说今天经过像这样的激流区大概有数十处。

行进速度很快。队长在最前面。曹叔仍押后。

她埋头走路,行走枯燥单调。从她离开上海至今的旅途中,路遇无数的驴友,多次参与临时组合的团队,这次的团队,心理体能都和中国排名第一的徒步路线相匹配。可能因为军人多的缘故,她和他们偶然聚合简直就是天意。

背夫从身边经过。

小李镇问,师傅,拉格还有多少路?

快到了。

她笑起来，小李镇，我问过师傅好多次，师傅都说快到了。

背夫笑了，你们不要笑我啦。我们这里有个说法，"山顶在云间，山脚在江边，说话听得见，走路要三天"。

连绵的山脉。云层很厚，好像在压下来。多雄拉山在云雾中。

随着海拔下降，雾气渐渐松散。

团队来到悬崖边。乱石陡峭难走，没有路。连续多天下雨，瀑布水量大，水流湍急。团队沿着瀑布冲刷成的水道下行。

队长停下脚步，大声说，我们沿着溪流下行千万要小心。这种地方最容易滑倒。外面是悬崖。

她突然大叫一声，一脚踏空，滑向危险的悬崖。

队长用缠着绷带受伤的手敏捷地一把拉住她。说，小米，小心啊。不过，别怕，一场虚惊。

队长，谢谢你。如果我掉下去，就不是虚惊了。

在队长主导下，团队保持固定的队形快速行进。

她望着她的队友，联想起黄姐，潸然泪下。如果黄姐有这样的团队就不会死了。她动情了，为团队感动，也为她六年后能走在墨脱路上感动。

七

这是拉格之门？

道路中央，用砍下的众多粗细不一的树干支撑起一个扭曲不成形的门状框，难道这就是有名的拉格之门？夸张的自然和简朴，颠覆她以往对门的概念。但是，她不得不承认它的确是个门——它把小道封住了，他们要前进，只能从门框中经过。

　　队友见到门兴奋起来，相互打气，快了，快了，还有半小时就到了。

　　她大喊一声，拉格在前方，我们加油！

　　团队蹚着水路快速行进。

　　怎么走了这么久，还没有到。从拉格之门到客栈的距离太远了吧！

　　雨突然下起来，越下越大。她全身湿透。

　　在朦胧的雨帘中，前方出现大片高大的树木，显露出塑料膜包裹着的客栈屋顶，像飘渺的海市蜃楼。

　　她兴奋地叫起来，哇，拉格出现啦，看啊，真正的拉格！因她挥手的动作太猛，雨披上的水滴洒在她的脸上，让她睁不开眼。

　　拉格到啦！

　　我们胜利啦！

　　拉格真的到啦！

　　在快乐的喊叫声中，固定的队形散乱了。队友们在雨中尽情欢快地奔向前方。

　　她也在奔跑，脚边溅起片片水花。

　　拉格有三家客栈，团队住在第二家，是同行的背夫姐夫所开。

客栈用彩色塑料布遮顶,木屋二楼住人,架空的一楼拴骡马和养猪牛。马帮和背夫进墨脱路后第一天都在拉格过夜。

客栈有小卖部,有饮料。没有电视,没有手机信号。没有洗澡设施。塑料盆子不分洗脚洗脸,不分男女,谁都可用。

空气中充满浓烈的马粪味。听说平时这里热闹嘈杂,背夫从马背上卸背包行李,大着嗓子说话。最近封山,非常宁静。

长短粗细不一的竹竿上,悬挂着残缺不全、肮脏的破篮子。

梁上纵横交叉的蛛网上,粘着数不清的玲珑剔透清雅质朴小生灵的空壳。在她匆匆进屋时,带进湿润的山风,小生灵活跃起来,非常好看。

周围木墙由不规则的木条竖着拼成,缝隙很大,幸有薄膜笼罩着。木墙上涂着驴友的留言、签名,感触旅途的酸甜苦辣。

地板上,金属铝盆对着屋顶漏水处接雨水。水珠落进铝盆中叮叮咚咚响个不停。

她从晦暗的屋里望出去,不远处是黛绿的山影。

八

客栈房间用塑料布隔成单人间、双人间、三人间。背夫住的是一整排床铺的通间,不分隔。房间内除木板床外别无他物。

她刚进屋,阿咪悄然无声地跟了进来。

阿咪,你来啦!她笑着说。

它优雅地来到她面前,抬头,两只前脚举离地面,使身体直立,靠在她的腿上,用脸蹭她,用爪子抓她,望着她,似乎想引起她的重视。她知道它在招呼她。一把抱起它，四目相对。

它渴望地凝视着她，嘴闭着，喉咙里发出"咕噜咕噜"愉悦的声音。

她用手梳理它的毛发。它把头努力埋在她怀里。卷曲的短尾巴僵硬竖起，处在放松舒适状态中。她隐约闻到它身上淡淡的青涩味。

你在猫中，一定是个美女。她说。

它低头，打着小美人式的哈欠，轻舔起自己的肉球，仿佛向她展示，这是它最美的动作。

她放下它。她有许多事要做。她卸下背包和腰包，换下湿衣。她全身湿透冰凉。

厕所在客栈外，从客栈通向厕所有条小道。

所谓的厕所，是四周竖着几块木板，挡住客人的隐私。厕所不分男女。进入时要留意脚下的木板湿滑。平铺的木板中间有一条长方形的缝隙，人在此大小便。

她惊讶地发现，在湿滑的污秽斑斑的木板边，竟长着一丛郁郁葱葱玫瑰色的野花。

用来烤房的铁炉呈四方形。老板投放了木柴，火烧得旺旺的。一人高的木架上，井字形叠放晾干着砍成段的木柴。木柴是湿的。小小的鼓风机有气无力轰响着。阵阵浓烈的烟熏味。

她双脚冰凉，冷气透彻骨髓。经过长时间浸泡，她的手变成混沌的乳白色。她哆嗦着脱下鞋子。脚趾间泛白，起了皱。鞋里灌满了水。她倒掉水。脚太冷了,将脚靠近炉边时,阵阵温暖令她哆嗦起来。

她身子暖和后,要洗鞋、烤鞋和刷干净她的背包。用的是山泉水,从外面接进木屋中。

屋里被火烤得暖暖的。温暖的木墙里透出热乎乎油腻的怪味。她和队友们围着铁炉,把登山鞋、袜子、衣服、裤子、背包和睡袋烘干。

湿透的鞋袜在烧烤中腾起阵阵脚臭气。没有人远避,谁都一样。暖和远比脚臭气来得重要和实在。

九

"圆圆,我是小米。拉格到了!除了我们,今天没有其他驴友来过。

"记得六年前,你向我描述拉格时,好像你来过一样。你说:'在寂静的山间,时有马铃声起,是赶路的马帮来了;傍晚小山村的吊脚楼诗一般沐浴在紫蓝色的雾霭中。村前的草地上散落着正在吃草的马儿,小马紧跟其后……'圆圆,这是你想象中的拉格吧?

"今天拉格下雨。在小树林边的山谷中升起袅袅炊烟。一排简陋的小木屋。小树林中散落着牛群,有可爱的牛犊。树林中,长着许多不知名的野果。拉格的确很美。

"我们围着四方形的铁炉子。老板生炉子。炉火烧旺后,阵阵暖意袭来。炉火把我们的脸烤得通红。

"圆圆,你听到雨声了吗?现在雨下得真大。雨水顺着屋檐倾泻下来,溅起朵朵水花。你如果仔细听,还会听到,在密集的雨声中,夹杂着从架空的一楼传来的骡马不安走动时发出的脖铃声和孤独的嘶鸣声。

"今夜,我就住在南亚次大陆板块与亚欧板块挤压出来的地方,据说,这是全世界最新鲜最年轻的土地……"

她身上有了暖意。肚子饥肠辘辘。

老板在忙碌。厨房里堆放着鸡蛋、白菜、青椒、肉块、龙须面。一堆大小不一花色不同的破旧搪瓷盆,边沿大多掉了瓷,露出黑油油的铁皮。

她和队友围坐在长方桌边。桌面铺着青花色彩的小花形格子布。

老板喊,吃饭啦。端上了热腾腾的饭菜。

猪哥哥还带着干虾,给团队平添了一道菜。

她快乐地伸出手,数一下,哇,竟有九个菜。舔着嘴唇说,太丰盛啊。

她对面坐着队长。队长手上缠着层层绷带,看上去很臃肿。队长曾用受伤之手,在悬崖边一把拽住她,没让她掉下悬崖。

猪哥哥说,队长的手骨折后为来墨脱,硬叫医生拆去石膏。

她心中赞叹,军人就是硬汉啊!

武哥和他的妹子比他们晚了两个多小时到达。

十

她经过隔着布帘的走廊。走廊里挂着一盏老式灯泡,发出昏暗的暖色灯光。

曹叔迎上来说,姑娘,我给你准备了泡脚的热水。我在水里加了盐。这样卫生又消毒。你先泡脚。泡好脚早些休息,明天要赶路。这里没有手机干扰,你可以睡得很早。

她泡好脚回到房间。房间还算整洁,被子尚卫生。地板缝隙很大,在白天,可以看到楼下泥泞的土地。她掀开被子,居然垫了一条睡袋。一定是曹叔帮她垫的。

她说,曹叔,我被子里的睡袋是你垫的吗?

姑娘,山里被子太潮,我怕会影响你的睡眠。

曹叔,我从没睡过睡袋,反而会睡不着。我刚才检查过被子,湿气没有我原先想象的那么重,在我的接受范围内。

她心存感谢。曹叔像她爸爸。曹叔的无微不至却像她妈妈。在泡脚水里加盐,在她被子里放睡袋的事,只有妈妈才会想得到。她爸爸生活中是粗人,不会这么细腻。

十一

她钻进被子。被子里散发的怪异气息使她受不了。她将头伸出被子。

她知道在她之前,被子被数不清的素不相识的人盖过,有门巴背夫，有来兵站的新老战士，有驴友，几乎清一色男性。

传来奔腾轰响的流水声。雨似乎小了。房檐的落水淅淅沥沥的，似乎滴落了好几个世纪。

她很快适应被子中怪异的气息，烦躁地将头缩进被里。仿佛浓重的阴暗在挤压着她，令她喘不过气，身子变得轻软飘悠。

传来几声阿咪孤零零的呜咽。

她被隐隐约约朦胧飘渺的乐声所惊醒，近在咫尺，又像千里迢迢。

她醒了，无意中看到它。它在床边蹲坐，仰望着她，似乎有段时间了。它的瞳孔在黑夜里如同满月。

你在偷窥我？她心动了，掀开被，下床。小心靠近它时，它逃离了。

它跑到门口，蓦地发出圆转自如的低唤，引来声声悲郁凄怆的沉闷回响。

这是你的同伴吗？她说。

它沉默，仍炯炯有神地逼视她。她再次上前想抱它。它跑了。

门外腾进一股冷飕飕的空气。

空中的雨丝像数不清的蛛网重重叠叠淆乱错杂，闪烁着轻柔圣洁的灰白光点。传来如诉如泣、情意缱绻、优柔寡断、忽忽若有所失的声音。

第十七章
她是个称职的导游

一

9月10日。大雨。旅途第82天。

天没亮,她就起床了。早餐是鸡蛋,粥,馒头。

早饭后准备出发。她的登山鞋半干半湿,也要穿上。

曹叔俯下身,仔细为她缠起一层层防蚂蟥的绑腿。蓝色的绑腿从她膝盖一直缠到鞋子,上下用绳子扣扎得严严实实不透风。

曹叔站起来说,姑娘,没问题了。老板说今天的路比昨天更难走。说下午起会出现大量蚂蟥。我想,这样再多的蚂蟥也应该钻不进了。

8点半整装出发。今天没有背夫带路。

客栈老板说,今天没有岔路口,迷路可能性很小。老板指了前进的方向。

有团队,她只要跟着走,用不着动脑筋。

"圆圆,我是小米。我离开拉格了。今天是我进入墨脱之路的第二天，从拉格到汉密，走 25 公里，海拔下降 1000 米，途经大岩洞、小岩洞、原始森林、蚂蟥区。

"清晨的拉格，群山在变幻多端的雨雾中若隐若现。圆圆，你看，这就是人间仙境。棕红色的马儿分散着，在低头吃草；大片草地的淡绿中，夹杂着小片棕色的灌木丛。稍远处是高高低低的墨绿色的树林……"

雾气从未消失过，时浓时淡。

或大雨或中雨或小雨，好像江南的黄梅季节。

道路陡峭狭窄，都是乱石泥浆路。碎石污泥混合着溪水的"路"在林间曲折迂回，隐隐伸向峡谷尽头。

她心情好，走得飞快。鞋很快里外湿透，双脚饱受磨难，步履艰难在烂泥和流水中打滑。她在行进中，难找到合适落脚点。泥水浸没了脚踝。她尽量踩在露出水面的树根或石块上。路中有当地人砍伐下来的树干铺垫着，水坑勉强成了水沟，泥水不至于淹没到她的膝盖。不过，树干上长满黏滑绵软的苔藓。

队长关照大家小心下脚处，防止摔跤。

曹叔重复说，大家小心滑倒。

在过危险地段时，队友会互相拉扶一把，说一句，小心滑进泥水中！

团队对时间距离有规划，走一小时休息十分钟，说能更快恢复体力。

休息时，队友们谈起社会风行女孩追帅哥的事，问起小米。

她的话题离不开 14 楼。她说，那天，我去看圆圆，经过护士台时，小护士们围在一起，兴奋地说男病房来了一个帅哥。有小护士忍不住冲出去看了，回来后红着脸赞叹：真的帅呆了！就冲小护士的红脸，我觉得好奇去看个究竟。他安安静静坐在床上，在笔记本上看电影。他浓眉大眼，肩宽腰细的三角体形，像年轻时的朱时茂。他面色红润，如果不是住进病房，谁也不信他是病人。男病房前不时有护士人影闪过。我悄悄告诉圆圆，很快，女孩们都知道了，顿时来了兴致，先后跑出门去看帅哥。我当时还说，看，看，你们这样子，哪像个病人？说得她们都笑了。

队长笑着说，真想不到啊，在白血病病房也会有这种愉快的事。

小李镇说，小米，这个帅哥后来死了吗？

不太清楚，很可能死了。听说是武警战士。陪护他的是他亲姐，同样年轻漂亮。她记得他叫毛毛。

猪哥哥说，小米，听说白血病如果不移植，都会死的。

她说，他不是白血病，是 MDS。这种病也必须移植。

二

下起了大雨。雨季中的墨脱，小河小溪特别多。

团队沿水道前进。都是水沟路、溪水路、碎石路或沼泽路，在树木间曲折迂回。

金属登山杖不停敲击着石头，发出单调的声音，为下脚时探路。她常陷进半腿高的烂泥沼泽中，需要努力才能拔出脚。她明白，准备踏在沟洼中湿滑的石头上时，一定要找准位置，不然会滑倒。

她右边齐腰的灌木丛里，有一朵黄白色小花。树丛突然晃动，一个物体一闪而过，黑灰色的，不知是什么小动物。

休息时，队友们谈起徒步经历。

她半开玩笑说她两岁以前就有过一次跨区徒步。队友对她的话顿时感兴趣。

她说两岁前爸爸带她去上海西郊公园游玩，那是她第一次跨区徒步，赶长途车站，一个半小时，她徒步了四十多分钟。

队友们哈哈笑，说她幼儿时能善解父意，有很强的领悟能力，能主动面对困难。

峡谷气候，暴雨说来就来。队友纷纷穿起雨衣，多数队友的雨衣是很醒目的黄色。她是蓝色雨衣。妈妈喜欢蓝色。

瓢泼大雨中，她和队友们穿过一片草甸。

草甸中有鲜红的野果，长得像草莓，很可爱。她摘了一颗吃，酸酸的。

山路坑坑洼洼，乱石盘陀。

又遇独木桥。她记不清经过多少类似的桥。一根细窄的剥皮树干架在湍急的溪流上就成了独木桥。队长守在桥边，招呼队友，慢一些，慢慢来，一个一个慢慢地挪到对岸。

曹叔在对岸接应，接到她时加了一句，说，姑娘，在雨中，千万要小心通过。

从瀑布下穿过,不用说,她再次浑身淋得湿透。

瀑布边停下,她双手捧着接水,喝一口,清冽甘甜。她将水瓶装满。

三

陡峭壁立的大岩洞,是一个不能再简陋的客栈,仅起挡风避雨的作用。

客栈分两层,由树干木板组成。屋顶用竹竿支起塑料薄膜挡着雨水。下面架空,是拴牛马的场所。客栈周围是混杂动物粪便的泥泞地。

没有风。门前的旗子湿透了,萎缩地贴住旗杆上,仍显醒目的红色。

一把竹梯从地上斜架到客栈二楼平台,她背着背包踏在一级级细细的横杠上时,竹梯吱嘎吱嘎响着,颤悠悠晃动着很不稳。幸好竹梯边架了一根毛竹能当作扶手。

姑娘,小心走!

她说,没问题。

竹梯的一级级横杠又细又滑。但真跌下去,也不会有事,下面有泥泞地缓冲,不会受伤,最多是脏。

走进客栈二楼,里面很温暖。灯光明亮。有泡面和热水。

队长说,我们干脆在这里休息吃午饭。

她发现,猪哥哥,你的泡面中竟然还有鸡爪和牛肉干!

猪哥哥自己煮泡面,很骄傲,对,我有两道荤。

她在客栈买方便面。冲水,吃泡面。

小米,你不要动,我给你照一张。闪光灯一亮,她被队长的镜头摄入。队长说,这张照片标题叫"女汉子吃泡面"。

老板听说她来自大上海,说从电视里看到上海新的高楼,很好看。

她知道老板看到的是上海浦东的一些标志性建筑。说,我曾经每天在那里上班。

曹叔问,姑娘,上海环球金融中心有多高?

她说,我不太清楚,好像101层。我知道金茂大厦是88层。

听说上海正在建造中国第一高楼?

她说,对啊,叫上海中心大厦,听说有121层,600多米高,大概快封顶了。她说,她曾经每天走过被誉为上海绿肺的大草坪。大草坪高低起伏,估猜大手笔设计,据说是上海最佳的城市景观。她走进大厦,踩在精致的地毯上,脚步声被吞没了,悄无声息。米黄色的墙纸透出高雅的气息。她说,她从单位所在的41层望出去,林立着标志性建筑,东方明珠、金茂大厦、环球金融中心、国际会议中心等。

老板惊讶,妹子,你在那种地方上班,你来墨脱能吃得了苦吗?

她笑了,说,可以吧。

"圆圆,我是小米。我们到达了大岩洞。

"大岩洞是雨林的入口。大岩洞不是山洞,是依山向外倾斜成

45度左右的大石头。当地人靠着大石壁,搭起避风挡雨约三十来平方的简陋客栈。

"圆圆,我惊奇地发现,在这个没有手机信号的地方,居然有液晶电视!这也太打击我的智商了吧。老板打开电视,放的居然是'中国好声音',真叫我目瞪口呆。

"这是大山里最奢侈的生活啊。我在仙境中享受着现代生活,感觉太奇妙了!"

电视中播着"中国好声音",好像从原始社会穿越到现代社会,她太兴奋了。

她不管队友要听不要听,滔滔不绝说起电视上的这个节目。她说,有位四十多岁的文艺女中年和搭档唱崔健的老歌《一块红布》。还有压轴登场的毕夏和钟伟强,说毕夏是好声音节目力挺的90后美女,和伟强叔一起演唱《Hey Jude》;说这首歌是披头士的 Paul 写给 John 与前妻的儿子 Julian 的;说毕夏和伟强叔是竞争对手,但伟强叔教她如何唱这首歌,帮她纠正发音,两人结下了"父女"情……

看到她如此开心,队友们被感染了。他们照顾她的兴致,不忍心打断她,陪她一起看完了这个节目。

队长站起身,看着表说,现在是下午1点多。今天,我们为小米打破常规,休息了一个半小时。今天还有三分之二的路程要走。出发!

四

她走进原始森林,感觉在走夜路。

林间遮天蔽日,能见度很低。低矮的阔叶林被藤萝束缚盘缠着,努力向天空伸展争取阳光。今天没有阳光。

原始森林要数千年或上万年才能形成。十多年前,美国的遥感卫星发现墨脱有原始森林。国家林业局闻讯后,派出考察人员,请了当地向导,带上手持GPS,第一次进山考察,却因迷路告终。

森林里空气没有圆圆所说的丰富的负离子清香,也没有和颜悦色的奇兽珍禽。没有花香,没有泥土芳香,也没有阳光蓝天。如果不下雨就很幸运。

空气中充满浑浊的霉酸气息。倒伏的树木凌乱交错千奇百怪。粗大的树根裸露在地表,扭曲缠绕纠结在一起,延伸至幽暗荒凉的密林深处。地上铺满了苔藓和蕨类植物。

森林深处猝然发出歇斯底里的尖笑,把她吓了一跳。尖叫声把树枝叶片震荡起一片水珠,"瑟瑟"落下,洒落到她的身上。一只绿白相间的飞鸟掠过。尖笑声四散开,继续在回荡。林间弥漫着阴森恐怖的气氛。浓重的雨雾中似有若明若暗幽蓝的闪烁荧光。森林成了腐朽和幽灵出没的世界,给她幽暗、深沉的感觉。

她的周围好像游动着无声无息闪烁不定的阴影。

她的脚步不时惊扰起附近密密麻麻的小飞虫。它们包围着她,死死跟随叮咬她,和她一起向前移动,在她的头周围嗡嗡纠缠或轻轻触碰。

她忍不住骂一声,真讨厌。一脚踢起地上一堆枯枝,腾起千万纷纷扬扬的水珠。

"圆圆,我是小米。我在穿越潮湿闷热的原始森林。

"想想就在昨天,我刚经历终年积雪的高原雪山、高山草甸、寒温冷杉,冻得要死,今天却进入热带雨林。气候反差强烈,自然景观在快速变化。海拔在降低,气温在上升。从温带针叶林,穿过亚热带常绿阔叶林,进入热带雨林。

"背夫说墨脱是'一山显四季,十里不同天'。

"热带雨林深处是梦幻般的景致,好像电影《侏罗纪公园》中的森林。

"你看,这棵参天古树挂满了一簇簇松萝,树叶凝聚成庞大的顶盖,无数古藤蔓缠绕着树干,凌乱交错延伸到地面。裸露在地表的粗大树根扭曲着,上面长满深绿色厚实的苔藓。有一缕微弱的光线透过密集高耸入云的树冠,转成了稍带淡绿色的碎影。我抬起头,纯白色的散淡水汽在森林里回旋缭绕。一阵风吹过,水汽很快消散了。

"眼前一片色彩斑斓,艳丽的野花、野浆果、菌类植物、地衣、苔藓、蕨类、藤蔓,共生或者寄生,还有参天巨木……

"我敢说,只有这里,才能算是和谐共存的植物王国。"

五

她感觉身边始终伴随着一圈圈若明若暗、影影绰绰的光晕,是一种朦胧柔和的青莲色彩,有一股淡淡的青涩香味。

"圆圆……"她心里大声呼喊。

几声清脆婉转的鸟鸣,自天空传来。众鸟猝然一起发出高低不一的附和声。

地上一段闪烁的东西,暗绿色的光耀勾勒出一段树枝。

她拾起了它。冰冷的微光映出她微微颤抖的手指。是一段长满苔藓的朽木。她的手稍一用力,朽木悄然无声地粉碎。手心中留下杂碎的木屑。

一阵轻微的"唰唰"声由远而近,竟是一条一米多长的青蛇。

她吓一跳,本能地后退几步。

青蛇飞快地从她面前的草丛中穿过,消失在丛林中。

曹叔拉了她一把说,姑娘,别怕,你不惹它,它不会攻击你。

她说,她没怕,她只是吓了一跳。她在小时候就见识过蛇。

记得小时候,没有托儿所。爸爸带着她上班。爸爸在单位管仓库。爸爸喂她吃饭,她吃饱了就午睡。睡在长凳搭起的小门板上。门板边点燃起三星蚊香。仓库四周杂草丛生,蚊子多。她睡够了就自己玩。有一次,她看到一条小蛇在游动。她问爸爸这是什么,爸爸说,这是蛇,你不惹它就没事。爸爸不怕,她也没怕。她蹲下身,她没惹它,看着小蛇从她脚边慢慢游过,游出门,游进了草丛。她很享受。

"圆圆,我是小米。下大雨了,密集的雨水落在宽大的树叶上,发出"噼里啪啦"的声音。雨中的森林,恍若一片光怪陆离的水墨在流淌羽化渗开。

"我的双脚在水沟中行走,踢出了一片清朗的'哗啦哗啦'水声。

"我好像在井底徒步。为什么这样说呢?墨脱北倚7782米的南迦巴瓦和7294米的加拉白垒这两座东喜马拉雅山脉最高山峰,三面环山,平均海拔1200米,如同井底。

"一棵巨大的古木倒伏了,横亘在水道中。古木下方空出半人高的空隙。水流匆匆从树下空隙穿过。我们也从古木下一个一个钻过去。当我的手搭在这千年古树上时,手心感觉到被浸泡了的青苔的软绵。

"有一丛稀疏却艳丽的野菇生长在朽木顶端,这个画面,令我联想到精致的插花艺术。"

奇形怪状的阴影在林间飘逸。她泰然自若穿过阴影,感觉身上一次次被湿润。

时不时丛林深处传出几声酷似女人"咯咯咯"尖利刺耳的疯笑。

曹叔说,那是鸟叫声。是什么鸟,我记不清了。

因时间久远,地上已堆积起厚实的落叶层,死藤败叶下是乌黑的沼泽般的烂泥,脚一踩上去便冒出密集的水泡。

她的脚深陷在泥潭里,拔出来费了一番工夫。鞋里灌满了臭水,走路时发出"咕叽咕叽"的清脆声响。

空气不太流通,骡马的粪便混合着腐烂的树叶等,使得森林中弥漫着闷热潮湿的恶臭,令她不适。

一具高度腐烂的动物尸体，极其精致清雅的骨骼。这是骡马驮着重货物遇到泥石流、塌方或沼泽地无法逾越，也可能因精疲力竭倒在这里，被主人遗弃。

　　一汪水潭，水面浮动着朦朦胧胧的浅蓝烟雾。

　　她扔一块小石子到水潭里，水面莹光闪烁。

　　她回过头，六个男子汉正陪同她向墨脱行进，这令她感慨万千。

六

　　"圆圆，我是小米。我走出了原始森林。

　　"水流湍急的小河挡在面前。它奔流而下，汇入雅鲁藏布江。雨季是山洪的频发期。这里多次发生人被湍急河水冲走的悲剧。所以，当地人以前系绳过河。

　　"我们集中在河边。队长找了个稍平缓的起点，身先士卒下河，在河中央找个合适的落脚处，一个一个接人。曹叔在对岸接应。我的脚踏进了河中，水流没过我的膝盖。河道遍布高低不平的碎石。湍急的水流将我冲得摇晃起来，队长一把扶住我。我站稳了，顺势跨过河，曹叔等候着，一把抓住我的手。我顺利上岸了。

　　"峭壁下的溪水在山谷中流淌。我们在灌木丛里狭窄蜿蜒的山路上前行。"

　　树木渐渐稀疏起来。沿途出现了棕榈和芭蕉树。

　　队长说，这里开阔，我们休息片刻。

她选了块被雨水冲刷干净的石头坐下。脱鞋倒水,拧干袜子。她在脖颈处围了条毛巾,不想让雨水直接灌到脖子里。

七

"圆圆,我是小米。我进入了蚂蟥区。

"因连续暴雨,蚂蟥繁殖快,如同雨后春笋般冒出来,延伸几十公里。墨脱保存着最丰富的物种资源,高等植物3000多种,珍稀植物上百种,国家保护动物42种,巨蟒、毒蛇、蚂蟥、软体虫数量占全国四分之一。蚂蟥是墨脱路上的特产,是进入墨脱的公敌。它们隐藏在低矮的草丛中、树叶上、石缝间,或悬挂在树上,密密麻麻向空中努力伸长吸盘,一路迎接着我们。

"我想,蚂蟥和14楼的天天扎针相比,是小儿科啦……呵呵……呵呵……"

她用宽边帽、围巾、手套、绑腿、鞋套等把自己裹了个严严实实,只有眼睛露在外面。她全副武装进入了蚂蟥区。

队长说,快速走路,小心不要碰路边的杂草树叶。

密集的蚂蟥悄无声息散落到身上,在她裤脚上快速蠕动。她虽有心理准备,仍不知所措。

姑娘,不要停脚步,不能坐,不能碰树枝,走路中间!加快脚步,防止被蚂蟥粘上!

她的雨衣裹在冲锋衣外面,不透风,汗水将内衣全部打湿了。

灌木丛稀少的空旷地。队长说,休息,大家互查蚂蟥。

早上出门时,她包得特别严实。然而,蚂蟥无孔不入,轻而易举地从她的袜子线眼等细小地方入侵。还是被蚂蟥叮上了,血流不止。她使劲拉,拉得鲜血淋漓,有一股血腥味。

姑娘,慢。它叮上了,你就不能拉,越拉它越钻。

她说,我知道。但我看到这软软的吸血生物时就忘了,只想尽快把它拉下来。

曹叔点燃起香烟,姑娘,我来。用烟头向蚂蟥一个一个烫去。

蚂蟥受了痛,纷纷掉下来。

姑娘,蚂蟥粘上身,只能用石头或小刀刮去。如果它已经吸血,只能用盐洒或烟头烫了。

八

大雨。路况糟糕得一次次刷新她的承受下限。

密集的暴雨来势迅猛,风声紧促,森林好像浸泡在水帘里。噼啪的雨点击打着地面,激起冰凉的泥水。因水流冲刷严重,土壤厚度小,一路塌方特别多。没有路。如果说是路,那崖壁、水沟、乱石堆和泥坑都是路。

她没穿雨衣。在大风暴雨天气,雨衣不起作用。冲锋衣勉强起到防水效果,但早已里外湿透,或冷得要死,或闷热得要命。

大风暴雨好像要努力撕碎她的衣衫。她紧缩了下头,随队伍疾走。

看吧,她正和一群最优秀的队友,在这恶劣天气,走在墨脱路上,她幸福得只想笑。

第十八章
大山深处的传奇

一

"圆圆,我是小米,晚上7点左右,我进入了汉密。

"汉密的大门,同拉格一样,是在小道中间用树干支成一个门形的框。在大片绿色包围中,山峦间一条泥泞灰白的小道通向前方。小道两边,横拉着一面面红、黄、蓝、绿等旗子,在风中飘扬。

"看啊,眼前的一幅画面:翠绿的树木,潺潺的流水,小木屋,灵性的马儿,神秘的雾气。

"圆圆,这一定是你理想中的生存图景。没有喧嚣嘈杂,是那样的祥和宁静……"

汉密,四海客栈。大雨。

汉密是通往墨脱途中的驿站,也是兵站。

墨脱之路的客栈都差不多,相比其他客栈,四海客栈搭建得更高挑和宽大。

客栈外墙挂着数公尺宽的喷绘布——墨脱风光的背景上,有

"墨脱汉密站""四海旅社曾眼镜""中国户外联盟强烈推荐旅社"的醒目大字；还挂着十来家户外网站的旗子。

客栈内墙上有驴友们密密麻麻的留言。

老板吩咐，先检查蚂蟥，检查干净后才能进屋。

她在门口脱掉衣帽，放下背包。把鞋脱下，球袜上血迹斑斑，是蚂蟥吸血后血流不止污染的。她清理衣裤上的蚂蟥，刚解开绑带，血就流了出来。处处被叮咬后的伤痕。她的双脚布满血泡，那不是蚂蟥的杰作，不能冤枉它。

队友们都被蚂蟥咬得鲜血淋淋。无人幸免。

曹叔接过她的绑腿，说，这玩意儿真没用！气得直接扔了出去。

曹叔，想不到蚂蟥无孔也能进。她说，曹叔，你不要管我，你也抓紧时间清理蚂蟥吧。

曹叔拎起她脱下的鞋子，帮她刷起鞋来。他的手上莫名流出了鲜血，竟被她鞋里的蚂蟥蜇了手。

她说，曹叔，对不起啊。我替我鞋里的蚂蟥向你道歉。

姑娘，蚂蟥太狡猾了。我没想到它会隐藏在鞋子最里面。姑娘，你走路时，在这么挤的空间里，竟然没把它踩死，是你有本事不踩到它，还是它有本事不让你踩到？

她忍俊不禁。和曹叔在一起，她有温馨的感觉。她想起了爸妈。默默无言。

老板准备了热水，请她第一个去洗澡。

她轻轻叫起来，啊，老板，这里能冲热水澡！真久违了啊。

特别惊喜。

在墨脱路上,我的四海客栈是第一家有热水洗澡的。

她说,我听说过,你这个客栈被网友誉为墨脱路上的星级酒店。

啊,这深山的客栈竟能洗澡!小李镇也惊讶。

啧啧,女生的待遇就是好!猪哥哥笑着说。

二

"圆圆,我是小米。你知道我在做什么?我在洗澡!我真的在洗澡!呵呵呵……

"呵呵,我想起就想笑。你一定没想到墨脱路上还可以洗澡。

"简易的木屋,一个大脸盆,用水勺浇热水。热水烧得有点偏冷,但我好满足啊。"

她满心欢喜。可以洗热水澡啦!开心得哼起了歌。

洗澡条件简陋。一个盆和两壶热水。

她脱了衣,发现腰部潜伏着数条蚂蟥,正欢愉地咬吸着,看那滚圆的身子已吸饱了。她本能用手指硬拉其中一条。它的身子被拉得变了形,滚圆成了细长,仍坚持吸咬不放。第一条终于被拉下了。她不会用硬物去弄死它。它也是一个小生命啊。

洗澡间地板缝隙很大。她不想伤害它。把它从缝隙中放了。下面是泥土。它不会死。

腰上的流血仍然不止。蚂蟥吸血时会分泌破坏凝血功能的毒素，使伤口久久不能凝血。

一切会好的。她想。不去管它了。

她用水勺舀了水，举过头顶，温热偏冷的水从上至下缓缓冲过身子。

她感到阵阵愉悦舒适。

"圆圆，我给你说个发生在汉密的真实爱情故事。墨脱不通公路不通邮，一个女人独自跨过多雄拉山，穿越原始森林，经过沼泽地，深涉蚂蟥区。她因支撑不住，在路途把随身行李一件件地抛扔，以减轻负担。

"第五天，她到达汉密兵站，扑倒在地，昏了过去。她身上只剩破烂不堪沾满血迹的衬衣短裤，怀里紧紧抱着两条香烟。她知道长达八个月的大雪封山期间，兵站和外界完全中断联系。心上人在兵站是孤家寡人，没有烟抽会寂寞得发疯。兵站只有两个战士，是孤岛。战士都会吸烟。所以，她即使什么都可扔掉，也不会扔烟。

"他为昏迷中的她换衣时，她血肉粘连的身体上竟有数十条蚂蟥，吸够了血，一个个滚圆粗壮。他不禁失声恸哭起来。我听到这个故事后，我太感动了。

"呵，多么可爱的女人和战士啊！"

三

她洗完澡，换了干衣服，来到客厅。

客厅和厨房在一起。孤零零的电灯，灯光暗淡。

曾眼镜用铁铲在大铁锅里炒菜。有小卖部，半面墙高的货架上，堆放着啤酒和饮料。有瓶装水、可口可乐等。她看了下价格，红牛15元1听。瓶装饮料都10元。因为都靠背夫背进来，这是中国物价最高的地方之一。

她轻轻叫出声，大山里竟有微波炉和洗衣机！

她和队友们围坐在火堆边烤火聊天，烘烤着换下的湿鞋袜子。

曾眼镜说开饭了。晚饭有木耳肉片，猪肉蛋卷，午餐肉炒青菜，青椒肉丁，素小白菜。不能点菜。荤素都有。米饭可以管饱。

她饥肠辘辘，大口吃起来。人饿了吃什么都可口。

四

"圆圆，我是小米，我向你介绍一个人，他叫曾眼镜。在墨脱路上，他绝对是名人。

"汉密有三家客栈。他是四海客栈的老板，在重庆嘉陵江边出生，戴眼镜。驴友们都叫他曾眼镜。他是个五官端正浓眉大眼的年轻人。他春夏到墨脱做生意，主要做兵站生意，单做驴友，人太少，活不了。秋冬回重庆，过着自由自在的生活。他说除非他结婚，否则不会离开这里。他喜欢过日出而作日落而息，听小鸟唱歌，看春暖花开的生活。

"我问他，你听说过安妮宝贝吗？他说没有。我说，你知道《莲花》这本书吗？他说，听说《莲花》是写墨脱的，他找来看过，说书里的墨脱和真实的墨脱并不相关。

"圆圆,你所钟爱的文艺圈子看来真的很小很小。"

围着火炉取暖聊天,烘着湿鞋湿衣服。外面下着雨。火炉的鼓风机不停鸣响着。她和队友们听曾眼镜讲述墨脱的故事。

他说,搭建客栈的木料,都从森林里运出来。说请人要二十多万,他都自己干。他上山砍柴、煮饭、洗床单、洗被套和招呼客人。他11月回四川,来年四五月份又回来。经过一个冬天,墨脱没有了路,进去有生命危险。当地人不敢走,等他来走开山后的第一次路。他凭经验和大概方向探路。说他在墨脱干半年的钱,在外面要干好几年呢。

失踪的燕子姑娘一直悬着她的心。她问,老板,燕子姑娘有没有消息?

曾眼镜指着炉边坐着的一个男孩,说,他叫小柳,三人中只有他活着出来了。

她惊讶,原来这里坐着幸存者。

小柳避开众人的眼睛,低着头。

曾眼镜又介绍,坐在小柳旁边的两位,是搜救队的墨脱警官。

警官冲她和队友微笑。

小柳断断续续说,他们三人进山后就迷路了,在深山里转了七八天,干粮耗尽。大雨却从没停过。8月25日,他们商量一分为二去前面探路。老兵和燕子一组。他一个人。他找了半天路,没有结果只能回到原处。老兵和燕子没回来。他们去了哪儿,他不知道。他等了很长时间,从失望到恐惧。为了活命,他漫无目的地在深山游走。

他说,当时,我明白我要死了……他说不下去了。

曾眼镜补充说,我是偶然中发现小柳的。我在第一时间用卫星电话通知墨脱公安局。墨脱派出救援队连夜赶往汉密,问询小柳。小柳只知道燕子是浙江慈溪人,说她带了2000元穷游,骑车走青藏线。身边只剩200元时,仍坚持到墨脱徒步。

警官说,小柳被救后,因为一些小旅社从不登记身份证,我们的调查遇到麻烦,但仍然查明了。柳新龙,宁夏人,广州某大学大三学生;许鑫燕,宁波慈溪人,24岁;老兵叫田作祥,贵州麻江县人。我们通知了家属。当时小柳要马上进山,他信心十足,说找回燕子和老兵的希望很大。这样,墨脱和米林都派出搜救队;驻地部队的直升机也出动;中央电视台闻讯赶来拍片。救援队二百多人随着小柳进山。

曾眼镜说,有个插曲,米林搜救队和外界的联系突然中断。互联网上出现搜救队失踪的新闻。后来知道搜救队的卫星电话坏了。

警官说,我们进山搜了十几天。在一处飞瀑下,发现燕子和老兵的遗物。经过分析,墨脱地区连续大雨,他们要么跌进瀑布中被冲走,要么被冻死。他们只有睡袋,在寒冷的雨夜,人活不了。我们停止了搜救。没有收获,我们非常沮丧。两天前,搜救队撤出汉密。小柳因为太疲劳要休整两天,留下我们陪护。明天我们护送小柳回墨脱做笔录。

她想起她和曹叔进山就迷路了。问,小柳,你们第一天进山时,是不是走大峡谷的那条路?我们进山都走错了路,后来原路退回。

小柳不确定地说,应该不是吧。

曹叔笑着说,走错哪条路,小柳怎么知道呢?进山后什么是正确的路,谁知道啊。

曾眼镜叹气说,可惜客栈一个义工,被我派去进山救援,被乱石砸中脑袋,身受重伤,现在仍躺在八一医院。

他打开他拍摄的义工受伤后被抬回客栈的视频:床上,不到20岁的可怜孩子,双眼失去了光彩,头上包缠着绷带。年轻的义工,刚开始人生就受重伤,该如何度过一生啊。

谈到义工,小柳深深埋下了头。他变得沉默寡言了,别人问一句他头也不抬答一句。

队友们酒后口无遮拦,七嘴八舌地展开了讨论:

义工年轻的命运从此就这么改变了?

明明知道失踪的人生还的可能性为零,这搜救行为对吗?

这种"生要见人,死要见尸"的理念是不是正确?

小柳受不了这种言语刺激,站起身,默默离开了。

小柳离开后,在酒力刺激下,不利于小柳的假设多了起来。

一个三人的小团队,小柳为什么能活下来,而另两人却死了?

小柳和另两人是如何分手的?

大山里有野果,不会饿死,但会冻死。小柳带着帐篷,不会冻死,能活下来。小柳会不会因为有帐篷故意躲开燕子和老兵?会不会担心被分享帐篷而威胁自己的生命?不排除有这种可能。

曾眼镜说,许多称得上顶级的驴友被飞石砸中,或脚下石块突然松动掉下悬崖。说有两个女孩失踪后,除一个包外什么都找不到。说一个女驴友在客栈,不小心跌出栏杆从此全身瘫痪。说他有个叫嘉措的朋友常走墨脱,他们常一起喝酒聊天。嘉措后来被洪水卷走。几天后,在靠近印度边境的雅鲁藏布江岸边发现他的尸体。曾眼镜说,我生死见得多了,一切都是运气。我相信人有运气。

曾眼镜因救了小柳,心情很好,送一瓶酒给团队喝。

队长问,这个酒在客栈卖多少钱?

曾眼镜说,20多元。

她提醒说,队长,客栈有卖饮料,瓶装饮料都是10块。

队长说,老板,饮料都卖10,一瓶酒才20多元?可见酒是何等低劣。不过,说实话,数百元的五粮液名酒,也不如现在喝你这种劣等酒更令我们开心!

曹叔说,队长的话正确!

是的,我们都太高兴了。

干杯!干杯!

要一饮而尽!

大家谈着生死的世俗故事,谈兴正浓。

她不喝酒。她想起可怜的小柳,向有七八分醉意的队友们告辞。

五

她把小柳约到楼梯边,那是一个提供手机充电的小角落。

她不知如何开头。她想帮助小柳。她吞吐着,终于采用记者采访的通用语开了个头。她说,小柳,当你被曾眼镜救下后,眼前出现汉密客栈时,你想到了什么?

小柳不情愿地回答,我知道我能活下来了。

她说,我约你出来谈谈,是我不希望你这次逃生后,成为死气沉沉的小老头。

小柳扫一眼她,目光闪过对她的轻蔑和不屑。

小柳,像你这样的人生大起大落,我经历过。七年前,我得了白血病。

这一次,"白血病"三字使小柳受到了惊吓。他用怀疑的目光扫了她一眼。他难以相信,走在墨脱路上的她曾经是白血病人,还和他面对面。

她说,我6月20日从上海出发。路途中,我和许多驴友结成了朋友。他们都不知道我得过白血病。我说出来,谁都会被吓到,不敢与我为伍。但是,今天,我为什么单单向你提到我得过白血病?

为什么?

因为我和你一样有过生死经历,我走了过去。你刚刚开始。我担心你,20天的生死经历会让你从此沉沦下去。我不想看你沉沦。

他欲说又止,低下头。

她想起她最悲惨绝望的夜:整个脸的血管在怦怦跳动,不可言状的恐惧在袭来。那是一个生死徘徊的漫漫长夜。她对生命完全自弃了。她迟疑着,终于没有提起那悲惨的一夜。她说,小柳,我生病住院后,病房里的女孩一个接一个死去。那时,我同你现在一样,处在人生的最低潮……

小柳突然抬头说,我明天要随警官去墨脱……做笔录。

小柳,我知道你想说什么。警官给你做笔录,因为你活下来了,而他们两人死了。你毕竟活了下来。你还年轻。9月份开学了。你刚念大四。比起当年的我,你只能算小起小落,只能算人生的次低潮,你不会危及生命,你活了下来!你活了下来!

是的。他低声承认。我活了下来。

看你现在魂不附体的样子,给我感觉是你的精神崩垮了。我估猜你原来不会这样。我一路上结识到太多的驴友,发现徒步的驴友,大都属于阳光型的。我特地来找你,我想告诉你,小柳,一切会过去,记着,都会过去!

六

客栈晚上不能开灯,为了省电,灯光还会引飞虫蛾子聚集过来。

这里海拔在2100米,比拉格暖和,但到夜里仍然寒气袭人。

床脚边的木板因在雨季竟长出了一小片青苔。

"圆圆,我是小米。今天,我认识了年轻的大学生小柳。8月17日,他和另两个驴友带了四天干粮结伴走进墨脱,迷了路。仅剩的一块巧克力维持了他四天。他用野果充饥。他在饥寒交迫以为要死时,曾眼镜在送货途中发现了他。

"小柳要回学校，要回归社会，关于对他的疑问或许会跟随着他一辈子：他们死了，你怎么会活下来？他活了下来。所有的假设对他很不利。他正处在人生最低潮。我努力帮他卸下心理包袱。我觉得，人的精神千万不能倒下。我找小柳谈了心。我说我曾得过白血病，也曾经低落过。我真心希望他振作起来。"

七

客栈的铺盖很干净。

曹叔为她准备热水，说，姑娘，你走了一天，脚泡泡热水有好处。明天还要赶路。曹叔准备好泡脚水，试了试水温，感觉合适，说，姑娘，来吧，可以泡脚了。姑娘，明天是进入墨脱最艰难的一天，要经过更加猖獗的蚂蟥区、老虎嘴和一个个塌方区。所以，你要休息好。

她挺不好意思。她不能辜负曹叔的关心。脱下袜子。袜子被蚂蟥吸过之处流出的血染红了。肿胀的双脚伸进温水中，愉悦感从双脚向上发散开来。

曹叔抱起她换下的衣服，说，姑娘，泡好脚后，当心着凉，早点休息。我去洗衣。

望着曹叔出门的背影，她心中一阵感动。

她小时候，每天晚饭后，妈妈要做家务，爸爸带她外出散步。她喜欢骑在爸爸脖子上，有一览众山小的感觉。爸爸教她读马路边的店名，回答她数不清的为什么。他们每天散步两小时。爸爸还带着她上班，有一次，爸爸去领料时带上她，同事听说她会读报，拿出新民晚报。她奶声奶气读起来。同事惊讶，说她读报不懂内容，早识字有什么用？爸爸说为增强她记忆力，以后读书省力些。她记得这次读报给爸爸挣足了面子，她特别高兴。

曹叔真像她爸爸。

八

她睡觉前，再次检查木板床，检查被子。蚂蟥如果隐藏在被子中，她将被一整夜吸血。听说有驴友夜里睡觉时，眼睛里爬进蚂蟥，吸得大拇指粗，驴友却浑然不知；听说有驴友在客栈脱鞋子时，鞋里整整一窝蚂蟥，早上起来还鲜血直流。

她感觉有目光在偷窥她。猛回头，是阿咪。它睡在地板上。

它见到她回头，兴奋得将身子机灵地一个翻滚，肚子朝上，伸长四肢伸着懒腰，打着哈欠，动着爪子，缓缓抽动尾巴末端。它做这些动作时察言观色盯着她看。

她说，你能将肚子暴露在我面前，是不顾可能危及你生命的一种状态。她轻轻说，我看不出啊，你还特别信任我。

它闻言，快活地跑到她面前，头顶脸颊推挤磨蹭着她。

她站着不动，故意不回应它。

它侧过身子磨蹭她，时时抬头看她动静。她忍着不动。它好像沉不住气了，用尾巴梢环绕她磨蹭，抬头看她。她笑了，伸手去抚摸。它用脸颊来回应，碰她的手。

她蹲下身子，嬉笑着挠它的胳肢窝。

它挣脱，恼怒地瞪着她，后腿在空中舞动着，抵挡推开她，不让接近。

她一放下它,它赶紧跑了。

她望着它笑个不停。

它在门边停下,好像生气了,转身背着她,高傲且冷漠地对待她。

阿咪,阿咪,她轻唤。它虽然不理她,耳朵却在后转,聚精会神听着。她想,它故意不看她。它在使小性子。它很矫情。它仍在窥探她。阿咪,阿咪,她再次轻唤。

它的身影在门边,突然消失得无影无踪。

她坐在床上,打开草绘的地图,看明天要走的路。

它突然出现,跳上床,伏在地图上,尾巴左右摇摆。地图上的笔和纸弄乱了。一张本来想写字的纸被它的尾巴扫出了床,飘落到地板上。

它舒展开身子,一副悠然自得的样子,摇着尾巴,毫无顾忌,没有陌生感。

她粲然一笑。说,阿咪,你也在看地图,鼻子嗅一下,好像能看懂一样。真淘气。

它搔首弄姿,看来心情不错。它娇蛮霸道赖着不走,在"作"。

阿咪,刚才我招呼你,你不来。现在我忙着,你却来了。你存心来捣乱啊?

她故意摸它掐它。它不生气。她挠它胳肢窝,这次它极有耐心,仍不理不睬,似乎看穿了她的心思。

阿咪,我让你总可以吧。她说。她不看地图了,站起来,想离开。

它绿色的眼睛流露出淡淡依恋,突然一跃而下,安静又敏捷。不见了。它匆促离去时,尾巴的晃动把地图边的小水杯碰倒。她急忙扶起,还是泼出部分水,在被子上画出一个图形来。

地图上散落它的些许猫毛。

她入了心看地图。她在朦胧中似乎听到一个声音:"早点休息吧……"

她瞬间惊醒,转过头,没人。雨声依旧。

它从门边悄无声息地进屋,身上的绒毛被泥浆水溅得斑驳陆离。它凝视着她,目光充满了柔情蜜意。

原来是你啊。她说。

它低吟一声,竖起长而尖的耳朵,双眼闪烁着绿色的光。

阿咪,阿咪,她轻唤着走过去,蹲下身。温情脉脉想抚摸它时,它迅速躲开了。她感觉到它对她粲然一笑。阿咪,来,来。她招呼它。

这次它没有回头,没有不舍,灵巧柔软的身体突然一跃,好像被空气融化了。

一阵温馨安静弥漫着她。

九

大雨带来了寒意,雨滴击打着木屋的顶棚"噼噼啪啪"炸响着。

这里与世隔绝。黑暗中,她想起墨脱路上无数的生死离奇故事。她在胡思乱想。她睡的这张床上或许睡过黄春燕,或者嘉措,或是那个前不久失踪的燕子姑娘?燕子和老兵临死前在大雨中走着,十几天的大雨啊,他们是多么绝望恐惧。面对大雨中茫茫无边的山路和森林,不管夜晚和白天,每分钟都在煎熬……

　　黑夜中,传来她深深的喟叹,燕子和老兵肯定不在人世了。

　　大雨声中,夹杂着多雄拉河的咆哮声。

第十九章

她飞速滑出悬崖

一

9月11日。大雨。旅途第83天。

昨天临睡时,她全身酸痛肌肉僵硬。睡了一夜,早晨起床后,感觉全恢复了。

"圆圆,我是小米。今天是我进入墨脱路的第三天。从汉密出发,海拔上升100米,下降1100米。墨脱地处喜马拉雅山脉东端,雅鲁藏布大峡谷贯穿全境,海拔从7782米的南迦巴瓦峰,急速下降到峡谷地带的200米,落差超过7500米,形成奇特的景观。今天我要经过老虎嘴一线天、大塌方区、阿尼桥、无名桥、二号桥、三号桥、塌方地段、解放大桥,到达今天宿营地背崩,走28公里。

"今天团队增加了三个人,小柳和两个门巴警官。我们成了10人团队。我一个女性,很骄傲。

"现在,我的出行有更庞大的护卫队,其中6个是身强力壮的军人。

"呵呵呵呵呵呵……"

警官说今天进入的才是真正的蚂蟥区。说一个新兵刚到兵站,洗澡时发现全身血迹斑斑,冲去血污,数一下伤口,有多少?七十多处。说如果把失血算一下,有数百毫升啊。说有人在吃饭时,不小心吃下蚂蟥,蚂蟥吸饱了血,从鼻孔里钻出来。说最可怜的是骡马,它全身裸露,不像人有防范能力,蚂蟥吸饱了血,在它身上,成了一堆堆的深紫色。说骡马眼睛里蚂蟥游出游进,肿大得它睁不开眼,无招架之处,有的被活活吸死。说当地人的猎狗经过这真正的蚂蟥区时也会被蚂蟥吸死。说兵站的狗随战士巡逻站岗,全身扎满大小蚂蟥,有的狗就这样在绝望中哀叫死去。每年有好几条狗这样死去。

她虽讨厌软软的蚂蟥,但没听说有人被蚂蟥吸死。吸就吸吧。经过蚂蟥区时,最多让它们享受一番罢了。

警官说,今天是进入墨脱最艰苦最危险最难行的一天。说一路上有蚂蟥、塌方、激流和泥石流,防不胜防。说沿多雄拉河一路下坡,大都是狭窄陡峭的山路。说因为大雨,路上塌方数不清。说要跟我们一起走,不然你们失踪了或掉下悬崖,还是要我们派搜救队来救你们。

警官说,如果你们迷路了,不要慌张,跟随垃圾、牛粪、脚印、河流走,一般情况下,会找到正确方向。当出现岔路,以前在树枝上有标记。最近一直下大雨,塌方多,道路和标记会消失,所以,你们更有必要跟我们一起走。

曹叔帮她仔细缠上一圈圈的绑腿,把她的小腿缠得死死的不留缝隙。曹叔将她身上容易被蚂蟥钻入的地方全封闭起来。

他带好食盐香烟等,说万一她被蚂蟥吸附,他就用刀刮食盐搓香烟熏等方法除去。

她今天不敢喝水。路上没有厕所。以往她躲在草丛里解决。今天蚂蟥无处不在,不能停步。警官说到阿尼桥才能休息,但阿尼桥上也没有遮蔽的地方。

二

团队进入蚂蟥最密集区域。警官说,我们用最快的速度穿过蚂蟥区。

沿着雅江大峡谷的狭窄崖壁行走,一边是遍布蚂蟥的山坡树丛,另一边是悬崖峭壁万丈深渊。一条羊肠小道隐没在一人多高的茂密草丛中,江水在悬崖下面奔腾着。

雨天是蚂蟥最爱的时节。在沙沙的雨中,它们潜伏在茂盛的植被中。它们是天生吸附高手,头尾有吸盘,当人畜经过时,滑溜溜的身子迅速敏捷地贴上。吸饱血后,身子从牙签般纤细膨胀到蚯蚓般粗大。它通过人畜的热感寻找目标。吸血时分泌酸性麻醉物质,破坏凝血功能使伤口血流不止,流掉的血远比它吸的更多。

草丛里,树叶上,到处是密密麻麻的蚂蟥,伸长身子往路中探。

她随便摘下一片叶子,粗粗数一下,有数十条蚂蟥,弯曲着立在树叶上,或一步一弓腰蠕动着。可曲可伸。来去无声。

路很窄,她根本避不开旁边的树叶。登山杖上也是密集的蚂蟥。

团队行走的声响和脚步的移动,吸引了路边岩石树木枝叶上的蚂蟥。它们像雨点一样落到他们的头部颈部,发出噼噼啪啪阴森森冷丝丝的声音。

她感觉脸上有异样,用手一摸,软乎乎的。她顿起鸡皮疙瘩。它动作轻柔,真正无孔不入。她防不胜防。她用手拔。它死死叮着。它吸附太深,她拔不出来。吸饱血的它变成手指粗,泛着丑陋的红光。她的伤口在淌血,却全然不痛。

曹叔上前,停下,用食指弹蚂蟥,弹了几次弹不去。曹叔用香烟烫它的尾部。它一受痛掉了下来。

警官关照说,大家尽量靠中间走,不要在草丛中停留。

蚂蟥越来越多。她边走边摸脸摸颈,随时清理出现的蚂蟥。虽然她全身包得严实,但它穿透力强,隔衣也能钻进。

她的鼻孔有异样,一摸,果然是蚂蟥。它刚钻进去还没有吸住,被她及时拉了出来。

路滑,路况不明,有时找不到路,密密的蚂蟥,这一切使她心慌意乱,常常摔倒在地,全身粘满了蚂蟥。

她的一次次摔倒,引起曹叔的不满。他喊,小李镇、猪哥哥,你们在我姑娘的前后,怎么照顾她的?我姑娘这一路上怎么会摔这么多次啊?看看,她全身都是蚂蟥了!

小李镇和猪哥哥闻言不开心,嘴里嘀咕:

我们走在小米前后，但小米从不叫我们帮忙。

小米走得好好的，突然摔倒了。我们刚想去扶，小米不给我们机会，已经起来了。

她心存感激，说，曹叔，你不能怪他们。他们特别好，真的特别好。我需要他们帮忙，会叫的。都怪我走得太急，重心不稳。不过，我也没伤筋动骨，摔了就爬起来了，没事。

三

"圆圆，我是小米。我们进入真正的蚂蟥区。昨天蚂蟥是游击队，今天是集团军。

"墨脱下了十多天的雨，雨天是蚂蟥最猖狂的季节。随便摘片树叶，上面就有大量蚂蟥。

"我们快速行进一个多小时。上午10点多，我们找到一个山洞，今天第一次休息，检查清理蚂蟥。我们的腰间手臂腿上都是被蚂蟥叮咬过后留下的密密麻麻的红斑。没有人能幸免……"

小米把魔术头巾摘下。队长的手伸过来，在她脖子近肩的地方，不动声色把一只硕大无比的蚂蟥拔下来。黏滑温热的鲜血从伤口流下。蚂蟥吸饱了她的血，滚圆滚圆的。

队长笑着说，这玩意儿卧在小米的脖子下，像不像贵重的大吊坠？还挺好看的呢。

队友们笑了起来。

队长又说，你们看，小米给这只蚂蟥不断供血液，使它从一克拉疯涨成 20 克拉。

队友们哈哈大笑：

小米的吊坠升值得飞快啊！

小米有最昂贵的 20 克拉的大吊坠啊！

她忍俊不禁。手背有异样，低头看，四五条蚂蟥挤在一起，在同一伤口吸血，吸得欢。它们一定是顺着登山杖爬上来的。看，深蓝色的登山杖上粘满了蚂蟥。

她用手硬拽，蚂蟥吸盘吸得更深。

姑娘，你越拉它越深入血管，到那时，只能通过手术取出来了。

不知曹叔的话是真是假。她终于扯下蚂蟥。流血不止。她想，更多的蚂蟥闻到血腥味会尽快赶来。她打开绑腿，撩起裤腿，上面爬着五六条已经吸饱的蚂蟥。据说如果腿上有病，被蚂蟥咬过后，腿病就会好。她没有腿病。她一条一条拉下它们，用手指弹出去。她不会伤它们生命。它们凭本能吸些血也是为了生存。她和它们都不容易。

警官问，小米，你是大上海的公主，蚂蟥区可怕吗？

我讨厌蚂蟥。讨厌不是怕。白血病才是可怕的。

队长解释说，警官，小米这次来墨脱，是为完成她的好友，一个叫圆圆的白血病女孩生前的心愿。小米是个有情有义的上海女孩。

她说，她看到蚂蟥会想起 14 楼的扎针和骨穿。她说好友得了白血病，每天要抽静脉血，要吊针输液，时间一长，密集的针孔使得圆圆身上连扎针位置都找不到。而不像这里，走过蚂蟥区就没事了。说圆圆不但每天要打针输液，还有经常性的骨髓穿刺。

曹叔说，我早听说有敲骨取髓这事。

她笑了，说，"敲骨取髓"是成语。骨髓穿刺没这么可怕，但危险还是有的。

队长说，小米的好友活着时，小米一定经常去探望，否则小米不会了解得这么清楚。

我姑娘的朋友去世六年了。姑娘这么重情义，真不容易。了不起。

小耿说，小米为好朋友做到这样，我们无话可说了。

她嫣然一笑，说，我走在墨脱路上，因为经常和圆圆的苦难相比，就不觉得有多么艰苦。蚂蟥很仁爱，不会要我们的命。它吸血也有时间与地段，过了蚂蟥区，它就不来找我们麻烦了。

警官被逗乐了，说，小米说蚂蟥仁爱，不会要我们命，真是非常新鲜的奇谈怪论。

队长说，小米在墨脱路上，一直用好友病中的苦难勉励自己，这和我们用红军过雪山草地不怕苦不怕累的精神教育自己是一致的。

小柳听到她提起白血病，惊讶地回头。他不理解。昨夜，他知道她曾经就是个白血病人。但是，他没有插话。他很少说话，休息时坐在边上，竭力和他人保持着距离。

四

"圆圆，我是小米。我来到传说中的老虎嘴一线天。老虎嘴全长约 800 公尺，走完要一个多小时，是通往墨脱的必经之路。这是从湿滑岩壁间开凿出来的锯齿状的悬空栈道，下临多雄拉峡谷的深渊沟壑，宽度仅容一人。太窄啦，人必须贴着崖壁慢慢移动。

"我不能关注蚂蟥，只能专注于脚下。蚂蟥不会致命，不就是要吸些血吗？脚下不小心会丢命。听说军分区司令员骑马经过这里，马肚碰到石壁，掉进万丈深渊。司令被眼疾手快的警卫员拉住才活下来。

"岩壁上布满水沟和密集壮美的瀑布飞石，一千多米的深处是汹涌奔腾的多雄河。我会手攀岩缝，屏住呼吸，在绝壁间一步步移动向前。

"圆圆，我要注意脚下安全……不多说了……"

老虎嘴，这是四天墨脱路上最凶险的一段。

老天似乎故意考验她的意志，下起了她进入墨脱路以来最大的暴雨。全是灰白雨帘，看不清什么。

这陡峭的峡谷地形，据说有 49 个弯，布满瀑布，连当地人都不敢过，每年都有人和马被"老虎"吞没，跌下波涛汹涌的河中丧命。它因险得名。马队相遇，常因路窄，骡马不能转身，双方不能通行，只能推下一匹保另一匹。双方会商量把谁的马推下悬崖。也有说，骡马到这里要给它们蒙上眼睛牵着走，不然，马看到悬崖不敢走，也有马看到悬崖后受惊吓跌入山谷。

她摸着悬崖上凸出的石头一步一步前行。

由于长期雨水和飞瀑，乱石组成的路面高低不平，黏滑的青苔容易打滑。她每踩下一步,脚下的石块都似乎在晃动。这里仍有大量蚂蟥。如果摔倒的话,会跌入万丈深渊。去年有驴友坠下而亡,不知这位驴友是不小心还是受蚂蟥影响滑倒。

她无论如何不能管蚂蟥了。她要集中精神谨慎小心目不斜视过去,如同从老虎嘴里逃生。

暴雨使飞瀑形成巨大的水帘。她在水帘飞瀑中移动。眼睛睁不开,一片白蒙蒙,就像在巨大浴室中被强烈冲洗。全身湿透。她须注意脚下防滑安全,避免滑入深渊。她一遍遍告诫自己,注意脚下,注意脚下,不能走神,不能摔倒。

不过,她仍会因种种原因分神。密集倾泻下的水帘,使她想起雨崩的神瀑。她从神瀑中走出来时曾冷得直打哆嗦,她当时以为自己多了不得。和现在相比,神瀑真不是事儿。想到爸妈看到她现在这番情境,该多心疼啊。在她出门后,爸妈总是在电话中说"小米,当心受凉";"小米,要睡好";"小米,路上遇到任何不适,马上通知我们,我们会在第一时间赶来";"小米,你觉得不开心,随时坐飞机回家"。

在凸出的岩壁上,一棵不知名的小树,边上有几枝黄花在晃动。湍急的水流从黄花所在的岩壁两边泻过。她觉得眼熟,阿咪,她低唤。停下步,扶着岩壁,摘下一朵。叫起来,啊,小李镇,猪哥哥,你们快看,它像什么?

像什么?我看不出?

它像什么动物的脸?她提醒他们。

猫咪?对,像猫咪,像极了。

她说,是的,它就像老虎猫的脸,花蕊像猫胡子。真的越看越像啊。

小米，你认识这花？这叫什么花？

她说，我不知道。我觉得眼熟，像虎纹猫，你看，大眼睛，耳朵，越看越像！

曹叔从后面走近，说，姑娘，行走中思想不要开小差！走吧。小李镇，猪哥哥，你们不要给小米分心。

她把黄花别在背包上。黄花是湿的。她真走神了，脚底踏在地上的青苔，没站稳，竟然一滑，嘴里咕哝了一句，整个身子仄倒，飞速滑出悬崖。她惊叫一声。

就在她倒下一瞬间，曹叔大喊一声，小心！

她的手无意抓住了那棵小树，身体刚稳住，被曹叔一把拉起来。好险啊！小树边的黄花不见了，她不知是被她刚才拉掉了还是被水冲走了。

深渊下急流翻滚，夹着砾石冲撞着悬崖。悬崖边，随处可见骡马尸骨。

她站稳了，转过头，插在背包上的黄花也不见了。

小李镇说，小米，不要找啦，那朵花被悬崖顶上冲下的水冲走了。

猪哥哥说，小米，你的命都差一点没了，还什么花啊草的。

曹叔喊道，思想集中，走路！

通过老虎嘴，她紧绷的神经放松了。

六年前，圆圆像诗人一样充满情感朗诵："在白雪皑皑的雪山蓝天下，是漫山遍野的高山灌丛草甸；繁花在热情奔放盛开着，蝴蝶漫天飞舞,就像撒向空中闪烁缤纷的绮丽碎片……"

圆圆,美景在哪里啊?蝴蝶呢?还蝴蝶漫天飞舞,还绮丽碎片呢。她自语说,忍俊不禁笑出声。不过,有一点,她承认,圆圆说的没错,墨脱因深藏在人迹罕至之地,保留着远古的风貌。雅鲁藏布大峡谷全长五百多公里,与海拔6000米以上的巍巍雪山,构成了墨脱绝美壮丽的藏南风光。

五

"圆圆,我是小米。暴雨引起的一次次塌方似乎不会断。这是今天遇到的第四个塌方区。因为暴雨引发的山洪暴发,使这个塌方区面积很大,滚石时不时砸下来。

"警官关照说,过塌方区要做到一停二看三通过。我记得这是交通民警的用语。警官现场指挥着。队长先贴着岩壁过去,守在对面接应队友。队友依次一个个走过去,这急不得的。

"我在众人关注下,手脚并用,侧过身,用登山杖做支撑,缓慢地挪步。我不敢大意。在挪步时,我时而感觉到迎面有暖流冲来,时而又遇冷气扑来,冷气和暖流经常会交合,真正十里不同天,一日见四季。

"队友在一边帮忙。曹叔警惕看着从上而下的滚石方向,关注我的行动。队长在对面,向我伸出手接应住,用力拉上一把,就像我们过湍急的河流一样。队友如果没有互相帮助,想顺利通过一个个塌方区是困难的。

"我看到队友之间如此无拘无束的融洽,便想起了14楼,众多鲜花般的女孩一个个离开了我,给我留下痛苦伤感的记忆碎片。我原以为自己也会死,但竟然活了下来。圆圆,你看看,现在我和一群真正的汉子走在墨脱路上,想不到,真想不到。我很自傲,有无限的满足感。

"谢谢你,圆圆,我的好友,是你,一步步把我引领到这里……"

巨大的塌方区。山体轰塌成白花花的碎石块,路被埋没,连草树都没有。

溪水湍急,流水漫过地面的石块,平整成一片光滑的水面。水面上不时冒凸的石块十分湿滑。陡峭的滑坡上,因山体不稳定,时时滚落石块,人如被砸中,会失去重心掉入峡谷中的多雄河。澎湃的多雄河水永不停息怒吼等待着。

深深的山谷中,谷底的白骨似在无声诉说塌方区曾发生的一个个悲惨故事。

六

暴雨转变成大雨。

他们一路小跑到达阿尼桥。看了下表,下午 1 点。阿尼桥是汉密到墨脱背崩乡的中间点。

"圆圆,我是小米。我们来到了阿尼桥。人走在上面,桥就开始剧烈摇晃。

"阿尼桥也叫一号桥,是架设在多雄拉河上的简单木桥。手指粗的铁索与木板组成了桥。因常年阴湿雨水,桥上的木板已有腐朽,木板多处断裂,出现了镂空。听说以前这里的桥是单根铁索,一头高一头低。当地人用衣服搭在上面,从高处滑向低处;对岸过来的人用同样方法,从另一根铁索的高处滑向低处。

"我们要在桥上休整,吃东西补充体力。警官说走过阿尼桥后,是大大小小耗费体力的缓坡路。说因为没有蚂蟥,累了可以休息。说还会遇到铁索桥,每走一小时,会出现二号桥、三号桥等。

"两岸是连绵不断的山岳,峡谷中奔流不息的是多雄拉河。

"'我在寂寞的世界,不停地赶路……'(几米《又寂寞又美好》)"

桥上没有蚂蟥。团队进行短暂休息,清理蚂蟥,吃东西,补充体力。

她卸下包,寻找着蚂蟥。一条吸饱血滚圆的蚂蟥掉到了地上。她本能摸一下耳后,有些滑腻,一看,满手是鲜血。

她把围巾摘去后,脖颈处鲜血淋淋,又是蚂蟥的杰作。她听到相机咔嚓一声,队长正在给她照相。

小米,这张照片标题是:女汉子的伤口。

她笑着回一句,队长,你不要丑化我啊。

她今天穿的橘黄色的衣服下摆太短,不能直接连接速干裤,蚂蟥更加有机可乘。腰上都是血。登山杖上,密集的蚂蟥像黑色的火柴杆一样竖立着在摇动,还在寻找机会。

队友们检查结果,都被蚂蟥叮咬过,只是轻重而已。

阿尼桥桥面一米多宽,没有护栏。

桥面在晃悠,被风吹得摇摇欲坠,桥下是滔滔江水。

警官说,一对父子背夫,小孩不到7岁,过桥时,一脚踩滑,风又大,一下子滑出桥沿,坠入河中,被白色湍急的河水吞没;警官说,有战士在巡逻经过吊桥时,被毒蛇咬伤而死去。

桥边有个客栈,好像撤了。客栈没有门,千疮百孔破败不堪。客栈内长满杂草,遗留着马粪、罐头空盒、方便面袋、零食袋和各种酒瓶。

她惊叫起来,小警官呢?她着急,再喊,门巴警官哪里去了?

队友也奇怪,是啊,怎么就不见人影了呢?

他人呢?

没见有人掉河里啊。

传来小警官的笑声。她寻声走进废弃的客栈,里面空空荡荡。残墙上,干枯茅草像喝醉了酒一样在摇摆着,摇摆出梦幻般"淅淅"私语声。

无数绵长的蛛丝,有灵性地拂动着,闪烁出若明若暗的银白光泽。一根白布条从黝黑的梁上悬挂下来,晃悠着,使人浮想联翩出不吉的故事。

小警官得意的笑声正从上方传出。

她抬起头,只见小警官坐在梁木上,头抵棚顶,眼睛闪亮,笑嘻嘻地望着大家。

小警官是个躲猫猫的调皮孩子。

曹叔说,你不疲劳啊?

大家哈哈大笑。

第二十章

谢谢你,一路陪伴着我

一

"圆圆,我是小米,我正在大雨中行进。

"进入墨脱后,我和邂逅的队友很投缘。曾眼镜说,人在路途中的生死,有时并不在体能意志等个人因素,还要凭运气。我运气真不错。

"圆圆,我相信,是你一路陪伴着我,暗中保佑着我……"

乌云低垂。天昏地暗。雨水如注。团队在凄风苦雨中行进。

连续暴雨使塌方一个接一个,仿佛永远走不出塌方区。在塌方区,砸到任何小石块就会致命;攀岩时一脚踩空会掉入深渊。真像曾眼镜所说,这要凭运气。在墨脱路上,运气只能交于上天。

看吧,又面临塌方了,悬崖上的路毁了。团队只能从峭壁上攀岩过去。

队友大声喊,小米,不要往下看,不要往下看,注意踩准每一步!

她对自己说,开始攀岩吧。如果走不过去,就到不了莲花广场。

她双手紧抓住峭壁上的湿滑蔓草和树枝。脸和岩壁贴得太近了，树枝叶片在抖动中溅出的水珠，一时使她睁不开眼。稳住了，她小心翼翼移出一只脚，摸索落脚点，重心慢慢移过去。脚底的泥石似在晃动。她紧抓树枝，双手尽量用力，以分担脚底重心。每一步都得小心，不小心脱手就是玩命。

她突然想起，有个老资格驴友在攀岩时，被突然滚下的小石块砸中头。如果砸不死的话，掉下悬崖也是死。户外经验再丰富也没招。她还没有到莲花广场，还没有完成承诺，生命不会在此中止吧？想法刚冒出，一阵恐惧感倏忽掠过，透心的冰凉使她神经质地战栗。她开始迟疑，不敢再迈步。她停在峭壁上。觉得脚下的石块泥土正在松散，会不会突然全部四散而滑下，连同她？

她的腿莫名剧烈发抖，一时头晕目眩。

曹叔发现她的异常，及时腾出一只手，一把牢牢抓住她，说，姑娘，你不要慌，不要慌。你先停一下，缓口气。对，现在没事了，可以了。开始吧。

她重拾信心，战战兢兢重新跨出步。

姑娘，你放心，我正抓住你呢。你掉不下去的。慢一点。找准位置，踩好每一点，对，对，就这样……

"圆圆，我是小米。我刚才在大雨中攀岩，下临近乎90度的峭壁和奔腾的江水。当我通过后，回望岩壁，露裸着的树根像无数盘缠交织的群蛇，湿滑黑黝黝而显得恐怖。树根无法抱紧松散的岩石，不时有碎石从纵横交错的树根间滚落。

"圆圆，没有团队的合作配合，我就不能通过。谢谢我的队友！"

二

海拔继续在下降，听说海拔每降 100 米，温度就会上升 0.6 度。
沿途出现竹林、芭蕉等植物。
天气越来越潮湿闷热。她的衣衫早已里外湿透。
水壶里的水喝完了。她用手心接路边的瀑布水，或从岩石缝中渗出的水，粗粗看一下，只要水里没有蚂蟥等大的虫子，就痛快喝。在墨脱路上，人不能太讲究。
她和队友沿着无底的崖谷深渊行走。不同颜色的冲锋衣在灌木丛中起伏，时显时隐。

下午 4 点，团队到达三号桥。意味着离解放大桥不远了。
桥下汹涌的多雄拉河发出震耳欲聋的巨响，气势磅礴慑人心魄。
大峡谷上方云遮雾绕。
雨终于停了。相隔久远的太阳竟出来了！
她爱美。不管途中如何疲劳，遇太阳出来，就会想到防晒。她摸索着从包里拿出防晒霜。用带着泥痕的手指蘸取白色的防晒霜，往脸上一小堆一小堆地涂抹。
咔嚓一声，队友把她此时的情景照了下来。

小米,我给你照了一张,你可以留作纪念。标题是:即便再艰难困苦也不忘爱美,这就是女神!

我建议标题叫:女汉子涂面霜啦!

女人真是不可理解的生物啊!

队长,我建议照片标题叫:战地女神在涂防晒霜!

"圆圆,我是小米。我们到了三号桥,全体休息。

"四周的群山云雾缭绕,层叠的树林呈现出不同层次的颜色。树叶上挂满了水珠。瀑布轰鸣中夹杂着鸟鸣……

"我打开了背包,包里的纸巾湿透了。我拿出《莲花》一书,已湿得皱皱巴巴,书页黏在一起。如果翻动书页就会损坏。我把《莲花》原样放回包里。

"我在翻动背包时有意外的惊喜,竟然藏有一个苹果,我咬了一口,想起队友,说,大家都尝尝吧。递给离我最近的曹叔,曹叔咬一口后,递给下一个队友。这个苹果在队友中传递,每人分享一口。

"圆圆,你说,这情景是不是特别温馨?"

队长站起身说,大家集中一下。今天我们走得很艰难。我们离开这里时照张合影,留作纪念。我会制作成明信片分寄给大家。

队友们以桥的平行方向,一个一个接龙,脸望天,姿态各异,躺在黝墨的桥面木板上,五彩的衣服、背包,组成一幅霸气的战地合影。那个穿绿色冲锋衣的唯一女性是她。

三

继续前行。沉闷地走路。雨好像不会再有，看天空，云消雾散，天莹净镜。

传来阵阵急迫的枪声，响彻山间。

曹叔熟悉枪声，打破沉闷说，这是重机枪的声音。在山的那一边。

她突然发现，叫了起来，手机有信号啦！

队友们纷纷拿出手机，给亲人报平安。

她首先给爸妈报平安。爸妈这几天一定担惊受怕，就像当年她生病时一样。

她又发了一个微博通知朋友：有信号了。我还活着。

四

解放大桥。桥上的哨兵手握钢枪守卫着大桥。

解放大桥就是解放军建的大桥。多少年来，当地人靠着牛皮筏子或在空中走藤条笼子、溜索过河越江，葬身江水者不计其数。直到来了解放军，50个官兵用100天时间，将8根长250米的钢索，分8次一次一根从派镇扛到这里。用摘了引信的60迫击炮弹头牵引钢索，把钢索的一头发射到对岸。历时一年三个月，墨脱历史上第一座钢索大桥建成了。

因特大山体滑坡，大桥曾被冲垮，但很快被军民们修复。

"圆圆,我是小米。看到红旗飘扬,就是解放大桥到了!

"大桥在雅鲁藏布江下游,多雄拉河和雅江的交汇处,两岸间森然罗列着岩礁。海拔660米。大桥是钢索桥,有碗口粗的钢索。桥面板大部分腐烂了。听说桥长200米,宽3米。在桥面脱落空隙处往下看,是沸腾涌动的浪花波涛和一个个湍急的漩涡。

"令我尊敬的是解放军!一个排长带两个兵。在大暴雨中巡逻时,很可能会被塌方的泥石砸中。他们每三个月轮换一次,生活艰苦危险单调乏味。

"可爱的小战士告诉我,说从这里走到墨脱已没有难走的路了。"

她站在大桥上,欣赏起雅鲁藏布大峡谷。她掏出相机拍照。

小战士突然出现在她面前,敬礼,严肃地说,同志,这里不可以拍照!请你把拍的照片自己删掉。

她在小战士的监督下,只得删了刚拍的照。

小战士认真检查起她和队友的身份证和边防证,说如果少一证就此路不通,必须原路返回派镇。他们跟着小战士来到大桥哨兵站拍照。小战士给每人照相留档。

她说,解放军叔叔,我这样子照相人不像人,鬼不像鬼,太丑了。

边上藏族姑娘闻言,插话说,妹子,哪里的话,我刚才还对他提到你呢。

小战士接过话说,是的。女同志,刚才你出现时,她跟我说,你看那个妹子,长得好漂亮啊。这么漂亮的妹子,居然也能走到这里,真厉害!

藏族姑娘说,是啊,妹子,你真厉害!

她听了很开心,不知回说什么才好。

小战士突然一脸严肃起来,把话扳回正题,同志,请问你们是怎么进来的?

她俏皮地说,解放军叔叔,我们走进来的啊。

难道派镇的封山令解除了?

没有啊,我们是偷偷溜进来的。

同志,你听好,我现在严厉批评你们的擅自行为。你们这是对自己生命的不负责任!

她油腔滑调地说,对!对!你说的对!解放军叔叔,我们虚心接受批评!接受批评!

小战士的口气变婉转,同志,你们能走到这里,是一件值得高兴的事!我祝贺你们。

她附和着说,解放军叔叔说的对,这是一件值得高兴的事。我真开心啊。

每个过桥的人都要登记信息。

她在登记信息时,从登记簿上知道好多天没人经过这里,就惊喜地叫起来,队长,曹叔,我们是第一批通过这里的人!

钢哥在松林口跟武哥分手时因没有取回边防证,不能过桥,留下来等候武哥到达。

队长说,到背崩还有一小时路程,路途基本安全,最艰难危险的路都走过了。说其他队员继续出发。他是队长,不会落下一个队员。他要陪钢哥拿到通行证后再走。

五

"圆圆,我是小米。哇,圆圆,墨脱还真有五彩斑斓的蝴蝶!对了,我想起来了,墨脱本来就有蝴蝶王国的称号。

"我们穿越大大小小的瀑布,一次次被浑身浇透。我心情特别好,曹叔说我每天好像打鸡血一样……呵呵呵……瀑布的水流特别巨大,溅起的水雾范围如此宏大。

"我欣赏着大峡谷的美丽风光,阳光正穿透雾气和林阴,散漫地倾泻下来。真的是鸟语花香啊。

"圆圆,我们的大峡谷是名副其实的世界第一大峡谷。长度远超号称"世界峡谷长度之最"的美国科罗拉多大峡谷,深度远超号称"世界峡谷深度之最"的秘鲁科尔卡峡谷。我们的大峡谷切断了喜马拉雅山脉,在南迦巴瓦雪峰处急剧一个大拐弯,形成马蹄形大拐弯,是个奇特的大峡谷。

"我正沿着山崖小路盘旋而上。走上大坡后,背崩的全景会尽收眼底。

"背崩就在前方!"

沿着雅鲁藏布江上行,好像进入了江南。

墨脱是全世界山地垂直自然带最齐全和完整的地方。从高山冰雪带到低河谷热带雨林等九个垂直自然带,复杂多变,依次分布着河谷堆积地貌、冰川地貌和高山峡谷地貌。大峡谷两岸分布的蛇绿岩套据说是古海洋地壳的残余。

阳光灿烂,沿途有芭蕉林,一派秀美的亚热带风光。远处,壮丽的雪峰,云雾缭绕在白雪皑皑的山腰间。

背崩的大门同样由树干支成了门框状,朴实得像原始社会的遗物。

看到在茂密的绿林丛中,隐隐露出各种色彩的屋顶,她知道背崩村到了。

背崩有好几家客栈。团队住在背崩第一家。客栈平时75元一天,冬季封山期间150元一天。现在属特殊封山期,折中收费100元。

她在门口卸下背包,脱掉速干裤和鞋子,检查蚂蟥。她走上客栈二楼。脚腿稍感疼痛。她清理完后准备去烤衣鞋。

姑娘,这里有太阳能热水器,可以洗澡。你快去洗吧。

果真有洗澡。越近墨脱县城,她心情越好。她哼着歌。手脚被多日来的雨水泥水浸泡得发皱发白。脱鞋时肿胀难忍。脚趾都发黑了,出现许多水泡,有的已破。洗澡水很温暖。换下的衣物上血迹斑斑是蚂蟥留下的痕迹。

她洗完澡,抱着换下的大包衣鞋等来到房间。

曹叔正在和妻儿打电话,看到她进屋,挂断手机,不声不响弯腰拿起她换下的衣物。

她不好意思地说,曹叔,我自己洗吧。

姑娘，你一路走来，不容易。我真心敬佩你。我在家里做家务习惯了。你好好休息吧。

六

　　"圆圆，我是小米。我们到达背崩了。

　　"背崩村里有几十户人家。每家院子里都种着热带植物。可能因为通公路的缘故，这里的生活条件明显好起来，有木板房，也出现了砖瓦房。

　　"从背崩到墨脱镇还有35公里多。因为有公路，明天不坐车继续走才是考验人意志的时候。我刚才听到猪哥哥和小李镇说明天决定坐车，我很失落。我不知道其他人会不会也去坐车。不过，你相信我，我会走到墨脱，走到莲花广场，完成对你的承诺。

　　"圆圆，我等了六年，六年哪！你想想，一天与六年相比，是不是路途再艰难再危险，我也要走完明天的路？"

　　她心神不定地等待结果：明天有谁和她一起走？

　　都说从背崩走到墨脱才是意志崩溃的地方。她的意志曾被一次次强烈诱惑过考验过。在人生旅途中，信念是最有力的支柱。没有信念，人随时会被逆境击倒。没有信念，她早泄气了。她相信明天有两人会伴她走到墨脱，她不会看错人。

　　她在拉萨和曹叔相识时，曹叔说过一切听她的，这一路上他做得有过之而无不及。他会陪她走到墨脱。队长是正统教育中新一代党员军人的典范。说实话，她在此前生活中从没遇到过。明天只要有人想走,典范必定负责到底。这是责任。

明天有这两人陪她走,她知足了。

欢乐的聚餐,仍是固定的炒菜米饭。她疲惫又饥饿,食欲很好。以前的她好像娇娇公主,吃东西挑精拣肥,现在的她只要能吃饱,什么都吃。

队长说,到今天为止,艰难的日子都已经过去。我们的任务可以算完成了。接下来,听听大家意见,明天去墨脱是走还是坐车?

小李镇说,队长,我实在太累了。这里有车直通墨脱,也太诱惑我们了!

猪哥哥说,队长,我的脚趾疼痛难忍。这些日子穿着湿鞋在水里趟着,脚趾已变形变色。我明天不走,我坐车。

小李镇说,队长,我明天也坐车。

队长转问她,小米,你呢,明天坐车还是走?

她说,队长,我6月20日从上海出发,最后的终点是墨脱。我明天走到墨脱。

曹叔说,我和姑娘一起走。

我作为队长,只要有人走,肯定一起走。明天连我在内有三个人走。还有人吗?小耿,钢哥,你们怎么样?

小耿和钢哥说决定不了,明天再说。

"圆圆,我是小米。完全不出我所料,队长和曹叔明天陪我走。

"小耿和钢哥还没有决定。钢哥是视钱花得越少越时尚的'穷游'驴友,穷游二字会鼓励他明天不坐车;小耿是个感性的人,明天一觉醒来,腰酸背痛的,可能不想走了。

"我觉得,在有车直通墨脱的情况下,不坐车继续走,才是真正考验我意志的时候。

"圆圆,我明天要赶路,我休息了。"

七

她走出屋子,仰望天空。

云层很厚。没有星星。她原以为进入了墨脱路能夜夜看到星空,谁知天天下雨。到达背崩后,雨停了,仍然不见星空。只有仰望星空,她才能真切地感受到圆圆的存在。

传来隐隐约约的流水声,夹杂着女人的低声细语。远处的景色成了模糊不清的黝暗剪影。

她伫立着,很失望。

曹叔悄悄出现在她身边,姑娘,外面冷,你早些休息。明天还要赶路。

她说,好的。

她刚进屋,一只阿咪跑过来磨蹭着她,期待的眼睛闪闪发光。

明天有队长和曹叔陪她走到墨脱,她心情愉悦。来,阿咪,我抱抱你。她的话刚落,它就直起身迎上来。她笑着抱起它,手指触点它的鼻子说,你就像个乖女孩。

它的眼睛柔和宁静,很深沉。

小阿咪,你知道吗,你真的美艳可爱。

她抚摸它时,感受到了温顺。她放下它,阿咪撒娇地爬上她膝盖。她抚摸它的后背和脖颈,柔软得好像没有骨骼。一、二、三……她细细数起它的白色胡须。阿咪,你有24根胡须……鼻子两边各12根,对吗?她轻拉它胡须。它不耐烦地打了个哈欠。

她的手指梳理它的皮毛,摸它的耳朵。它不睁眼,自顾睡着,不在意的样子。她翻开它的眼皮。绿色瞳孔闪烁着光芒,如同黑暗中的宝石。她知道它的瞳孔早晨像梭子,中午恍若细线,在幽冥的夜晚像星空中的满月。阿咪有一双不可思议的神异眼睛。她最惊奇的是,有时它眼睛会渐渐蒙上一层白色半透明薄膜。

她检查起它的耳朵,薄薄凉凉的,长满了绒毛。她的手指在它的皮毛间划动,觉得它好像是个灵魂或影子,有不实在的感觉。她触摸它的肉垫,轻按一下,便出现锋利的爪子。她按一下,爪子露一下,特好玩。

阿咪,阿咪,你很乖,你是个乖女孩。她笑着说。

它好像听懂她的话,故意用尾巴一次次扫拂她的脸,痒痒的,似乎想把好心情传递给她。

阿咪,我要休息了。明天我还要早起呢。

它望着她,眼里溢满柔情如水忧愁多感的神色。

她放下了它。

半夜,她醒来时,发现一个美丽的静物剪影:阿咪蹲在窗台上,一动不动。

第二十一章

生死之交的情怀

一

9月12日。晴。旅途第84天。

太阳升起,硕大又灿烂。碧空如洗。

她穿着橘黄色的休闲衫,深色牛仔裤,头戴宽边军绿色铜盆帽,背着双肩包。

警官说,从这里徒步到墨脱的人才算得上是真正的勇士!

曹叔说,姑娘,你把背包扔给随车队友。你轻装上阵更好。

我这背包是压重心的,防止我走路摔跤。

队长笑起来,小米,用背包压重心,我还第一次听到。

"圆圆,我是小米。今天是我进入墨脱路第四天,从背崩出发,将经过亚让、德兴桥、绝望坡,到达墨脱县城,走35公里。

"警官说,真正的挑战是今天。因进入墨脱后多日非人的体能意志摧残,而且从汉密到背崩是全程最艰难的一天,也是最后一击,绝大多数人到达背崩后身体和意志都会崩溃,都会选择坐车到墨脱。

"不出我昨夜所料,钢哥今天决定和我们一起走。其他人坐车到墨脱。

"我们四个人轻装出发了。"

他们沿雅鲁藏布江前行。她心情愉悦,今天可以到墨脱了。

青翠空阔的山峦谷地,郁郁葱葱的森林。娇嫩欲滴的灌木丛,还有半人高的鲜花。江水奔流,清脆的鸟鸣。天边或聚或散的白云围绕着群山,景色真不错。

瀑布横流,路面出现不少小溪流。瀑布下的山间公路仍异常凶险,塌方雪崩是常有的事,随时会把人车冲出悬崖。嘎瓦龙山上曾发生雪崩,造成七人失踪。墨脱处在断裂带,地质活动频繁。

路中央,一顶黄色的钢盔被砸了洞,四周开裂,仿佛讲述一个曾经发生的凶险故事。

她一脚踢去,说,滚路边去!别在路中央碍事!她真开心。

钢盔向路边滚去。

遇到塌方区。

她说,队长,小李镇他们坐车遇到塌方区时比较麻烦,还是我们走路来得爽气。

队长说,这种公路坑坑洼洼,坐在车上会把人颠得肠子吐出来。

曹叔说,姑娘,你和队长都在自我陶醉啊。

墨脱公路塌方是常态。1994年2月,人民日报刊登我国最后一个不通公路的县城墨脱通车的消息。汽车第一次开进去时,当地孩子见到汽车以为怪物吓哭了。因暴雨、山体滑坡等毁了大半公路，那次只通了一天车。据说是世界上通车时间最短的新建公路。墨脱后来有过多次通车，但都因突然而至的自然灾害而中断。

今天坐车的队友比较麻烦，车送到塌方处，徒步，到车可以通行的地方，再坐那边的车。一段段接力运输。

钢哥说，看啊，有人光着身子洗澡呢。

远处，路边浓密的芭蕉树叶后，有人光身子在瀑布下冲洗。

二

"圆圆，我是小米。我在走向墨脱的路上，汹涌奔腾的雅鲁藏布江伴行着我。

"今天都是平缓的土路，很好走。走路有些枯燥。路面上，有散落的牛粪或其他动物粪便。沿途有大大小小的瀑布群，从如青丝般轻轻飘落的小瀑布，到惊心动魄的大瀑布。

"我们走得口渴了，进入路边的村庄，向藏民借水喝。藏民很热情。这里的茶水有点咸。

"圆圆，你看到了吗，一辆推土机开来了。推土机和炸药是墨脱公路养护队必备的设备。

"涓涓细流薄薄地淌向路面，不会湿脚，没事。

"圆圆，我走得很轻松。我在享受走路啊。"

他们沿着公路的内侧行走，山壁上不时有窸窸窣窣的细沙子掉落。有的落到了她的身上。一块拳头大的塌方石头突然滚下来，碰到山壁凸出之处弹向外，砸到公路上。

她说，如果砸到谁的头上就没命了。

曹叔说，进入墨脱路后，我们运气一直很好，碰不到这种事。

她叫起来，指向远方的一座雪山，你们看，那是不是南迦巴瓦峰？海拔 7782 米，世界第 15 高峰，中国最美的山峰！

湍急的水流切断了公路。

她喊，队长，赶快来扶我一把！

队长来了，笑着扶她，说，上海来的娇小姐啊。

她为了不湿脚。在水流中的石块上快活地踮着脚跳着，像个调皮的儿童。

一辆车颠簸着摇摇晃晃开过，她躲避不及，溅起的水花使她的裤腿上出现了大片含有动物粪便的泥水，挂滴着。

司机将头探出窗外，说，妹子，对不起你啦。

她大声回说，师傅，没事啊，小心开车啊。

路边简陋的小茶馆。炎热的气候。茶馆周边是热带雨林中常见的芭蕉树，还有飞舞的五彩斑斓的蝴蝶。这哪像在西藏，更像在云南吧。

小米，天气炎热。我们进去喝点饮料吧。

很不错的建议。她说。

小卖部有可乐雪碧王老吉等饮料。

三个男队友脱掉上衣，光着膀子。

队长用手机联系坐车的队友。电信信号非常好；移动时有时无不稳定；联通没信号。

她说，老板，来碗泡面当午餐，还来一罐可乐。

队长接通了小耿。小耿说，他们搭了警官的警车已到达墨脱。说猪哥哥和小李镇去洗脚了。

"洗脚了"三字震惊了她。哇，墨脱有洗脚？队长，墨脱有洗脚房了！这变化也来得太快了吧！这对我想象中的墨脱是冲击啊。墨脱有洗脚房的话，肯定有电影院。我们晚上去看电影。说不定还有星巴克。她明知星巴克不会开到这里。她心情好，可以乱说。

小米，到墨脱，我请你喝星巴克。

墨脱的变化激起了他们的兴奋。他们热烈谈论墨脱的变化，没有遗憾或失落，这是社会进程！

三

"圆圆，我是小米。被网友称作墨脱一绝的'绝望坡'出现了。

"我们上坡，拐弯，上坡，拐弯，又上坡，反反复复，没有尽头；网上说伴随着希望，绝望，希望，又是绝望，描述得很真实。

"我心情好，前行时都是希望，希望，还是希望。我没有绝望。绝望坡就是个希望坡。

"我们进入无人的山谷里，手机没有信号了……"

拐弯处好像是个茶馆，用塑料膜包着。周边风景不错，有数棵大芭蕉树相衬着。

她喊叫，队长，曹叔，钢哥，我们上去可以休息啦。

他们快步走上前,越来越近。不是茶馆,是一个个木制盒子,在路边排成一行,有的盖掀开了。看不懂是什么。

她叫起来,队长,这好像是棺材!这是不是棺材?我看不明白。

曹叔说,棺材,见官又见财,民间说法,是吉利的。

队长幽默地说,棺材停在这里,是给走不动的人留着的吗?

一片笑声。

钢哥说,望山跑死马的绝望坡,难道要走到我们虚脱为止?

她说,钢哥,路面安全,走的全部是太平路。一路上有水流有瀑布可欣赏,这样的徒步,不要太开心啊。

队长说,小米,你真能走啊。

曹叔说,姑娘,你怎么每天像打了鸡血,精神饱满劲头十足啊?

四

"圆圆,我是小米。太阳渐渐落山了。我们吃光了随身带的食物和水,到墨脱都会有。

"走在绝望坡上,以为上了坡就到了,走过去后,发现拐了弯,还有坡,一坡接一坡,说会让人产生绝望情绪。

"我没有这种情绪。我在享受走路,用心去享受,我开心。呵呵呵呵呵,圆圆,真的,今天特别开心,我没有觉得累。我走得很快,这不,我们又上坡了……哇,没有坡啦!圆圆,我的前方出现了被大片绿色田地和树木包围的白色房屋。墨脱,墨脱,是墨脱!

"圆圆,墨脱到啦!墨脱真的到啦!墨脱终于到啦!"

墨脱被笼罩在淡淡的落日余晖中。

墨脱上空布满了金色的烟霞,缕缕白云缠绕着四周的群山。

进入墨脱的大路口,猪哥哥和小李镇正等候着迎接他们。

队长、曹叔,看啊,猪哥哥和小李镇在等我们!她大声叫起来。

五

进入墨脱县城。一辆红色的轿车,车顶灯上是"墨脱出租",车牌是藏G。

出租车,墨脱有出租车,哇,墨脱竟然有出租车!哇,又一辆出租车来了,是白色的。

她好久没见这么现代的东西了。她兴奋地叫起来,你们看啊,队长,曹叔,夜总会!墨脱还有夜总会!真想不到啊。

最后一片净土好像变味了?曹叔说。

队长说,依我看,墨脱仍比其他地方纯净很多。

路边贴着燕子和老兵等失踪驴友的寻人启事。寻人启事上还有燕子的照片。她第一次看到燕子的照片,青春女孩。

她快乐的情绪仿佛突然被泼了冷水一样,一下子沉默。她低下头。

只有他们匆匆的脚步声。

"圆圆,我是小米。墨脱县城像江浙一带的乡村小镇,十分钟就能走完。

"墨脱人收入虽低,但民风纯朴与世无争。警官说,墨脱法院从1979年建院以来,只受理了两起盗窃案,一起是外来人偷窃,另一起是本地人偷了邻居的鸡。

"县城街道两边是高挑的现代路灯,浓厚门巴风情的建筑。这里酒店、超市、餐厅、KTV、网吧、台球室等一应俱全。

"今夜,我们住在如意客栈。"

如意客栈,30元/人。在上海,是一杯奶茶的价格。

团队落实住宿后,选了一家酒店聚餐,可以放松胡聊。团队邀请在汉密相识的门巴警官、还请小柳也参加。木制本色的长桌上,放满不齐整的菜盆,各色菜肴、饮料和酒,类似上海街边的大排档。

在四天的墨脱路中,艰难重重,没有团队互相帮助,单靠个人无法走完全程。

喝啊喝啊喝啊喝啊。

干杯!干杯!干杯!

为团队精神干杯!

为我们的战友情干杯!

为队长干杯!

为门巴警官的无私帮助干杯!

为美女小米干杯!

为曹叔干杯!

六

聚餐散了,队友们走出酒店仍睡意全无。大家明白,明天要分手了,想找个地方继续神聊继续疯狂喝酒。警官邀请队友们去泡吧。警官说,墨脱没有星巴克,没有大商场,也没有电影院。酒吧是有的。

他们来到酒吧,仍是兴奋和感慨。

继续喝啊喝啊喝啊喝啊。

干杯!干杯!干杯!

"圆圆,我是小米。我们在一家叫"雪域情"的朗玛厅喝酒。这是简陋版的小酒吧,有整整齐齐的卡座、藏式的舞台背景,悬挂着五彩布、藏画、音响,还有哈达和陪酒姑娘。我们在朗玛厅玩嗨啦。

"队友们喝啊,唱啊,跳啊,疯狂啊,尽管发泄着情绪。还没有疯掉的队友慢慢喝酒,畅谈路途心得。

"队友们大都处在醉酒状态啦。我们都依依不舍。

"唉,总归要分手的。明天起,我们各走各的路。今夜即便他们全部醉倒,我也能理解。今夜注定我们无法入眠。"

桌上的酒罐堆成了小山。队友们都疯了,真的疯了。她从不喝酒,这一次另当别论。队长一遍遍请她上舞台跳舞,舞曲一支支在轮换。

钢哥说受不了乱七八糟的噪音,要回去休息了。

虽是午夜,她却不想离开。她珍惜难得的友谊。她要继续陪队友聊天玩乐。忽然听到哭声,回过头,她难以相信,竟然曹叔在哭。她大吃一惊。短短几天接触中,曹叔给她留下了心胸宽大又柔情的硬汉形象。她自语,硬汉竟然也会哭!

队长说,小米,曹叔可能因为走到墨脱喜极而泣,也可能明天大家分手,他太感伤了。

她站起身,离开队长,走向曹叔。

她和曹叔萍水相逢。她只知道他很早当兵,复员后在大理银监会当公务员。他什么时候参军什么时候复员,她并不清楚。

曹叔泪流满面在呜咽,说他三十多年前参加过对越自卫反击战。

我的好战友,好兄弟……肚子被炸开了,我摸他身上,满手是黏糊糊的鲜血……热烫的……我抱起他……大团大团的肠子从他肚子里涌出来,我用手推进去,仍在涌出来……我挡不住啊……我的兄弟,他奄奄一息了……他快死了……声音很轻,说话困难,眼里没有神……他说,我不想死……我不想死在这里……你要救我,你要救救我……

诉说到这里,曹叔抱着头,无节制野兽般狂哭起来。只有从来不曾哭泣的人才会这样。他内心伤痛的情感在狂泻,他是被痛苦的回忆击倒的男人。

周围的人被感染了,默默在流泪。猪哥哥摘下眼镜,擦拭泪水。

对越自卫反击战时,她还没有出生。三十多年来,曹叔背负沉重的生死记忆。如果不是他酒后失态，谁能知道他内心深处的这个痛苦？

她感觉有湿润的东西涌入眼眶，她转过头，不想让他们看到她在流泪。泪水仍顺着她的面颊向下滚落。她的嗓子因为哽咽而失了声。她的情绪涌了上来，说，曹叔，我，我很理解你……

姑娘，你还小，你没经历过生死……你不会理解……

她和曹叔相识这些天，曹叔第一次用很冲的语气回复她。她没有生气。因为她真的理解他。她说，曹叔，你说的，我都经历过，我都知道。所以，我真的理解你……

曹叔抬起泪眼，好像在失控中有了短暂的清醒。狠狠擦了下眼泪，摇头说，姑娘，我知道你是好心。但是，你真的不会理解。你经历的生死是你朋友的事，你只是个看客。而我身临其境，我进入了战场，我不知道什么时候会死……姑娘，这种随时会死的感觉，你永远不会理解。

猪哥哥说，小米，曹叔说的很对，我们不会理解曹叔的心情。我们都是旁观者。曹叔和战友在战场上共生死。曹叔是参与者，环境完全不同。

周围杂乱的噪音仿佛消失了。

她想大声说，因为生死之交的情怀，才使她来到墨脱。听了曹叔的话，她难受。她虽热泪盈眶，但不敢轻发一言打破她的委屈。她的内心在激烈翻腾。她是生死参与者，她不是旁观者，她有痛彻的体验。曹叔喝醉了，她没有醉。所以，她才特别理解曹叔的内心痛苦。她傻瓜一样呆坐着。眼前模糊昏暗，有一阵子，她差点说出她也是生死经历的参与者。

终于,她长长吁了口气,把她欲言又止的辩白平息下来。她的委屈渐渐融化在一片泪水中。

曹叔已经酩酊大醉,继续哭泣宣泄着情绪,过度的痛苦使他的脸扭曲了。

她回想起她和曹叔相处的这些日子,除了无信号,他每天会和妻儿通电话。他在家里时包揽家务活。他说离家期间,妻儿因没人做饭,天天到饭店就餐,只盼他早些回家,他因此惴惴不安。

她现在才明白,曹叔为什么如此爱家庭爱妻儿,为什么是个好丈夫好父亲。战友死了,他活了下来。他如果不珍惜生活,那是对不起他自己啊。

今夜,她破例喝了酒,庆幸没有醉,才不像曹叔这样失态。

她起身告辞,小李镇,你们多陪曹叔坐一会儿。我先回去了。

曹叔摇晃着站起来,还在啜泣,说,姑娘,你停一下,听我说句心里话……就一句心里话……不说,我心里难受。

曹叔,你说吧。我听着。

姑娘,我真心感谢你……你在拉萨时,你拾了我……拾了我这个大叔……你信任我……为你的信任,姑娘……干杯……

曹叔,这一路上,是你一直在照顾我……我感谢都来不及。

姑娘,你,信任我……我打心里感谢你……姑娘,干杯,干杯……

曹叔,你醉了,你真醉了……小李镇,你们也早点休息啊……我先回去了。

七

"圆圆,我是小米。现在是 2013 年 9 月 13 日凌晨一点。

"圆圆,此时,我想得很多很多。到墨脱徒步的驴友都说低估了墨脱路,说其实是一场生命的黄泉路,说得那么危言耸听。可能由于我准备的时间太久了,我远远高估墨脱的风险,反而太容易,太顺利了。

"圆圆,我到达了墨脱,我完成了你的心愿,我兑现了我的承诺。等到天亮后,我会去墨脱中心的莲花广场,将我带来的《莲花》回赠给你。这不是你送我的那本。你送的《莲花》,我会永远珍藏。"

一切灯火喧哗消失了,微风不时掠过。

只要冥想,世界很快会沉寂。

她被寂静所包围。她能听到自己的心跳。她在独享清朗透明的星空。

抬头看,神秘莫测的天庭气势恢弘。茫茫银河横跨天穹,清晰得触手可及。群星光华四射,交织着奥秘。清冷的光线在骚动不安地颤抖。苍穹透出乳白的微光。隐约有一缕飘忽不定的音乐在天空踟蹰徘徊。

柔情绰约的月亮,美得异乎寻常。

她想起《月光曲》,不,不像是《月光曲》。耳边飘逸着陌生的,她从没有听到过的音符。她屏息静气,侧耳细听。它来自空中,是的……它忧伤飘散着,轻微的音符敲击着她体内最敏感脆弱的深处。厚实的天庭滚动出一串串浑浊深沉的乐声。音符突然坠落,刚才的一切仍如此清晰。

她眼前出现了莲花、湖水和月光浮动重叠的光影。传来熟悉的轻诵:"那是天使的乐声,如此美妙,却如此单调,令人不禁坠入另一个无色的梦中。"(几米《又寂寞又美好》)

圆圆,是你吗?是你发给我的吗?还是我的臆想?

她俗念顿消,内心渐渐回归到神清气爽的纯净无华中。

八

她回到房间,打开微博,写了两句:墨脱是不夜城。有银河。

她摸索着睡下。她在睡梦中迷迷糊糊听到"窸窸窣窣"的声音,脸上有软软的刺痒弄醒了她。当她听到熟悉的"咕噜咕噜"低吟,知道阿咪来了。

她开了灯。她吃惊,它不知什么时候钻进了被子,和她面对面,用它高雅沉静迷人的眼睛看着她,还热情地用脸磨蹭她的脸。

"喵呜……"它看到她醒了,愉快响亮地招呼。

她抱起它,阿咪,你怎么随便进我的被窝?我不习惯。她仄过身,把它放下地。

它的身子拱一下,打个长长的哈欠,好像没有睡醒。跃上一边的橱柜,蹲在柜面上。舌头快速舔着嘴唇,舔着爪子,又弯过身子舔起尾巴,用力在拉扯毛。接着,前爪快速地洗起脸、耳朵、眼睛和下巴，就像有教养的优雅少女在精心化妆。

她感到了疲倦，很快睡着了。

她在似梦非梦中闻到一股醇厚的青涩香气。

她隐约看到墙角边一只粗劣的竹圙，里面卧伏着阿咪，含糊其辞絮叨什么。声音如同蛛丝般无限绵长。她无法领悟它絮叨的神秘玄机。

又是梦？她的脸上被刺痒，醒了，睁开眼，是它。她的脸感觉到它湿冷的鼻子。她笑了。它趁她睡着时又钻进她被窝中。这次它把尾巴卷起来，婀娜的身子卷成了漩涡状，紧贴在她怀里，脸贴在她脸上。

这次她没有吃惊，没有赶它走。她到达墨脱后心情特别好，看什么都顺眼。

它好像睡着了，那轻微平缓的鼾声飘散着慵懒和宁静。胡须是它最美丽的装饰品。她的手指触摸着它弯曲粗大的尾巴。她发现，它不张嘴喉咙里也能发出"咕噜咕噜"的低吟，她知道它开心满足时就会从体内发出这种和呼吸混合着的轻音乐。

她抚摸着它蓬松的毛。它眯着眼睛好像在睡梦中。她翻开它眼睛，绿色，淡绿色，变成有一点橘红，她发现，随光线的变化，它的眼睛在变幻。它的瞳孔眯成一条直线。接着，它干脆完全闭合起它的双眼。它在享受。

看到它心满意足的睡姿，她的心被温暖填满了。她挑逗它。它慵懒地睁了睁眼，闭上继续睡，不理睬她，将身子动了下，收拢四肢，再次紧贴着她。

她没有推开它,第一次抱着它睡着了。

万物静止。唯有她和它的呼吸声此起彼伏。

她脸上感觉有东西爬过。她惊醒了,用手一抓,是一只蟑螂咬痛了她。

它已不见了。阿咪不见了。天蒙蒙亮。她起床。

第二十二章

神秘的猫影

一

9月13日。晴。旅途第85天。

墨脱政府机关在一栋楼里办公,藏式大门。

她跟着队友到墨脱旅游局办了徒步墨脱证作纪念。

她和队友来到墨脱的中心莲花广场。

她要挑选个合适地方,把带来的《莲花》回赠给圆圆。

队长阻止她,半认真半玩笑地说。你烧书时,民警说不定会突然出现,误解我们。

她说,那怎么办呢?

我早给你想好了,我们在莲花广场找个下水道。

下水道,这行吗?

这里的下水道不是你们上海的下水道。小米,你想想啊,墨脱被雪山包围,融化的雪水汇流而下,汇入下水道,直通雅鲁藏布江。雪山,雅鲁藏布江非常圣洁。小米,你没听说过,藏民从来不吃鱼吗?

她说,我听说过。

在藏民眼里，鱼儿生活在圣洁的江水里，所以，不能吃。

她觉得队长的话有理。

小米，你跟我来。

她随队长来到广场牌楼方正的基座边。基座边有个下水道。

小米，我们选在这里好吗？

看周围，洁净得像大雨刚冲洗过一样，一尘不染。她说，好的，就选在这里吧。

她取出《莲花》。这是本正版书。在旅途中，它原来蓝色的封面褪了色，被水弄出条条白色的皱纹。整本书在湿了又烘干中变得硬邦邦，四角扭曲。她用手捋了几次都难以整平。

她再次环顾四周，觉得回赠圆圆的地点选的合适。蹲下身，首先轻轻撕下《莲花》的封面，放入水道的栅栏内。传来温和而亲切的水流声，带走了封面。

她一页一页撕下……

"圆圆，我是小米。我在莲花广场。

"听说在空中看，墨脱好似一朵莲花。你在空中一定能看到我在莲花的中心。

"我回赠你一本《莲花》。这本书陪我来到墨脱。它承载了我一路上的经历。另外，从外形看这本书，因为它经历雨淋瀑布溪水的冲洗摩擦又人为烘干，无形中被加工成年代久远的古籍。我回赠给你，再合适不过了，你说对吗？

"我的导游证，从此完成了使命，可以画上句号了。

"圆圆，我完成了你的心愿，兑现了我的承诺。

"'我终于完成了我们的约定,

"'我知道,

"'你变成了风,你变成了云;

"'你变成了星星,你变成了光;

"'你变成了我最强的力量,

"'最美好的想念。

"'谢谢你,还一直陪在我身边。'(几米《走向春天的下午》)"

二

她回到如意客栈。

脚上有什么触碰到她。低头一看,是只老鼠。鼠跑到墙边,发出尖溜溜的欢叫。它身躯扭动伸缩,爪子兴致勃勃舞动着。

如意客栈的墙上,也有许多旅客的留言。

她拿起笔,找了个空档,写下:

圆圆,我到墨脱啦!

米貌似　2013 年 9 月 13 日

猪哥哥说,小米,你这么艰苦走到墨脱,才这几个字不够霸气。

他拿起笔,在"圆圆,我到墨脱啦"的文字周围,画上一朵硕大的向日葵,把她写的文字圈在里面。退后两步,仍觉得不过瘾,在向日葵下面,画上枝干和叶片。枝干代表团队徒步的路线。

在枝杆长出的四个叶片上分别写上拉格、汉密、背崩、墨脱。

钢哥接过笔,在向日葵上方,写下"肛哥"二字。肛哥是他的自嘲,说是钢哥的爱称。

三

她马上要离开客栈了,猛然想起,她要去抱抱可爱的阿咪,和它道别。

阿咪,阿咪……她唤叫寻找。

房间里找不到它。

她在客栈四周找,仍找不到它。

她问,老板娘,那只长着老虎纹路的猫咪在什么地方?

妹子,你是指老虎皮猫吗?我们没有见过。

她十分惊讶。你们客栈没有虎皮猫?

没有这种猫。妹子,你看到的说不定是野猫,也可能是从邻居那里跑过来的猫吧。

她急切问,你们客栈养的猫在哪儿?

喏,我们客栈的猫在这里。

顺老板娘的指引,服务台前的座椅脚边,一只黑白相间的猫睡卧着,单毛色就分明不是她的阿咪。真是奇怪。她喃喃自语。她这四天里,每到夜里,虎纹猫就出现。它怎么会没有呢?

老板娘,墨脱人喜欢养虎皮猫吗?

妹子,就养个猫。我们这里也没讲究,什么猫都养。

四

下午,她离开墨脱,坐车到波密。

几天上不了微信,只能用电话和短信。车停在公路边休息吃饭时,小饭馆里居然有 wifi。她打开微信,发现朋友们都在关心她的生死。

她回答说,我很好,墨脱之路有惊无险,有很多神奇的经历。我有种把前半生积累的人品全用在墨脱的感觉。最终我完成了心愿。

她和爸妈通了电话。爸,这次外出太顺利了,顺利得不可思议。好像上天暗中一直在庇护我跟随我。她通电话时的兴奋、激动和感叹,引得车内乘客频频回头。

爸,我出去三个月,真的太顺利了。我终于完成了心愿。

电话那头,爸爸第一句话说,小米,你是个传奇!

到波密的车,路上的颠簸使她昏昏欲睡。

"喵呜……"熟悉的声音。

她恍惚看见圆圆怀抱一只虎纹小猫,站在她面前。圆圆的脸仍那么娇美,珠泪满眶地期待,表现出从来没有过的婉娩柔情。

她的头突然昏眩,喉头阵阵涌动。她想哭。

小米,我来向你道谢的。

她说,如果说要谢的话,圆圆,我更要感谢你,这是真的……我发现,我完成了你的心愿,但是,我得到的更多。

小米，我要远行了。我要到更远的地方去。

你要去哪里？你要去哪里？圆圆，你要去哪里？

"找到一个爱我与我爱的人"。（几米《1.2.3 木头人》）

……

她从瞌睡中惊醒。是梦，梦太清晰了。她轻轻复诵圆圆最后的句子"找到一个爱我与我爱的人"，她记得下一句是"变成梦里的情节"，圆圆为什么没有续下去？

旅客们纷纷说，大峡谷到了！

车经过大峡谷，不停车。她透过车窗看美景。这个中国最美的大峡谷，太壮观了。傍晚，她又看到日照远处无名金山的盛况，太美丽了。

她内心充溢着愉悦和满足。

五

车到波密。她找了家客栈住下。

叹嘘飘来，不绝如缕。她熟悉它。它曾无数次在她睡梦中萦绕。

她听见圆圆在呼唤她。她寻找圆圆，却见无数小精灵在闪亮飘游。圆圆的身影飘飘渺渺，好像隔了层层浓雾。

她在圆圆一往情深的呼唤中激动得身上渗出一层虚汗，令她欢畅惬意。

她说，圆圆，你在哪里？她突然想到什么，急急来到屋外。

星空纯净如银。寂静安谧。

今夜星空全180度，毫无遮挡，使她体会到苍穹中"穹"字的奥妙。

她用食指和拇指圈成个圆，向西北天穹伸去。手指圈住的靛青中，那颗她熟悉的嫩红的星星不见了，星星原有的位置周围枯黄的光晕暗淡得看不清，似乎在渗化，是星星离开后的余光？

她放下手，低头，身体里震颤出一声伤心的叹息。

"夜空中最亮的星，能否记起，曾与我同行，消失在风里的身影。"她轻轻吟诵，这是她微博上的喟叹。而这一次，圆圆真的远行了……

圆圆在尘世是国际幼儿园的老师，到另一世界，她就是女神，一定是的。

在星光照耀下，她已冷静看待生命。死亡意味着新生命的开始，就像白昼和黑夜的轮回。生命太渺小了，如同墨脱路上众多瀑布中的一个小小水泡，随着轻微"卟"的一声就破灭。什么也不会留下。

六

乱七八糟的骚扰声。

一只老鼠爬过她的脸，快速移动的爪子触痛她，使她突然惊醒。

有东西落在她胸前被子上。她估猜是老鼠，一下掀起被子，"咚"的一声，那东西落在地板上。

屋顶阵阵激烈的"吱吱吱"声,一群老鼠在互相厮打。

在短促的"沙沙"声中,一只大鼠从梁木上迅速窜过。

她感到异常口渴。她想喝水。她任何细小的动作,单人床都会"嘎吱"作响。

远处传来狗叫声。

她担心众多窜动的老鼠会趁她睡着时咬她。她用薄薄的棉被把身子蒙得更加严实,仅露出呼吸的鼻孔。

天蒙蒙亮。她醒了。昨夜她没睡好。

她坐起身来,一个黑影闪过。她看清了,不是阿咪,是一只肥硕的老鼠。

她向客栈老板诉说昨夜没睡好,说老鼠太多了。

老板笑着说,妹子,你从墨脱出来,墨脱的老鼠数量多个头儿大。我们这里老鼠很少啦。

她问,你们客栈养猫吗?

有啊。

有猫怎么还会有老鼠?

老板笑了,说,那是吓老鼠的猫。胆小的老鼠会被吓跑。时间一长就不怕啦。现在的猫啊,遇上大鼠或不要命的鼠,都会逃跑的。

听老板说猫的坏话,她不开心。她说,猫有九条命,有对生死的恢复能力和韧性。

妹子,家养的猫每天有饭吃,像公主,它为什么要拼命?还拼九条命?它不用去拼命。太懒啦。靠它捕老鼠,不靠谱。我们都自己想办法灭鼠，设套啊，装压板啊。不过，老鼠多，老鼠肉也多，捕了吃不了，熏干了放着日后吃。妹子，你没听说老鼠肉在墨脱是有名的一道菜？

是的，她早听说墨脱老鼠多。在汉密时，曾眼镜说因老鼠多，今年有几十罐饮料被老鼠咬坏了。但是，她在墨脱期间很少见到老鼠。

她拿出苹果。苹果昨夜被老鼠咬过。她把咬过的地方削掉后吃起来。

她离开旅社时，发现它正蹲坐在门边，对她爱理不理的。它不是虎纹猫，但也有美丽的绿色瞳孔。

阿咪，阿咪！来，过来，阿咪！她多情地向它呼唤。

它不理睬她。

她走上前，用脚轻轻碰它。它不理睬，看都不看她一眼。

她用脚再次轻轻招惹它。屏息等待它。

它终于有反应了。慢慢支起身，懒懒地看她一眼。

她心中一惊。它的眼光完全陌生。一反以往对她的亲近。

她想抱它。它突然情绪激昂起来，尾巴平直，毛发倒竖。

她笑着仍想抱起它。它冲她蹬腿扭动脖子，大声叫着，尾巴猛烈摇摆，亮出锋利的爪子。

她怕被它伤害，只得放下它。它"嗖"地跑了。

她追上两步，再次尝试抱它。它反过身，伸出爪子，摇起尾巴，发出"咯咯"的咬牙声，瞳孔放大成黑色的大圆。或许在提醒她，如果敢再骚扰，它会咬她。

它不喜欢她，它讨厌她碰它。它在生气。

她只得放手。她走出门后，不死心，回头。

它已回到门边躺下。头都没抬。

她待在原地，有深深的失落感。

从派镇开始，那金黄色的美丽影子一路陪伴她到达墨脱。

它神秘，悄无声息，似有似无，飘忽不定，如同全透明的存在，给她不真实的感觉。它似生命或机遇一样处在不确定中。它由着心情独来独往自由自在无处不在。它好像从没出现，仅是超时空的猫咪形态。

最令她懊恼的是，这一路相伴，她竟没有拍过它一张照片。这本是举手之劳。她有许多理由，比如队友的相机进了水不能用；她的相机没电了；它大都出现在深夜等等。她明知这都不是理由。主要因为它来去太自然了，自然得她根本没有想到要拍照留念。

她从没想到它会突然来，又突然消失。

当年她和圆圆没有互赠照片，因面临死亡的留念是伤害。但是她和它在享受生活。她因没有把她和它的邂逅缘分照相留念，懊恼得连连骂自己。

有人正在放萨顶顶的歌《万物生》。

她感觉歌声和她心中某个寻觅的点正巧契合，心中因此一暖。

她从《万物生》联想到《奥义书》，又联想到了阿咪。

她心中冒出几句话和"它"很贴切："它既动又不动，既遥远又邻近,既在一切中,又在一切外。"

七

心里太躁了。她翻来覆去睡不着,煎熬到凌晨1点40分,只能起床。

她出屋,仰望璀璨的星空,再次寻找那颗熟悉的星星。

天心迅疾划过一道炫目的流星,恍若天穹裂开的缝隙,伴随着轻微的抑扬顿挫贯珠扣玉般的音乐。

她还来不及许愿,流星坠落并消失了。

满天的星星和她一起分享到了这颗转眼即逝的流星。音乐渐低微渐消失,天穹重展恬静幽深的靛青色。

那颗她所熟悉的星星消失了,她再也找不到了。

"喵呜……"熟悉的声音。

她回过头,却看不到它的身影。她像在睡梦中飘浮着,这种朦胧的感觉是那么不真实。她摸了下脸,不知是不是清醒,或仍在梦中。

圆圆是远行了……她自语。圆圆进入新的旅程,旅程无终点。

她认识圆圆是缘分,是天意。她相信她和圆圆会再见面的,下一次不是在星空,圆圆可能以生命的其他形式在偶然的当下和她相遇,随时随地,这就是缘。

有缘是缘,无缘也是缘。

她想起佛陀在菩提树下顿悟时的第一句话:"原来如此。"

八

　　大巴行驶在青藏线上。

　　她回忆起墨脱路上的队友，心中便倍感温暖。他们就像是强大的护卫队，他们是她心中三观相符的同伴。

　　每到夜晚，有灵巧睿智的阿咪陪伴，她不会寂寞。它是她路途中最理想的心灵伴侣。

　　一切是自然的选择，墨脱之行因此顺利得不可思议。

　　从她生病开始到墨脱莲花广场，她的这段人生旅程已圆满，上天重塑了一个全新的她。她兑现了承诺，她得到的更多。她在兑现对圆圆的承诺同时完成了蜕变，那个叫小米的弱弱女孩，已随同她的病友远离尘世，她和"她"貌合神离。她是另一个小米。她和"她"相比，脾性智慧等同步更新了。她会永远怀念"她"。"她"的一切成了她的一段回忆，栩栩如生镌刻在她心里，永远不会消退。

　　《大森林奥义书》中有"承受病痛折磨是最高苦行。知道这样，他就会赢得最高世界"。现在，她赢得了最高世界。

　　世界变透明了，不再怪谲繁杂广博无穷，而是一览无余空空如也。她的心中腾出了一块空间，它不属于喧哗尘世，而属于她。

　　她从没想到过有回报，却得到了回报。

　　她因此终身感谢圆圆。

　　当年，在 JR 医院长椅上，爸爸对她说，是旅程就会有终点，都要下车的。

爸爸，我想告诉你，旅程无终点。她轻轻又补上一句，生命也没有终点。

她打开微博，写下一句："走，往云之彼端走。"

九

她在 9 月 17 日回到上海。

10 月 2 日，她从网上得到消息，24 岁的吉巧遇车祸死了。

她在微博上点燃烛火，写道："半夜得知一起徒步转神山的小伙伴吉巧在前几日去世，在骑行新疆时遭遇了车祸。一开始不敢相信，现在难过到无法入睡，记得问他借过单车去了鬼湖圣湖。转山路上他还给我买过一罐可乐。我们在一起吃过好多顿的饭。我还记得很多很多关于他的事……夜空中的星星，从此多了一颗。默哀。"

吉巧的微博直到今天仍开着。微博最后的日期停留在 2013 年 9 月 24 日。

她回上海一个月后找到了新工作，是一家世界 500 强的美国企业。

熟悉她的人都说，她看上去脱胎换骨了。说她脸形变小了，头发乌黑发亮，发梢居然卷曲。她头发的变化，连她的爸妈都误以为是做过的。她惊讶这种变化，因为父母双方家族没有自然卷头发。

她收到了队长寄来的明信片,是在三号桥上的团队合影。

她在很长一段时间里,除了上班,又变得无所事事。

她想起,圆圆一共送了她两本书,除了《莲花》,还有一本《达·芬奇密码》。这样两本书的组合,是不是包含着圆圆的什么"密码"?

《达·芬奇密码》说的是卢浮宫博物馆馆长在人生最后时刻用身体摆成了达·芬奇名画《维特鲁威人》的样子,并留下一个难以捉摸的密码。书的最后,密码破译,解开了一个历史秘密。

她苦苦思索,圆圆当年为什么要附带送她这样一本悬念小说呢?圆圆会不会在书里留下注解,或在某些段落做了记号?

她急急找出《达·芬奇密码》,一页页仔细翻看,除了其中两页已脱胶、订口有点黄锈色,没有发现什么。

十

她常呆坐在房间里,等待"它"的出现。这是她唯一企盼。

她听不到那"咕噜咕噜"愉悦的声音,看不到那懒洋洋凝望她的眼神,也找不到散落在地面上的那轻轻浮动的猫毛。

她强烈地想养只猫。那只猫必须有一对深情眷恋的眼神,又必须是虎纹。

同学和朋友闻讯带来一只只虎纹猫。

一个朋友养猫数十年,很有经验。谈起猫就停不了口。说猫不像狗重情眷恋主人。猫性情孤独冷漠,处处可安家。说某人死前几天，养的猫不吃不喝叫声悲伤，猫已经闻到死神腐败的气息。说古埃及人将猫视为不可侵犯的动物，杀猫者死；有猫死亡，家里人要为猫服丧；猫死后以完整仪式防腐包扎捆绑，安放在猫形木棺中；在猫神殿所在地，每年春天有五十多万人聚集于此参加猫神节庆。

她初见朋友带来的它们时，都会产生一时错觉，觉得似有似无的"它"回来了。但很快发现，它们和"它"形似神不似，它们都是普通的猫，是家庭宠物。

它们有形无灵，不是"它"。

她有时想，阿咪可能并不是猫。它从无出现过，也从未消失过。它是自由的，它与宇宙融合成一体，是无限和永恒。阿咪是空，古老的空。空中有风。

它想离开她时，不会犹豫；她想要它时，它不出现。

她仍在等待它。